L'HISTOIRE,
OV
CHRONIQVE DV
SEIGNEVR GEOFFROY
DE VILLE-HARDVIN, MARESCHAL
de Champaigne & de Romanie.

Representee de mot à mot en ancienne langue Fran-
çoise, d'vn vieil exemplaire escrit à la main, qui se
trouue dans les anciens archiues de la Serenissime
Republique de VENISE:

CONTENANT LA CONQVESTE
de l'Empire de Constantinople faicte par des Barons
François, confederez & vnis auec les
Seigneurs Venitiens, l'an 1204.

Ensemble la description de la prinse de Con-
stantinople, extraicte de la fin des Annales
de Nicete Coniates, historien Grec, & Chan-
celier des Empereurs Constantinopolitains.

De nouueau mise
en François.

A LYON,
PAR LES HERITIERS
de Guillaume Rouille.
1601.

AV ROY

TRES-CHRESTIEN

DE FRANCE ET DE
NAVARRE
HENRY QVATRIESME.

IE m'affeure (SIRE) que voftre Majefté ne trouuera mauuais, que i'aye prins la hardieffe, de vous faire voir imprimé, vn tref-ancien exemplaire des Cõmentaires du Seigneur Geoffroy de Ville-harduin, Marefchal de Champagne: Pour ce que ce Cheualier non feulement efcriuit ; mais interuint en l'expedition du voyage de guerre, faict outre mer, en l'an 1201. pour le recouuremét de la terre faincte, & cité de Hierufalem : felon l'accord de la faincte ligue, faict entre les Princes, & Seigneurs François & les Seigneurs Venitiens, lefquels firent puis apres, vnis enfemble, la conquefte, & diuifion de la Cité & Empire de Conftantinople, l'annee 1204. Ie m'affeure, dy-ie, que à voftre Majefté ne fera def-aggreable de lire ce liure, ains pluftoft vous y prendrez gouft, & en receurez fingulier contentement ; car il vous reprefentera (bien que de loin) l'ancienne vaillance des François, le zele de religion de voftre nation, la bonne amitié, qui deflors fe contracta entre la Coronne de France & la Republique de Venife; Vous y recognoiftrez auffi la puiffance d'icelle Seigneurie, def-ja fi confiderable en ce temps là, & depuis continuee & accreuë par tant d'annees; & admirerez, comme ie croy, l'inuiolable pitié Chreftienne de fon Prince Henry Dandolo, lequel venerable pour fa valeur, & pour fon aage, de plus de nonante annees, fe difpofa courageufement, encor qu'il fuft aueugle, à vne fi haute entreprife, fans monftrer de craindre ce danger, qui luy pouuoit apporter glorie de vraye religion, & gaigner vne bien-heureufe place dans le Ciel. Cefte entreprife, SIRE, faicte par vne nation, laquelle il a pleu au grand Dieu, vous faire regir, & gouuerner, auec infinies benedictions de fon peuple, & qui fut embrafee d'vn allegre courage pars ces Princes, predeceffeurs de voftre Majefté. Cefte genereufe refolution, & faicts fi remarquables vous ont feruy (comme il eft à croire) comme d'vn tref-clair miroir de pitié Chre-

* 2

.ftienne, & d'heroïque vertu, qui à cauſé, que, comme deſireux imitateur
d'vne ſi grande gloire, vous auez apres mis à fin de beaucoup plus grandes
entrepriſes, qui ont tref-heureuſement eſtendu la renommee de vos me-
rites par deſſus les hommes, & conſacré voſtre nom à l'eternité: ſurpaſſant
par ce moyen de beaucoup l'exemple des Roys paſſez. & ayant conteſté
non ſeulement auec vous meſme par le moyen de voſtre meure, & plus
qu'humaine prudéce, & prouidence, aux reuolutions de tant d'orages, qui
vous ont trauaillé, pour les ſurmonter, ſans vous laſſer de les vaincre, auec
iuſtes armes. mais ayant encor vaincu vous meſme auec actions de tref-
admirable iuſtice, auec exemples memorables de pitié ſinguliere, auec
indomptee force de courage, & auec vne approuuee experience d'vne
tref-parfaicte diſcipline militaire. & ſur tout auec ceſte particuliere faueur
de fortune, en toutes les occurrences, que pluſieurs grands Capitaines, &
magnanimes Roys ont deſiré en vne ſeule occaſion, & vous ſeul la vous
eſtes rédue familiere en infinies, auec le merite d'vne merueilleuſe aſſem-
blee de vertus, qui reluiſent en voz perfections. Leſquelles toutes le mon-
de attend, que comme cy deuant elles ſe ſont exercees, auec inimitable
exemple, vous tournerez voſtre courage, & addreſſerez voſtre puiſſance,
auec meſpris des richeſſes, & auec armes promptes, & vigoureuſes à ceſte
glorieuſe fin, tentee : mais non acquiſe par vos grands Ayeulx, à fin qu'à
vous ſeul le champ reſtaſt plus large pour acquerir des Royaumes & de la
gloire. Ie ſupplie tref-humblemét Voſtre Majeſté, qu'il luy plaiſe aggreer
ceſte mienne reuerente affection, & deuotion : & lors que par vos tref-
grandes occupations il vous en ſera donné quelque commodité, vous fai-
re lire ceſte haute entrepriſe, puis que non ſeulement vous eſtes né, Sire,
pour les grandes entrepriſes, mais propre d'en amener à perfection (com-
me vous auez fait, & que pour n'eſtre long i'ay reſtraint en peu de parol-
les) de plus grandes à la gloire de Dieu, au bien vniuerſel de toute la
Chreſtienté, à l'exaltation de voſtre nom immortel, & reſiouyſſance de
voſtre France : laquelle certainement en tous aages ne ſe pourra iamais
vanter de choſe plus grande, que du nom, de la vertu, & faicts heroïques
de voſtre Majeſté. La perſonne de laquelle,

Sire, ie ſupplie le Createur qu'il conſerue longues & heureuſes annees,
pour le bien & repos de toute la Chreſtienté. De Lyon ce treziefme de
Iuin 1601.

Voſtre tref-humble & tref-obeiſſant ſubiect & ſeruiteur,
l'Heritier de Guillaume Rouille.

A V

AV LECTEVR.

E prouffit, que tout le mōde a receu en tous aages de la la lecture des histoires a esté certainement merueillux & singulier. Puis que l'on cognoist clairement, que par leur moyen non seulement les Roys, Princes, & grands Seigneurs, mais aussi les hommes priuez ont gouuerné & leurs estats, & leurs personnes auec beaucoup de prouffit, & loüange memorable. Si bien que pour les choses, qu'il m'est aduenu de lire souuent, & qu'en diuerses occasions i'ay peu entendre, i'ay tousiours, bening Lecteur, non seulement beaucoup admiré ceux qui ont escript les histoires, mais encor mis peine de toute ma puissance & industrie de publier à la posterité leurs escript. Voila qui a faict que i'ay resolu promptement, de faire imprimer vn tres-ancien exemplaire des Memoires du Seigneur Geoffroy de Ville-harduin Mareschal de Chāpaigne, qui traicte du voyage, & guerres d'outre mer, faictes en l'annee 1201. pour le recouurement de la Terre saincte, & de la cité de Hierusalem, & pour la conqueste de la Cité & Empire de Constantinople, par la saincte ligue, conclue entre les Princes & Seigneurs Frāçois, & les Seigneurs Venitiens. Cest exemplaire escript en parchemin fort vieux, il y a 400. ans, auec characteres François, si caduques & vsez, qu'à grand peine les peut-on lire, fut comme l'on m'a asseuré, porté des Pays bas, par l'Illustrissime Seigneur François Contarini, Conseiller de la Serenissime Republique de Venise, & Procureur de Sainct Marc, oncle de l'Illustrissime Seigneur Zacharie le Cheualier, aussi Procureur de Sainct Marc, qui vit auiourd'huy, comme i'entends, parmy les plus apparents Senateurs, & qui meritent d'auantage de leur Republique, quand il reuint en l'annee 1541. de sa legation deuers l'Empereur Charles le Quint. En quoy i'ay eu ce tres-expres et particulier esgard que la susdite Histoire sorte en lumiere en son ancien langage, representee naturellement, sans que rien y soit alteré, à fin que l'on puisse tirer vn parfaict plaisir, & bien grande vtilité de la façon d'escrire de ce temps là. I'eusse veritablement plustost qu'à ceste heure publié cest œuure, sans l'esperance que i'auois, que de iour à autre il me tomberoit en main la copie de quelque autre texte François, qui peust estre preferé à cestui-cy. Mais pourautant, que ny celuy que me monstra, de sa grace il y a ia quelques annees le tres-docte monsieur Paradin (lequel a esté trouué imparfaict, & mal correct, & particulierement sur la fin, où il tombe en diuers recits fa-

buleux, conformes aux anciens Romans, & contraires à la verité: lesquels recits
ie n'ay point trouué dans le mien ;) ny moins celuy, que le tref-fcauant fieur de
Uigenere me fit voir, ny quant aux chofes, ny quant aux paroles n'eftoyent en
aucune forte meilleur que le fufdit. Ie n'ay plus voulu pour ces raifons differer en
aucune maniere cefte impreffion. M'affeurant, bening Lecteur, que vous l'aurez
autant aggreable pour y eftre reprefentee la naturelle & particuliere vaillance
des Seigneurs François, & la vertu, & zele religieux des Seigneurs Venitiens,
comme volontiers ie vous en fais part, auec toute meilleure, & plus parfaicte
promptitude de courage, lequel il vous plaira receuoir & cherir, ainfi que
de mefme affection ie prieray toufiours le grand Dieu, pere de toutes
benedictions, de vous vouloir, amy Lecteur, affifter de fa
faincte grace. De Lyon ce treziefme
de Iuin. 1601.

ΚΩΝΣΤΑΝΤΙΝΟΣ ΠΟΡΦΥΡΟΓΕΝΝΗΤΟΣ
ΚΟΜΝΗΝΟΣ Ο ΠΑΛΑΙΟΛΟΓΟΣ

ΜΙΧΑΗΛ ΕΝ ΧΡΙΣΤΩι ΤΩι ΘΕΩι ΠΙΣΤΟΣ
ΒΑΣΙΛΕΥΣ ΚΑΙ ΑΥΤΟΚΡΑΤΩΡ
ΡΩΜΑΙΩΝ

ΘΕΟΔΩΡΑ ΕΝ ΧΡΙΣΤΩι ΤΩι ΘΕΩι ΠΙΣΤΗ
ΒΑΣΙΛΙΣΣΑ ΚΑΙ ΑΥΤΟΚΡΑΤΟΡΙΣΣΑ
ΡΩΜΑΙΩΝ Η ΚΟΜΝΗΝΗ

GEOFFROY
DE VILLE-HARDVIN
DE LA CONQVESTE
DE CONSTANTINOPLE.

1 **S**ACHIES que mille cent quatreuinz & dixhuict ans, M.C.XCVIII. apres lincarnation noftre Seingnor IESV CHRIST; Al tens Innocent III. Apoftoille de Rome, & Philippe Roy de France, & Richart Roy d'Engleterre, ot vn faint home en France, qui ot nom Folques de Nuillis. Cil Nuillis fi eft entre Lagny for Marne, & Paris; & il ere Preftre, & tenoit la parroiche de la ville: Et cil Folques dont ie vous di, comença à parler de Dieu par France, & par les autres terres entor. Et noftre Sires, fift maint miracles por lui. Sachies que la renomee de cil faint home alla tant, qu'elle vint à l'Apoftoille de Rome Innocent, & l'A- *Publicatiõ* poftoille enuoia en France, & manda al prodome que il en penchaft des *de la croifa-* Croiz par s'autorité: & apres i enuoia vn fuen Chardonal Maiftre Perron *de en Fran-* de Chappes croifie; & manda par lui le Pardon tel come vos dirai. Tuit cil *ce.* qui fe croifferoient & feroient le feruice Dieu vn an en l'oft, feroient qui- *Conditions* tes de toz les pechiez, que il auoiens faiz, dont il feroient confes. Porce *du merite* que cil Pardons fu iffi gran, fi fen efmeurent mult li cuers des genz, & *du pardon* mult fen croifierent, porce que li Pardons ere fi gran. *des croifez.*

2 En l'autre an, apres que cil preudom Folques parla enfi de Dieu, ot M.C.XCIX vn tornoy en la Champaigne à vn chaftel qui ot nom Aicris, & par la grace de Dieu, fi auint, que Thibauz quens de Champaigne & de Brie *Catalogue* prift la Croix, & li quens Loeys de Blois & de Chartein. Et ce fu à l'entree *de ceux qui* des Auenz. Or fachies que cil quens Thibauz ere iones hom, & n'auoit *fe croiferēt.* pas plus de xxij. ans, ne li quens Loeys, n'auoit pas plus de xxvij. ans. Cil dui Conte, erent neuou le Roy de France, & fi Coufin germain, & neuou le Roy d'Engleterre de l'autre part.

3 Auec ces deux Contes fe croifferent deux mult halt Baron de France, Symons de Monfort, & Renauz de Mommirail. Mult fu gran la renomee par les terres, quant cil deux halt homes fen croifferent.

4 En la terre le Conte Thibauz de Champaigne, fe croifa Garniers li *Les croifez* Vefques de Troies, li quens Gautiers de Briene, Ioffroy de Ioenuille qui *auec le Com* ere Senefchaus de la terre, Robert fes freres, Gautiers de Gaignonru, Gau- *te de Chã-* tiers de Mombeliart, Euthaices de Chouelans, Guis de Plaiffie, fes freres, *paigne.*

A

DE VILLE-HARDVIN

DE LA CONQVESTE

DE CONSTANTINOPLE.

1 **S**ACHIES que mille cent quatreuinz & dixhuict ans, *M.C.XCVIII.*
apres lincarnation noftre Seingnor IESV CHRIST;
Al tens Innocent III. Apoftoille de Rome, & Philippe
Roy de France, & Richart Roy d'Engleterre, ot vn
faint home en France, qui ot nom Folques de Nuillis.
Cil Nuillis fi eft entre Lagny for Marne, & Paris; & il
ere Preftre, & tenoit la parroiche de la ville : Et cil Folques dont ie vous
di, comença à parler de Dieu par France, & par les autres terres entor. Et
noftre Sires, fift maint miracles por lui. Sachies que la renomee de cil
faint home alla tant, qu'elle vint à l'Apoftoille de Rome Innocent, & l'A- *Publicatiõ*
poftoille enuoia en France, & manda al prodome que il en penchaft des *de la croifa-*
Croiz par s'autorité:& apres i enuoia vn fuen Chardonal Maiftre Perron *de en Fran-*
de Chappes croifie;& manda par lui le Pardon tel come vos dirai.Tuit cil *Conditions*
qui fe croifferoient & feroient le feruice Dieu vn an en l'oft, feroient qui- *du merite*
tes de toz les pechiez, que il auoiens faiz, dont il feroient confes. Porce *du pardon*
que cil Pardons fu iffi gran, fi fen efmeurent mult li cuers des genz, & *des croifez.*
mult fen croifierent, porce que li Pardons ere fi gran.

2 En l'autre an, apres que cil preudom Folques parla enfi de Dieu, ot *M.C.XCIX.*
vn tornoy en la Champaigne à vn chaftel qui ot nom Aicris, & par la
grace de Dieu, fi auint, que Thibauz quens de Champaigne & de Brie *Catalogue*
prift la Croix, & li quens Loeys de Blois & de Chartein. Et ce fu à l'entree *de ceux qui*
des Auenz. Or fachies que cil quens Thibauz ere iones hom, & n'auoit *fe croiferẽt.*
pas plus de xxij.ans, ne li quens Loeys, n'auoit pas plus de xxvij. ans. Cil
dui Conte, erent neuou le Roy de France, & fi Coufin germain, & neuou
le Roy d'Engleterre de l'autre part.

3 Auec ces deux Contes fe croifferent deux mult halt Baron de France,
Symons de Monfort, & Renauz de Mommirail.Mult fu gran la renomee
par les terres, quant cil deux halt homes fen croifferent.

4 En la terre le Conte Thibauz de Champaigne, fe croifa Garniers li *Les croifez*
Vefques de Troies, li quens Gautiers de Briene, Ioffroy de Iocnuille qui *auec le Com*
ere Senefchaus de la terre, Robert fes freres, Gautiers de Gaignonru, Gau- *te de Chã-*
tiers de Mombeliart, Euthaices de Chouelans, Guis de Plaiffie, fes freres, *paigne.*

A

Henris d'Ardilliers, Ogiers le Saincheron, Villains de Nuilli, Ioffroy de Villehardoin li Marefchaus de Champaigne, Ioffroy fes niers, Guillelmes de Nuilli, Gautiers de Iuillimes, Curaz de Monteigni, Manafiers de Lifle, Machaires de Sainéte-Manehalt, Miles li Braibans, Gui de Chapes, Clerembauz fes niers, Reignarz de Dampierre, Iohans Foifnons, & maint d'autres bones gens dont li liures ne fait mie mention.

Les croifez auec le Côte de Blois.

5   Auec le Conte Loeys fe croifa Geruaifes del Chaftel, Heruils fes fils, Iohans de Virfim, Oliuiers de Rochefort, Henris de Monftruel, Paiens d'Orliens, Pierres de Braiequel, Hues fes freres, Guilelmes de Sains, Iohan de Friaife, Gautiers de Gádonuile, Hues de Cormeroy, Ioffrois fes freres, Heruils de Belueoit, Robert de Froieuille, Pierres fes freres, Oris de Lile, Robert del Quartier, & maint hautre dont li liure ne fait mie mention.

6   En France fe croifa Nouelon li Euefques de Soiffons, Mahe de Monmorenfi, Guis li Caftellains de Coucy fes niers, Robert Maluoifins, Drues de Creffoneffart, Bernarz de Monfteruel, Engenraz de Boue, Robert fes

Les croifez au Comte de Flãdres.
M. CC.

freres, & maint autre prodome, dont li liure ore fe táift.

7   A l'entree de la Quarefine, apres le iour que om prent cendres, fe croifa li Quens Baudoins de Flandres, & de Hennaut à Bruges, & la Conteffe Marie fa feme, qui ere fuer le côte Thiebaut de Champaigne. Apres, fe croifa Henris fes freres, Thierris fes niers, qui fu fil le Conte Philippe de Flandres, Guiliermes l'Auoëz de Bethune, Cœnes fes freres, Iohan de Neele, Chatelain de Bruges, Reniers de Trait, Renners fes fils, Mahuis de Valemort, Iakes d'Auefnes, Baudoins de Belueoir, Hues de Belines, Girart de Machicort, Oedes de Ham, Guillelmes de Gomeignies, Druis de Belraim, Rogiers de Marche, Eutaices de Sambruic, Francois de Colemi,

Les croifez auec le Côte de S. Pol.

Gautiers de Boufiers, Reniers de Monz, Gautiers de Stombe, Bernarz de Soubrenghiem, & maint plufor prodome, dont li liure ne parle mie.

8   Apres, fe croifa li Quens Hues de Sainpol, Auec luy fe croifa Pierres d'Amiés fes niers, Euthaices de Cantheleu, Nichole de Mailli, Anfiaus de Lieu, Guis de Hofdeng, Gautiers de Nede, Pierre fes freres, & maint autre

Les croifez du Comte du Perche.

gent que nos ne connoiffons pas.

9   En qui apres, s'écroifia li Quens Iofrois del Perche, Eftenes fes freres, Rotres de Montfort, Iue de Laualle, Hantimeris de Vileroi, Ioffroy de Belmont, Et maint altre, dont ie ne fai pas le nons.

10   Apres priftrent li Baron on Parlement, à Soiffons, pour fauoir quant

Affemblee des croifez à Soiffons, puis à Compiegne.

il voldroient mouoir, & quel part il voldroient torner. A celle foiz ne fe porent acorder, porce que il lor fembla, que il n'auoient mie encore affez gens croifie. En tot cel An ne paffa onques deux mois, que il n'affemblaffent à parlement à Compieigne. En qui furent tuit li Conte, & li Baron, qui croifie eftoient. Maint confeil i ot pris, & doné. Mais la fin fi fu tels, que il enuoierent meffages les meillors que il poroient trouer, & donroiét plain pooir de faire toutes chofes autretant côm li Seignor.

11   De ces meffages enuoia Thiebauz li quens de Champaigne, & de

Brie,

Brie, deux. Et Baudoins li Quens de Flandres & Hennaut, deux. Et Loys li Quens de Blois, deux. Li message li Conte Thiebaut, furent Ioffroy de Ville-Hardoin, li Mareschaus de Campaigne, & Miles li Braibanz. Et li message le Conte Baudoin, furent Coenes de Betune, & Alars Maqueriaus. Et li message li Conte Loys, Iohan de Friaise, & Gautiers de Gandonuile. Sur ces six, si mistrent lor affaire entierement, en tel maniere, que il lor bailleroient bones cartres pendans que il tiendroient ferme ce que cil six feroient, par toz les portz de mer en quelque lieu que il allassent, de toutes conuenances que il feroient.

En si murent li six messages com voz auez oy, & pristrent conseil entraux, & fu tels lor conseil entraux accordé, que en Venise cuidoient trouer plus grant plente de vaissiax que à nul autre port. Et cheuauchierent par les iornees tant, que il vindroient la premiere semaine de Quaresme.

12   Li Dux de Venise, qui ot a nom HENRIS DANDOLE, & ere mult sages, & mult prouz, si les honora mult & il, & les autres gens, & les virent mult volentiers. Et quant ils baillerent les letres lor Seignor, si se merueillerent mult por quel affaire ilz erent venuz en la terre. Les lettres erent de creance, & distrent li Conte que autant les creist en come lor cors, & tenroient fait ce que cist six feroient. Et li Dux lor respôt. Seignors ie ai veues vos letres. Bien auós queneu que vostre Seignors sont li plus hault home que soient sanz corone, & il nous mandent que nous creons ce que vous nous direz, & tenons ferm, ce que vous ferez. Or dites ce que vous plaira. Et li messages respondirent. Sire, nous volons que vous aiez vostre conseil: & deuant vostre conseil nous vous dirons ce que nostre Seingnor vous mandent, demain se il vous plaist. Et li Dux lor respont, que il lor requerroit respit, al quart iour, & adonc aroit son conseil ensemblé, & porroient dire ce que il requeroient.

M.CCI.
Arriuee des deputez des croisez de Venise.

13   Ils attendirent tresti quart iour que il lor ot mis. Ils entrerent el Palais qui mult ere riches, & biax, & trouerent le Duc & son conseil en vne chábre, & distrent lor messages en tel maniere. Sire, nous somes à toi venu de par les hals Barons de France qui ont pris le signe de la croiz par la honte IESV-CHRIST vengier, & por Ierusalem conquerre se Dieu le veut soffrir: Et porce que il seuent que nulle genz n'ont si grant pooir come vous & la vostre gent, vous prient por Dieux que vous aiez pitié de la terre d'oltremer, & de la honte IESV-CHRIST vengier, comment il puissent auoir Nauire, & Estoire. En quel maniere fait li Dux. En totes les manieres font li messages, que vos lor saurez loer ne conseiller, que il faire ne soffrir puissent. Certes, fait li Dux, grant chose nos ont requise, & bien semble que il beent à haut affaire. Et nous vous en respondrons dui à huit iorz, & ne vos merueillez mie, se li termez est lons, car il conuient mult penser à si gran chose.

Harangue des deputez des croisez au Senat de Venise.

14   Li termes que li Dux lor mist, il reuindrent el Palais. Totes les paroles qui la furent dites, & retraites ne vous puis mie reconter, Mei la fin de

la parole fu tels. Seignor, fait li Dux, nous vous dirons ce que nous auons pris à conſeil, ſe nous i poons metre noſtre grant Conſeil, & le Comun de la terre que il ottroit, & vous vous conſeilleroiz ſe vous le pouroiz faire, ne ſoffrir. Nos ferons Vſſiers à paſſer quatremilles cinq cens cheuaux, & neuf mille eſcuiers, & es les quatre mille & cinq cens Cheualiers, & vingt mille pians à pie; & à toz ces cheuaus, & ces genz i ert telz la conuenance que il porteront viande à ix. mois. Tant vous feromes al mains, en tel for-me, que on donra por le cheual quatre mars, & por li home deux & totes ces conuenances que nous vous deuiſons, nous tendrons par vn an, de le iour que nous departirons del port de Veniſe à faire le ſeruice Dieu, & la Chreſtiente, en quelque lieu que ce ſoit. La ſomme de ceſt auoir, qui icy eſt deuant nommé, ſi monte lxxxv. mille mars. Et tant feromes al moins, que nos metteromes. l. halees pour l'amour de Dieu, par tels conuenance, que tant com noſtre compaignie dumra, de totes conqueſtes que nous ferons par mer, ou par terre, la moitié en aurons, & vous lautre. Or ſi vous conſeilliez ſe vous pourroiz faire, ne ſoffrir.

15   Li meſſages ſen vont, & diſtrent, que il parleroient enſemble, & lor en reſpondront lendemain. Conſeillerent ſoi, & parlerent enſemble celle nuit, & ſi ſacorderent al faire, & demain vindrent deuant le Duc, & di-ſtrent. Sire, nous ſomes preſt d'aſſeurer ceſte conuenance. Et li Dux diſt, qu'il en parleroit à la ſoe gent, & ce que il troueroit, il le lor feroit ſauoir. Lendemain al tiers iors manda li Dux qui mult ere ſage, & proz ſon grant Conſeil, & li conſeilx ere de xl. hommes, des plus ſages de la terre par ſon ſen, & engin que il auoit mult cler, & mult bon. Les miſt en ce que il loe-rent, & voltrent. Enſi les miſt puis. c. puis. cc. puis. m. tant que tuit le crean-terent, & loerent. puis en aſſembla enſemble bien x. m. en la Chapelle de Saint Marc, la plus belle qui ſoit, & ſi lor diſt, que il oiſſent Meſſe del Saint Eſprit, & priaſſent Dieu, que il les conſeillaſt, de la requeſte as meſſages, que il lor auoient faite. & il ſi firent mult volentiers.

16   Quant la Meſſe fu dite, li Dux manda par les Meſſages, & que il re-quiſſent à tout le peuple humblement, que il volſiſſent que celle conue-nance fuſt faite. Li meſſages vindrent el Moſtier. Mult furent eſgarde de mander gent, qu'il nes auoient ains mais veuz. Ioffroy de Ville-Hardoin li mareſchaus de Champaigne monſtra la parole pour l'accort, & par la volenté as autres meſſages, & lor diſt. Seignor, li Baron de France li plus halt, & plus poeſtez nous ont à vous enuoiez ſi vous crient mercy, que il vos preigne pitie de Hieruſalem, qui eſt en ſeruage de Turs, que vos por Dieu voilliez lor compaigner à la honte I e s v C h r i s t vengier, & por-ce vos iont eſlis que ils ſeuent que nulles genz n'ont ſi grant pooir qui ſor mer ſoient, come vous, & la voſtre genz, & nos commanderent que nous vous anchaiſſions aſpiez, & que nous nen leueiſſiens des que vous ariez otroie que vous ariez pitie de la terre Sainte doutremer.

17   Maintenant li vj. Meſſages ſagenoillent à lor piez mult plorant: & li

Dux,

Dux, & tuit li autre sescrierent tuit à vne voiz, & tendét lor mains en halt, & distrent, Nos l'otrions. Nos l'otrions. Entri ot si grant bruit, & si grant noise remest, & cele grant pitie, que onques plus grant ne vit nus home. Li bon Dux de Venise, qui mult ere sages, & proz, monta el leteri, & parlà au pueple, & lor dist. Seignor veez lonor que Dieus vos a fait, que la meillor genz del monde, ont guerpi tote lautre genz, & ont requis vostre cōpaignie de si halte chose ensemble faire comme de la reschose nostre Seignor. Des paroles que li Dux dist bones, & belles ne vous puis tout raconter. Ensi fina la chose, & de faire les Chartres pristrent lendemain ior, & furent faites & deuisee. Quant elles furent faites, si fu la cose seue, que on iroit en Babyloine, porce que par Babyloine poroient mielz les Turs destruire, que par autre terre. Ettem oyan ce fu deuise que de Saint Ioan en vn an qui fu. M. CC. ans & deux apres l'Incarnation I E S V C H R I S T, deuoient li Baron & li Pelerin estre en Venise, & les vassials apareilliez contre als. Quant elles furent faites, & saellees si furent aportees deuāt le Duc el grant Palais, ou el grant conseil ere, & li petiz. Et quant li Duc lor liura les soes Chartres si s'agenoilla mult plurant, & iura sorsains à bone foy, à bien tenir les conuens qui erent es chartres. Et toz ses Conseils ansi, qui ere de xlvj. Et li messages reiurent les lor Chartres à tenir, & les sermens à lor Seignor, & les lor que il les tenroient a bone foi. Sachiez que la ot mainte lerme ploree de pitie. Et maintenant enuoierent lor messages lune partie, & laute a Rome à l'Apostoille Innocent, pour confermer ceste conuenance, & il le fist mult volentiers, alors emprunterent deux mille mars d'argent en la ville, & si le baillerent le Duc pour commencer l'enauile. Ensi pistrent congie per raler en lor pais. Et cheuaucherent por lor iornees tant, que il vindrent à Plaisence en Lombardie. Entri se partirent Ioffrois le Mareschauz de Champaigne, Alarz malzerians, si sen allerent droit en France. & li autre sen allerent à Genes, & à Pise por sauoir que le aie il fairuent a la terre doutremer.

18   Quant Ioffrois li Mareschaus de Champaigne passa Mon-Cenis si encontra li Conte Gautier de Brene qui sen alloit en Puille conquerre la terre sa fame que il auoit espousee, puis que il ot la Croiz, & qui ere file le Roy Tancred, & auec lui en aloit Gautier de Mombeliart, Et Euthaices de Couelans, Robert de Ioënuille, & grant partie de la bone gent de Champaigne que croisie estoient. Et quant illor conta les nouuelles coment il auoient esploitie en firent mult grant ioie, & mult presierent la faire, & li distrent: nos somes ia meu: & quant vous viendroiz vous nous troueroiz toz prest. Mes les auentures auienent ensi com Dieu plaist. Ne norent nul pooir, que plus assemblassent en lost. Ce fut mult grant domaiges, que moult estoient preu, & vaillant. Et ensi se partirent, si tint chascuns sa voie.

19   Tant cheuaucha Ioffroi li Mareschaus per ses iornees, que il vint à Troies en Champaigne, & troua son Seingnor le conte Thibaut malades,

A   3

Maladie du Comte de Champaigne. & deshaities, & si fu mult liez de sa venue. Et quant cil li ot contee la no-
uele coment il auoient esploitie, si fu si liez qu'il dist qu'il cheuaucheroit
ce qu'il n'auoit piece fait, & leua sus & cheualcha. Alas com grant doma-
ges, car onques puis ne cheuaucha que cele foiz. Sa maladie crut, & effor-
ça tant que il fist sa deuise & son lais, & departi son auoir, que il deuoit
porter à ses homes, & a ses compaignons, dont il n'auoit mult de bons,
nus hom à cel ior non auoit plus. Et si commanda si com chascuns rece-
uroit son auoir, que il iureroit sor sains l'ost de Venise à tenir ensi com il
l'auoit promis. Mult iot de cels qui maluaisement le tindrent, & mult en
furent blasmes.

Son testament charitable. 20   Vne autre partie commanda li Quens de son auoir à retenir & pour
porter en lost & pour departir la ou en vnroit que il seiroit emploie. Ensi

Sa mort entref-belle. morut li Quens, & fu vn des homes del munde qui feist plus belle fin. En-
tri ot mult grant pueple assemble de son lignage, & de ses homes. del duel
ne conuient mie à parler qui illu ec fu faiz que onques plus grant, ne fu
faiz par home. Et ille dut bien estre, car onques om de son aage, ne fu plus

Sa sepul-ture. ames de ses homes, ne de l'autre gét. Enterré fu de les son Pere au mostier
de Monseignor Sainct Estiene à Troies. La Contesse remest sa femme qui
Blanche auoit nom. mult belle, mult home, qui ere file le Roy de Nauar-
re. qui auoit de lui vne filliete, & ere grosse d'vn fil. Quant li Quens fu en-
terre Mahiu de Mommorenci, Symon de Monfort, Ioffroy de Ioenuile,

Refus des Duc de Bourgoigne & Comte de Bar de se croiser. qui ere Senefchaus, & Ioffroi li Marefchaus allerent al Duc Oedon de
Bourgoigne, & si li distrent. Sire, tu voiz le domage qui a la terre d'outre-
mer est auenuz. Por Dieu te volons proier, que tu preigne la Croix & se-
cor la terre d'outremer el leu cestui. Et nos te ferons tot son auoir baillier,
& te iurerons sor Sains, & le te ferons aus autres iurer, que nos te feruirons
à bone foi, al sis, com nos fassiens lui. Telx fu sa volente que il refusà. Sa-
chiez que il peust bien mielz faire. Ioffroy de Ioinuille cargire li message
que altre tel offre feist au Conte Bar le Duc Thibaut, qui ere cousins al
Cóte qui mort estoit, & refusa le autre si. Mult fu granz desconforz as pe-
lerins & a toz cels que deuoient aller el seruice Dieu, de la mourut le con-
te Thibaut de Champaigne. Et pristrent vn parlement al chief del mois à
Soissons, per sauoir que il porroient faire. Cil qui furent li Quens Balduin
de Flandres & de Hennaut, Et li cuens Loeys de Blois, & de Chartrain, li
Cuens Ioffroy de Perche, li cuens Hues de Saint Pol, & maint autre
preudome.

Remonstrã-ce ae Ville-Hardoin à l'assemblee de Soissons. 21   Ioffroy li Marefchaus lor mostra la parole, & l'offre que il auoient
faite le Duc de Bourgoingne & le Cóte de Bar-leduc, & coment il auoiét
refuse. Seignor (fait il) escoltez ie vos loeroie vne chose, se vos iaccordez.
Li Marquis Bonifaces de Monferrait, est mult prodom, & vn des plus
proisie qui hui cest ior viue. se vos le mandiez que il venist ça, & prist le si-
gne de la Crois, & se meist el leu le Conte de Champaigne, & li donisiez
la Seigneurie de l'ost assez tost la prendroit. Assez iot paroles dittes auant

& ar

& auant & arriere, mais le fin de la parole fu telx, que tuit se accorderent li grant, & li petit: & furent les lettres escrites, & li messaige eslit, & fu enuoié querre, & il vint al ior que illi orent mis. par Champaigne & par mi France ouil fu mult honorez, & par le Roy de France cui cusin il ere. Ensi vint a vn parlement à Soissons qui nomes fu, & illuec fu la grant foisons des Contes, & des Barons, & des Croisiez : Coi loirent que li Marchis venoit, si alerent encontre lui, si l'honorerent mult.

22   Al matin si fu le parlemenz en vn vergier à l'Abaie Madame Sainte Marie de Soissons. En qui requistrent le Marchis que il auoient mande, & li prient por Dieu, que il preigne la Croiz & recoiue la Seignorie de l'ost, & soit esleu le Conte Thibaut de Champaigne, & preigne son auoir, & ses homes, & lenchairent aspiez mult plorant, & il lor rechiert aspiez, & dit, que il le fera mult volentiers. Ensi fist li Marchis lor proiere, & receut la segneurie de lost. Maintenant li Euesches de Soissons, & Messire Folques li bon hom, & dui blanc Abbé, que il auoit amene de son pais lemmainent à l'Eglise nostre Dame, & li atanchent la croix à l'espaule. En si fina as Parlemens. En lendeman, si prist congie por raller en son pais, & por atorner son affaire, & dist que cascuns atornast le suen, que il seroit contre als en Venise.

Arriuee du Marquis Boniface de Montferrat à Soissons.

Le Marquis Boniface esleu chef de la croisade.

    Ensi sen alla li Marchis al capite à Cistials qui est à la saincte Crois en Septembre. En qui troua mult grant plente de Abbe, & des Barons, & des autres genz de Messire Folques i alla por parler des Crois. En qui se croisa Oedes li Champenois de Chanlite, & Guillealmes ses freres, Richart de Dampierre, Oedes ses freres, Gui de Pesines, Haimmes ses freres, Guis de Couelans, & maintes bones gens de Borgoingne, dont li nom ne sont mie en escrit. Apres se croisa li Euesques D'ostun, Guignes li Cuens de Forois, Nughes de Colemi, Aual en Prouence, Pierres Bromonz, & autres gens assez, dont nos ne sauons pas le noms.

M. CCI. 14. Septembre.

Bourguignons croisez.

23   Ensi satornerent parmi totes les terres & li Pelerin. Ha, las con grant domages lor auint el Quaresme apres, deuant ce que il durent mouoir, que li Cuens Ioffrois del Perche sa cocha de maladie, & fist la deuise en tel maniere, que il commanda que Estene ses freres aust son auoir, & menast ses homes en lost. De cest escange se soffrissent mult bié li Pelerin se Dieux volsist. Ensi fina li Cuens, & morut, dont grant domages fu. Et bien fu droiz, car muit ere halt Ber, & honorez, & bons Cheualiers. Mult fu grant dielx par tote sa terre.

M. CCII. Quaresme.

Deces du Comte du Perche.

24   Apres la Pasque en tor la Pentecoste, en commencierent à mouoir li Pelerin de lor pais. Et sachiez que mainte lerme i fu ploree de pitie al departir de lor pais, de lor genz, & de lor amis. Ensi cheuauchierent par mi Borgoigne, & par mi les monz de Monge-vieure, & par Moncenis, & par le Lombardie. Et ensi comencierent à assembler en Venise, & se logierent en vne isle que on appelle Saint Nicolas enz el port.

25   En cel termine, mult vns estoires de Flandres par mer, con mult grant
plen

plente de bones gent armee. De cele eftoire fi fu Cheuetaigne Iohan de
Neele Chaftelains de Bruges, & Thierris qui fu filz le Conte Philippe de
Flandres, & Nicholes de Mailli. Et cil promiftrent le Conte Baudoin, &
iurerent for Sains que il iroient par le deftroiz de Marroc *.Et affemble-
roient à loft de Venife, & à lui en quelque lieu que il oroient dire que il
torneroit. Et porce fen enuoierent li Cuens Henris fes freres de lor nes
chargies de dras,& de viandes,& d'autres chofes. Mult fu belle cele eftoi-
re,& riche,& mult i auoit grant fiance li Cuens de Flandres, & li Pelerin;
porce que la plus granz plentez de lor bons Serans fen alerent en cele
eftoire.Mais maluaifement tindrent couent à lor feingnor,& tuit li autre,
porce que cift, & maint autre douterent le grant peril que cil de Venife
auoient enpris.

26   Enfi lor failli li Euefques D'oftun. Guighes li Cuens de Forois, &
Pierres Bromonz,& autre genz affez qui en furét blafmez,& petit efploit
firent,là où il alerent,& des François lor refaili,Bernarz de Moruel, Hues
de Chaumont, Henris d'Areines,Iohan de Villers ; Gautiers de Sain De-
nife,Hues fes freres, & maint autres qui efchiuerent le paffage de Venife,
por le grant peril qui i ere, e fen alerent à Marfeille,dont il receurent grát
honte,& mult en furent blafme,& dont grant mefauenture lor en nauint
puis.

27   Or vous lairons de cels , & dirons des Pelerins dont grant partie ere
ia venu en Venife. Li Cuens Baudoins de Flandres i ere ia venuz,& maint
des autres. Là lor vint nouuelle que mult des Pelerins fen aloient par au-
tres chemins à autre porz,& furét mult efmaie,porce que il ne pourroient
la conuenance tenir, ne lauoir paier,que il deuoient as Venifiens, & pri-
ftrent confeil entrals que il enuoierent bons meffages en contre les Pele-
rins,& en côtré Loeys de Blois, & de Chaterin,qui n'ere mie encor venuz
por conforter & por crier merci, qui l'auffent pitie de la terre Sainte d'ol-
tremer,& que autres paffages ne pooit nul pru tenir que cil de Venife.

28   A cel meffage fu efliz li Cuens Hues de Sain Pol, & Ioffrois li maref-
chaus de Champaigne , & cheuaucherent trefti que à Pauie en Lombar-
die.En qui trouerent le Conte Loeys à grant plente des bons Cheualiers,
& de bone genz. par lor confort & par lor proiere quenchierent genz af-
fez,en Venife,que fen allaffent as autres porz,par autres chemins. Ne por
quant de Plaifance fe partirent vnes mult bones genz , qui fen alerent par
autres chemins en Puille. La fu Villains de Nuilli, qui ere vn des bons
Cheualiers del monde,Henris d'Ardillieres,Reinarz de Dampierre,Hen-
ris de Lonc champ,Giles de Trefeignes, qui ere hom lige au Conte Bau-
doin de Flandres,& de Hennaut.& li auoit donc del fuen cinq cens liures,
por aller auec lui el voiaie. Auec cels fen alla mult grant plente de Che-
ualiers,& de Serians dont li nom ne funt mie en efcrit. Mult fu granz def-
croiffement à cels de l'oft,qui en Venife aloient,& els en auint grant mef-
auenture fi com vos porroiz oir auant.

Enfi

* Auiour-
d'huy de Vi
baltar.
   Armee de
mer du Cô-
te de Flan-
dres.

Diuifion
entre les
François.

29 Enſi ſen alla li Cuens Loeys, & li autre Baron en Veniſe, & furent re- *Arriuee des Barons François à Veniſe.*
ceu à grant feſte, & à grant ioie, & ſe logierent en liſle Saint Nicholas, auec
les autres. Mult fu l'oſt bele & de bone genz. Onques de tant de gent nus
hom plus belle ne vit. Et li Veniſſiens lor firent marchie ſi plenteures com
il conuint, de totes les choſes que il conuient à cheuans, & a cors domes.
Et li nauies que il orent appareillie fu ſi riches, & ſi bels que onques nus
hom Chreſtiens plus bel ne plus riche ne vit; ſi cum de Hes & de Galies, &
de Viſſiers bien à trois tanz que il n'auſt en l'oſt de gens. Ha? cum grant
domages fu quant li autre qui allerent as autres pors, ne vindrent illuec.
Bien fuſt la Chreſtienté halcie, & la terre des Turs abaſſie. Mult orét bien
attendues totes lor conuenances li Veniſiens, & plus aſſez. & il ſemonrent
les Contes & les Barons les lor conuenances à tenir, & que li auoirs lor
fuſt rendus que il eſtoient preſt de mouoir.

30   Porchaciez fu li paſſage par l'oſt, & auoit aſſez de cels qui diſoit que *Diſcord des croiſez pour le payement du noellage.*
il ne pooit mie paier ſon paſſage. & li Baron en prenoient ce qu'il pooient
auoir. Enſi paierent ce que il en poroient auoir, le paſſage quant il orent
quis & porchacie. Et quant il orent paie, ſi ne furent neemi ne aſſum, &
lor parlerent li Baron enſemble, & diſtrent. Seignor, li Veniſſiens nos ont
mult bien attendues nos conuenances, & plus aſſez. Mes nos ne ſomes mie
tant de gent, que par nos paſſages paier poons le leur attendre, & ce eſt
par la defaute de cels qui allerent as autres porz. por de ſe mette chaſcun
de ſon auoir, tant que nos poiſſons paier nos conuenances. que en tot eſt
il mielx que nos mettons toz nos auoir ci, que ce que il defailliſt, & que
nos perdiſſiens, ce que nos i auons mis, & que nos defailliſſiens de noz
conuenances. que ſe ceſt oſt remaint, la reſcolſe d'outremer eſt faillie. La
ot grant deſcorde la graindre partie des Barons, & de l'autre gent. & di-
ſtrent. Nos auons paie nos paſſages, ſil nos en volent mener, nos en iro-
mes volentiers. Et ſe il ne vuellent, nos nos porchacerons, & irons à altres
paſſages. Porce le diſſoient que il volſiſſent que li oſt ſe departiſſent. Et
lautre partie diſt. Mielx voluns nos tot noſtre auoir mettre, & aller poure
en l'oſt, que ce que elle ſe departiſt, ne failliſt. quar Dieu le nos rendra bien
quant lui plaira.

31   Lors comence li Cuens de Flandres à bailler quanque il ot, & quan- *Grand deuoir des principaux entre les croiſez.*
que il pot emprunter, & li Cuens Loeys, & li Marchis, & li Cuens Hues de
Sain Pol, & cil qui a la leur partie ſe tenoient. Lors peuſſiez veoir tante
belle vaiſſellement dor, & dargent porter à loſtel le Duc por faire paie-
ment, & quant il orent paie, ſi failli de la conuenance trente quatre Mille
Mars dargent. & de ce furent mult lie, cil qui lor auoir auoient mis arriere
ne ni voldrent riens mettre, que lors cuiderent il bien que li oſt fuſt fail-
lie, & depechaſt. Mes diex que les deſconſiliez conſeille ne le voſt mie en-
ſi ſoffrir.

32   Lors parla li Dux à ſa gent & lor diſt. Seignor ceſte gent ne nos puét *Sage pro- poſition du Duc Dan-*
plus paier, & quanque le nos ont paie, nos lauons tot gaingnie. por la con-

uenance que il ne nos puent mie tenir. Mes noſtre droit ne ſeroit mie par
toz contenz,ſi en Receuriens grant blaſme & noſtre terre.Or lor querons
vn plait. Li Roys de Vngrie, ſi nos toſt iadres en Eſclauonie qui eſt vnes
des plus forz citez del monde, ne ia par pooir que nos aions recouree ne
ſera, ſe par ceſt genz non. Querons lor quil le nos aient à conquerre &
nos lor reſpiterons le xxx.mille mars d'argent, que il nos doiuent troſque
a dont que Diex les nos laira conquerre enſemble nos, & els. Enſi fu cis
plais requis. Mult fu contrariez de ce quil volſiſſent que loſt ſe departiſt,
mes totes voies fu faiz li plaiz,& otroiez.

33   Lors furent aſſemble à vne manche à Ligliſe Sain Marc. Si ere vne
mult feſte,& i fu li Pueple de la terre,& li plus des Barons, & des Pelerins.
deuant ce que la Grant Meſſe commencaſt, & li Dux de Veniſe qui auoit
nom Henris Dandole monta el leteril, & parla al pueple,& lor diſt. Sei-
gnor à compaignie eſtes alla meillor gent dou monde, & por le plus halt
affaire que onques genz entrepreiſſent:& ie ſui vialz hom & febles, & au-
roie meſtier de repos,& maaigniez ſui de mon cors.Mes ie voi que nus ne
vos ſauroit ſi gouuerner, & ſi maiſtrer coinge que voſtre Sire ſui. Se vos
voliez otroier que ie preiſſe le ſigne de la Croiz por vos garder,& por vos
enſeingnier,& mes fils remanſiſt en mon lieu, & gardaſt la terre, ie iroie
viure ou morir auec vos,& auec les Pelerins. Et quant cil oirent ſi ſeſcrie-
rent tuit, à vne voiz. Nos vos proions por Dieu, que vos lotroiez & que
vos le facois,& que vos en viegnez auec nos.

34   Mult ot illuec grant pitie del pueple de la terre, & des Pelerins, &
mainte lerme ploree. porce que cil prodom auſt ſi grant ochoiſon de re-
manoir, car viels hom ere, & ſi auoit les yeulx en la teſte biaus, & ſi nen
veoit gote, que perdue auoit la veuë per vne plaie quil ot ele chief: Mult
par ere de grant cuer. Ha? com mal le ſembloient cil qui à autres pors
eſtoient alle por eſchiuer le peril.Enſi auala li litteril,& alla deuant l'autel,
& ſe miſt à genoilz mult plorant, & il li couſierent la Croiz en vn grant
chapel de coton,porce que il voloit que la gent lauoiſſent. Et Veniſien ſi
commencent à croiſer à mult grant foiſon, & a grant plente en icel iour.
Encor en iot mult poi de croiſiez.Noſtre Pelerin orent mult grant ioie,&
mult grant pitie de celle Croiz pro le ſens , & por la proeſce que il auoit
en lui.Enſi fu croiſiez li Dux,com vos auez oi.Lors comença en alimer les
Hes,& les Galies,& les viſſiers as Barons por mouoir, & del termine ia tát
alle que li Septembre aproça.

35   Or oiez vne des plus grant merueilles,& des greignor auentures que
vos onques oiſſiez.A cel tens ot vn Empereor en Côſtantinoble qui auoit
a nom Surſac. & ſi auoit vn frere qui auoit a nom Alexis, que il auoit ra-
chaté de priſon de Turs.Icil Alexis ſi priſt ſon frere L'empereor, ſi li traiſt
les iaulz de la teſte,& ſe fiſt Empereour en tel traiſon com vos auez oi.En
ſi le tint longuement en priſon, & vn ſuen fil qui auoit nom Alexis. Ici
filz,ſi eſchapa de la priſon,& ſi ſen fui en vn vaſſel troſque à vne cité ſour

mer

mer qui eut nom Ancone. Entri sen alla al Roy Phelippe d'Alemaigne
qui auoit sa seror à fame. Si vint à Verone en Lombardie, & herberia en la
ville. Et troua des Pelerins assez qui sen alloient en l'ost. Et cil qui lauoient
aidie à eschaper, qui estoient auec luy li distrent. Sire, veez ci vn ost en
Venise pres de nos, de la meillor & des meillors Cheualiers del monde,
qui vont oltre mer; quar lor criez merci, que il aient de toy pitie, & de ton
Pere, qui à tel tort iestes deserité. Et se il te voloient aidier, tu feras quan
que il deuiseront, Ie donque espooir en lor prendra pitiez. Et il dit que il
le fera mult volentiers, & que cist Conseils est bons.

36   Ensi pristrent ses Messages si enuoia al Marchis Boniface de Mon-
ferrat qui Sires ere de l'ost, & as autres Barons. Et quant le Baron les virét,
si sen merueillierent mult, & respondirent as messages. Nos entendons
bien que vos dites. Nos enuoirons al Roy Phelippe auec lui, ou il sen va.
Se cist nos vielt aidier la terre doltremer à recourer, nos li aiderons la soe
terre à conquerre, que nos sauons, que le est tolue, lui, & son pere à tort.
Ensi furent enuoie li message in Alemaigne, al valet de Constantinople,
& al Roy Phelippe d'alemaigne.

37   Deuant ce que nos vos auons ici conté, si vint vne nouelle en l'ost,   *Deces de*
dont il furent mult dolent li Baron, & les autres genz que Messire Folques   *messire Fol-*
le bons hom, li sains hom, qui parla premierement des Croiz, fina, &   *ques   de*
mori.   *Nulli.*

38   Et apres ceste auenture lor vint vne compaigne de mult bone gent
de l'Empire d'Alemaigne, dont il furent mult lie. La vint li Euesques de   *Allemans*
Hanestat, & li Cuens Beltons de Chassenele, & de Boghe. Garniers de   *croisez.*
Borlande, Tierris de Los, Henris d'Orme, Tierris de Dies, Rogiers de Sui-
cre, Alixandres de villers, Olris de Tone. Adonc furent departies les Nes,
& les Vissiers per les Barons. Ha? Diex tant bon iot mis. Et quant les Nes
furent chargies d'armes, & de viandes, & de Cheualiers, & de serianz, & li
escu furent portendu enuiron de borz, & des Chaldeals des nes, & les ba-
nieres dont il auoit tant de belles. Et sachiez que il porterent es Nes de
Perieres, & de Mangoniax plus de c c c. & toz les engins qui ont mestiers
à vile prendre, à grant plente. Ne onques plus belles estoires ne parti de
nul port. & ce fu as octaue de la feste Sainz Remi, en lan de lincarnation   *Embarque-*
Iesu Christ. M. c c. anz & ij. Ensi partirent del Port de Venise, com vos   *ment des*
auèz oy.   *Seigneurs*
   croisez.
   M. C C I I
39   La veille de la Sain Martin, vindrent deuant Iadres en Esclauonie, &   *Leur arri-*
virent la cité ferme de halz murs & de haltes torx & por noiant demande   *uee à Ia-*
siez plus bele, ne plus fort, ne plus riche. Et quant li Pelerin la virent il se   *dres dit au-*
merueillerent mult, & distrent li vns as autres. Coment porroit estre prise   *iourd'huy*
tel ville par force, se Dieus meismes nel fait. Les premiers Nes vindrent   *Zara.*
deuant la ville & ci ancrerent, & attendirent les autres, & al maitin fist
mult bel ior, & mult cler, & vinrent les Galies totes & li Vissiers & les au-
tres nes qui estoient arrieres, & pristrent le port par force, & rompirent la

Caaine, qui mult ere forz & bien atornee, & defcendirent à terre. Si que li porz fu entrans & la ville. Lor veifiez maint Cheualier & maint Seriãz iffir des Nes, & maint bon deftrier traire des viffiers, & maint riche tref &
Stege de Zara. maint paueillon. Enfi fe loia loz, & fu Iadres affegie le ior de la Sain Martin. A cele foiz ne furent mie venu tuit li Baron, car encore n'ere mie venue li Marchis de Monferrat qui ere remes arriere por a faire que il auoit. Eftenes del Perche fu remes malades en Venife, Et Mahuis de Mommorenci. & quant il furent gari, fi fen vint Mahuis de Mommorenci apres loft à Iadres. Mes Eftenes del Perche ne le fift mie fi bien, quar il guerpi l'oft, & s'en alla en Puille feiorner. Auec lui fen alla Rotre de Monfort, & Iue de la Valle, & maint autre qui mult en furent blafme, & pafferent au paffage de Marz en Surie.

40   Lendemain de la Saint Martin iffirent de cels de Iadres, & vindrent parler al Duc de Venife, qui ere en fon paueillon, & li diftrent, que il li rãdroient la cite, & totes les lor chofes, fals lors cors en fa merci. Et li Dux dift, quil nen prendroit mie ceftui plait, ne autre fe par le confeil non as Contes & as Barons; & qui en iroit à els parler. Endementiers que il alla parler au Contes & as Barons, icele partie dont vos auez oi arrieres, qui voloit l'oft depecier parlerent as meffages, & diftrent lor, Porquoy volez vos rendre voftre Cite? Li Pelerin ne vos affailliront mie, ne dans nauez vos garde, Se vos vos poez defendre des Venifiens dont eftes vos quites. Et enfi priftrent vn dans meifmes, qui auoit nom Robert de Boue, qui alla as murs de la ville, & lor dift ce meifmes. Enfi rentrerent li meffage en la ville, & fu li plais remes.

41   Li Dux de Venife com il vint as Contes & as Barons, fi lor dift. Seignor enfi voelent cil de la dedenz rendre la cite fals lor cors, à ma merci, ne ie nes prendroie plait ceftuy ne autre fe per voz confeil non. Et li Barõ li refpondirent: Sire, nos vos loons que vos le preigniez, & fi le vos prion. Et il dift que il le feroit. Et il fen tornerent tuit enfemble al paueillon le Duc, por le plait prendre: Et trouerent que il meffage s'en furent alle par
Interdictiõ importune de l'Abbé de Cuteaux. li confeil à cels qui voloient l'oft depecier. Et dont fe dreça vns Abbes de vals, de l'ordre de Ciftials, & lor dift. Seignor ie vos deffent de par l'Apoftoille de Rome, que vos ne affailliez cefte cite, car elle eft de Chreftiens, & vos i eftes Pelerins. Et quant ce oy li Dux, fi fu mult iriez & deftroiz, & dift as Contes & as Barons. Seignor, ie auoie de cefte ville plait à ma volonte, & voftre gent le mont tolu, Et vos mauiez Conuent, que vos le maideriez à conquerre, & ie vos femon que vos le façois.

42   Maintenant li Conte & li Baron parlerent enfemble, & cil qui à la lor partie fe tenoient, & diftrent. Mult ont fait grant oltrage cil qui ont cefte plait deffait. Et il ne fu onques iorz que il ne meiffent peine à cefte oft depecier. Or fomes nos honi fe nos ne laidons à prendre. Et il vienent al Duc & li dient. Sire, nos le vos aiderons à prendre por mal de ceis qui deftorne lont. Enfi fu li confels pris. Et al matin alerent logier deuant les

portes

portes de la ville , & si drecierent lors Perrieres , & lor Nangomalz & lor autres engins dont il auoient assez. Et deuers la mer drecierent les eschie- les sor les Hes. Lor commencierent à la ville à ieter les pierres as murs & as sors. Ensi dura cil asals bien por v. iorz, & lor si mistrent lors trencheors à vne tour, & cil commencierent a trenchier le mur. Et quant cil de dedéz virent ce si quiltrent plait tot altretel com il auoient refuse par le conseil à cels qui lost voloient depecier.

43   Ensi fu la ville rendue en la mercy le Duc de Venise sals lor cors. Et lors vint li Dux as Contes, & as Barons, & lor dist. Seignor, nos auons ceste ville conquise par la Dieu grace, & par la vostre. Il est yuers entrez , & nos ne poons mais mouuoir de ci, tresque à la Pasque , car nos trouerions mie merchie en autre leu. Et ceste ville si est mult riche & mult bien garnie de toz biens , sila partirons par mi. si en prendomes la moitie , & vos l'autre. Ensi com il fu deuise si fu fait. Li Venisien si orent la partie deuers le port ou les nes estoient, & li François orent l'autre.

44   Lors furent li ostel departi à chascun endroit soi tel com il afferi. Si se desloia, & vindrent hergier en la ville. Et com il furent herbergiez al tierz ior apres si auint vne mult grant mesauenture en lost endroit hore de vespres, que vne meslee comença des Venissiens , & des François mult grant, & mult fiere. Et corrurent as armes de totes pars. Et fu si gran la meslee que poi y ot des rues ou il n'eust grant estorz despees, & de lances, & darbalestes, & de darz. & mult i ot genz naurez & morz. Mais li Venis- siens ne porent mie lestor endurer , si comencierent mult à perdre. Et li prudome qui ne voloient mie le mal , vindrent tot armes a la meslee , & comencierent à desseurer. Et cum il auoient desseure en vn lieu, lors reco- mençoit en vn altre. Assi dura trosque à grant piece de nuit & à grant tra- uail , & à grant martire le departirent tote voye. Et sachiez que ce fu la plus grant dolors qui onques auenist en lost, & par poi que li ost ne fu to- te perdue. Mais Diex nel vot mie soffrir. Mult iot grant dommage dam- bedens parz. La si fu morz vns haulz hom de Flandres qui auoit nom Gi- les de Landas, & fu feruz par mi luel. Et de ce cop fu morz à la mellee. & maint autre dont il ne fu mie si grant parole. Lors orent li Dux de Venise, & li Baron grant trauail tote cele semaine de faire pais de cele mellee , & tant i trauaillierent que pais en fu Dieu mercy.

45   Apres cele quinsaine vint li Marquis Bonifaces de Monferrat qui nere mie encores venuz. Et Mahuis de Mommorenci, & Pierres de Braie- cuel, & maint autre prodome. Et apres vne hautre quinzaine reuindrent li messages d'Alemaigne qui estoient al Roy Phelippe , & al valet de Con- stantinople. & assemblerent li Baron , & li Dux de Venise en vn palais ou li Dux ere à ostel. Et lors parlerent li message & distrent. Seignors , le Roy Phelippe nos enuoie à vos & li fils l'Emperor de Constantinople qui frere sa fame est.

46   Seignor fait le Rois , ie vos enuoierai le frere , si le mets en la Dieu

main qui le gart de mort, & en la voſtre. Porce que vos allez por Dieu, & por droit, & poi iuſtice, ſi deuez à ce qui ſont desherité à tort rendre lor heritages ſe vos poez. Et ſi vos fera la plus haute conuenance qui onques *Offres de l'Empereur & du Prince Alexis aux croiſez.* fuſt faite à gent, & la plus riche aie à la terre doltremer conquerre. Tot premierement ſe Dieus done que vos le remetez en ſon heritage, il metra tot l'Empire de Romanie à la obedience de Rome, dont elle ere partie pieça. Apres, il ſet que vos auez mis le voſtre, & que vos i eſtes poure. Si vos donra deux mil mars d'argent, & viande à toz cels de loſt à petit, & a grât. *Il veult entendre la Caire ou Alexâdrie.* Et il ſeſcors ira auec vos en la terre de Babiloine, ou enuoiera ſe vos cuidiez que mielz ſera à toz dix mille homes à ſa deſpenſe. Et ces ſeruice vos fera par vn an, & à toz le ior de ſa vie, tendra cinq cens Cheualiers en la terre d'oltremer, chi garderont la terre d'oltremer. ſi les tenra al ſuen. Seignor, de ce auons nos plat pooir, ſont li meſſage, de ſeurer ceſte conuenance, ſe vos le volez aſſeurer deuers vos. Et ſachiez que ſi halte conuenance ne fu onques mes offerte à gent. He na mie grant talant de conquerre qui ceſti refuſera. Et il dient que il en parleront. Et fu pris vn parlement à lendemain : & quant il furent enſemble, ſi lor fu ceſte parole moſtree.

47 La ot parle en maint endroit, & parla l'Abes de Vaulx de l'ordre de Cyſtiaus, & celle partie qui voloit loſt depecier, & diſtrent qu'il ny ſi accorderoient mie, que ce ere treſor Chreſtiens, & il neſtoient mie porce meu ; ainz voloient aller en Surie. Et lautre partie lor reſpondi. Bel Seignor, en Surie ne poez vos rien faire, & ſi le verroiz bien à cels meiſines qui nos ont deguerpis, & il ſont alle as autres porz. Et ſachiez que par la terre de Babiloine ou par Grece i ert recouree la terre d'oltremer ſe le iammais eſt recouree. Et ſe nos refuſons ceſte conuenance, nos ſommes honi à toz iorz.

Diſcord en l'armee prouenant des moines. 48 Enſi ere en diſcorde loſt, & ne vos merueilliez mie, ſe li laie genz ere en diſcorde, que li blanc Moine de l'ordre de Cyſtiaus, erent altreſſi en diſcorde en loſt. Li Abbes de Loces, qui mult ere ſainz home, & prodom, & altre Abbé qui à lui ſe tenoient, preçoient, & crioient mercy à la gent que il por Dieu teniſſent loſt enſamble, & que il ſeuſſent ceſte conuenâce : Car ce que la choſe par quoy on puet mielz recourer la terre d'oltremer. Et l'Abbes de Vaulx, & cil qui à lui ſe tenoient, reprochoient mult ſouent, & diſoient que tot cére mals : Mais allaſſent en la terre de Surie, & feiſſent ce que il porroient.

49 Lors vint le Marchis Bonifaces de Monferrat, & Baudoins li Cuens de Flandres & Hannault, & li Cuens Loyes, & li Cuens Hues de Sain Pol, & cil qui à els ſe tenoient, & diſtrent que il feroient ceſte conuenance, que *Offres du Prince Alexis acceptez, & iurez.* il feroient honi ſe il la refuſoient. Enſi ſen allerent à loſtel le Duc, & furét mande li meſſages, & aſſeurerent la conuenance ſi com vos lauez oi arriere, par ſairemens, & par chartres pendanz. Et tant vos retrait li liures, que il ne furent que douze qui les ſairemens iurerét de la partie des Fran-

çois

çois ne plus rien pooient auoir.

50   De cels si fu li vns li Marchis de Monferrat, li Cuens Baudoins de Flandres, li Cuens Loeys de Blois, & de Chartein, Et li Cués Hues de Sain Pol, & huict altres qui a elx se tenoient. Ensi fu la conuenance faite, & les chartres faites, & mis le termes quant li vallet vendroit, Et ce fu à la quinzaine de Pasques apres. Ensi seiorna lost des Fráçois à Iadres toz cel yuer, contre le Roy de Hongrie. Et sachez que li Cuer des genz ne furent mie en pais. que lune des partie se trauailla à ce que li ost se departist, & li autre, à ce que elle se renist ensemble. Maint sen emblerent des menues géz, es nes des marcheans. En vne nef semblerent bien cinq cens, si noierent tuit, & furent perdu. Vne altre compaignie sen embla par terre, & si sen cuida aller per Esclauonie : & li paisant de la terre les assaillierent, & en occistrent assez. Et li altre sen reparierent fuiant arriere en lost. & ensi en alloient fort ment en amenuissant chascun iour.

Desastre
des fuyards

51   En cel termine se trauailla tant vns halz hom de lost qui ere d'Alemaigne Garniers de Borlande que il sen alla en vne nef de mercheans, & guerpit lost, dont il receut grát blasme. Apres ne tarda gaires que vn haut Ber de France qui ot a nom Renars de Mommirail pria tant par laie le Conte Loeys que il fu enuoiez en Surie en message en vne des nes de l'estoire. Et si iura sor Sains, de son poing destre, & il, & tuit li Cheualiers qui auec luy, allerent, que dedenz la quinzaine que il seroient en Surie, & auroient fait lor message que il repareroient arrieres en lost. por ceste conuenance se departi lost, & auec luy Henris de Castel ses niers, Guillielmes li Visdame de Chartres, Geoffroy de Belmont, Iohan de Froeuille, Pierres ses freres, & maint altre. Et li sairemenz que il firent ne furent mie bien tenu. que il ne repaierent pas en lost.

52   Lors reuint vne nouelle en lost que fu volentiers oie, que li estoire de Flandres dont vos auez oi arrieres, ere ariuez à Marseille : Et Iohans de Neele chastellains de Bruges qui ere cheuetaines de cel ost, & Tierris qui fu filz le Conte Phelippe de Flandres, & Nichole de Mailli, manderent le Conte de Flandres lor Seignor que il iuernoient à Marseille, & que il lor mandast sa volente que il feroient ce que il lor manderoit. Et il lor manda per le conseil le Duc de Venise, & des autres Barons, que il meussent à lissue de Marz, & veinssent encontre lui au port de Modon en Romanie. Ha?las il latendirent si maluaisement que onques conuenz ne lor tindrét, ainz sen alerent en Surie ou il sauoient que il ne feroient rien nul esploit.

53   Or poez sauoir seignor, que se Dieus ne aimast ceste ost, que le ne peust mie tenir ensemble a ce que tant de gent li queroient mal. Lors parlerent li Baron ensemble, si distrent quil enuoierent à Rome à l'Apostoille, porce que illor sauoit mal gre de la prise de Iadres. & eslistrent messages deux Cheualiers & deux clers, telx quil sauoient qui bon fussent à cest message. Des deux Clers fu li vns Nouelons li Euesques de Soissons, & maistre Iohan de Noyon qui ere Canceliere le Conte Baudoins des Flandres,

Deputez
de l'armee
vers le Pa-
pe de Ro-
me.

dres,& des Cheualiers li vns Iohans de Fraiſe & Robert de Boue. &cil iu-
rerent ſor Sains loialment que il feroient li meſſage en bone foi, & que il
repaireroient à loſt.

54   Mult le tindrent bien li troi, & li quarz maluaiſement : Et ce fu Ro-
bert de Boue:quar il fiſt le meſſage al pis quil pot,& ſen pariura,& ſen alla
en Surie apres les autres,& li autres troi le firent mult bien , & diſtrent lor
meſſage,Enſi comandirent li Baron, & diſtrent à l'Apoſtoille. Li Baron
vos merci crient de la priſe de Iadres , que il le fiſtrent come cil qui mielz
non pooient faire, por le defaute de cels qui eſtoient alle aus autres porz,
& que autrement ne poient tenir enſemble,& ſor ce mandent à vos come
à lor bon Pere que vos alor comandoiz voſtre commandemenz que il
font preſt de faire.Et li Apoſtoille diſt aus meſſages , quil ſauoit bien que
par la defaute des autres lor conuint à faire, ſi en ot grant pitie, & lor mã-
da a Barons & as Pelerins ſaluz.& qui les aſſolt come ſes filz;& lor cóman-
doit,& prioit que il teniſſent loſt enſemble, car il ſauoit bien que ſanz ce,
le oſt, ne pooit li ſeruices Dieu eſtre fais : Et dona plain pooir à Nouelon
l'Eueſque de Soiſſons , & à maiſtre Iehan de Noion , de lier , & deſlier les
Pelerins tros qua adonc que li Cardonax vendroit en loſt.

Reſponce
du Pape
aux depu-
tez.

55   Enſi fu ia del tens paſſe que li quareſme fu. & atornerent lor nauille
por mouoir à la Paſque. Quant les nes furent chargies lendemain de la
Paſque,ſi logierent li Pelerins for de la ville ſor le port : Et li Veniſiens fi-
rent abatre la ville,& les tors,& les murs.Et dont auint vne auenture dont
mult peſa à cels de loſt,que vns des halz Barons de loſt,qui auoit nom Si-
mon de Monfort, ot fait ſon plait al Roy de Vngrie qui anemis eſtoit à
cels de loſt,quil ſen alla a lui,& guerpi loſt.Auec lui alla Guis de Monfort
ſes freres,Simons de Neaſle, & Robert Maluoiſins,& Druis de Creſſoneſ-
ſart,& l'Abbes de Vals qui ere moine de lordre de Cyſtiaus , & maint au-
tre.Et ne tarda guaires apres,che ſen alla vne autres halz hom de loſt, qui
Engelrauz de Boue ere apellez,& Hues ſes freres,& les genz de lor pais,ce
que il en porroient mener.Enſi partirent cil del oſt com vos auez oi.Mult
fu granz domages à loſt,& honte à cels qui eſirent.

Partement
de la flotte
pour Conſtã
tinople.
M.CCIII.

Deſunion
et retraicte
de pluſieurs
croiſez.

56   Lors comencierent à mouoir les nes , & les viſſiers , & fu deuiſe que
il prendorient port à Corfol, vne yſle en Romanie , & li premiers atten-
droient les darrieres , tant que il ſeroient enſemble , & il ſi fiſtrent. Ainz
que li Dux,ne li Marchis partiſſent del porz de Iadres , ne les Galies , vint
Alexis le filx l'Empereor Surſac de Conſtantinople , & li enuoia li Roys
Phelippe d'Alemaigne,& fu receus à mult granz ioie , & à mult grant ho-
nor.Et enſi bailla li Dux les Galies , & les vaſſials tant con lui conuint. Et
enſi partirent del port de Iadres , & orent bon vent & allerent tant que il
priſtrent porz à Duraz, en qui rendirent cil de la ville , la ville à lor Sei-
gnor quant il le virent mult volentiers ; & li firent ſealté. Et den qui ſen
partirent, & vindrent à Corfol , & trouerent loſt , qui ere logie deuant la
ville , & tenduz trez & paueillons , & les cheuaus traiz des viſſiers por re-
fraichir.

Arriuee du
Prince A-
lexis en l'ar
mee.

fraíchír. Et cum il oirent que li fils l'Empereor de Conſtantinople ere ar-
ríuez al port, ſi veiſſiez maint bon Cheualier & maint bő ferianz aller en-
contre, & mener maint bel deſtrerz. Enſi le reçurent à mult grant ioie & a
mult grant honor. Et i fiſt ſon tre tendre en mi loſt. Et li Marchis de Mon-
ferrat le ſuen de lez en cui garde, le Roy Phelippe lauoit comandé, qui
ſua feror auoit à fame.

57   Enſi feiornerent en cele yſle trois femaines, qui mult ere riche, & plé-
teuroiſe. Et dedenz cel feior lor auint vne meſauenture, qui fu peſme &
dure, que vne gran partie de cels qui voloient loſt depecier, & qui auoient
autre foiz eſte encontre loſt, parlerent enſemble, & diſtrent que cele cho-
ſe lor ſembloit eſtre mult longe, & mult perilloſe, & que il remanroient
en liſle. Et lairoient loſt aller, & par le conduit à cels. Et quant loſt en ſe-
roit alee renuoierent au Comte Gautier de Breine, qui adonc tenoit Bra-
diz, qui lor enuoiaſt vaiſſiaus por aller à Brandiz. Ie ne vos puis mie toz
cels nomer, qui à ceſte ouure faire furent, Mes ie ne vos en nomerai vne
partie des plus maiſtre Cheuetaine.

58   De cels fu li vns, Odes le Champenois de Chamlite, Iaques d'Auer-
nes, Pierres d'Amiens, Guis li Caſtellains de Coci, Ogiers de Saint Che-
ron, Guis de Cappes, & Claraſhauz de Mez, Guillelmes d'Ainoy, Pierres
Coiſeaus, Guis de Peſines, Richart de Dapierres, Odes ſes freres, & maint
autre qui lor auoient creance par derriere, quil ſe tenroient à lor partie,
qui ne l'oſoient moſtrer par deuant por la honte.

59   Si que li liure teſtimoigne bien que plus de la moitie de loſt ſe te-
noient à lor accort. Et quant ce oit li Marchis de Monferrat, Et li Cuens
Baudoins de Flandres, Et li Cuens Loeys, & li Cuens de Sain Pol & li Ba-
ron quiſe tenoient à lor accort, ſi furent mult eſmaie, & diſtrent. Seignor,
nos ſommes mal bailli ſe ceſte gent ſe partét de nos, auec cels qui ſen ſunt
parti par maintes foiz noſtre ot fera faillie, & nos ne porons nulle cőque-
ſte faire. Mais alons à els & lor crions merci, que il aiét por Dieu pitié dels,
& de nos, & que il ne ſe honiſſent, & que il ne toillét la reſcoſſe d'oltremer.

60   Enſi fu li conſeils accordez, & allerent toz enſemble en vne vallée,
ou cil tenoient lor parlemenz, & menerent auec als le fils l'Empereor de
Conſtantinople, Et toz les Eueſques & toz les Abbez de loſt. Et cum il
vindrent la, ſi deſcendirent à pie. Et cil cum il les virent, ſi deſcendirent de
lor cheuaus, & allerent encontre & li Baron lor cheirent as piez, mult plo-
rant, & diſtrent que il ne ſe moueroient tres que cil aroient creance que il
ne ſe mouroient dels. Et quant cil virent ce, ſi orent mult grant pitié, &
plorerent mult durement.

61   Quant il virent lor Seignors, & lor parenz, & lor amis chaoir à lor
piez, ſi diſtrent que il en parleroient. Et ſe traiſtrent à vne part, & parlerét
enſemble, & la ſumme de lor conſeils fu tels, que il ſeroient encor auec
els, tres qua la Sain Michel, por tel conuent, que il lor iureroient ſor Sainz
loialment que des en qui en nauant à que le eure que il les ſe mouroient

dedenz les quinze iors, que il lor donroient nauie a bone foi, fanz mal en-
gin, dont il porroient aller en Surie.

62   Enfi fu otroie, & iure. Et lors ot grant ioie par tote loft. Et fe recueil-
lerent es nes, & li cheuaus furent mis es viffiers. Enfi fe partirent del port
de Corfol, la veille de Pentecofte qui fu M. & CC. ans, & trois apres lincar-
nation noftre Seignor Iefu Chrift. Et en qui furent totes les Nes enfemble
& tuit li viffier, & totes les Galies de loft, & affez dautres Nes de mar-
cheans, qui auec ferement arroutees. Et li iorz fu bels, & clers, & li venz
dols & foes : Et il laiffent aller les voiles al vent. Et bien TESMOIGNE
IOFFROIS LI MARESCHAVS DE CHAMPAIGNE, qui cefte
œuure dicta, que ainc ni ment demot à fon efcient, fi com cil qui à toz les
confeils fu, que onc fi bele chofe ne fu veue. E bien fembloit eftoire qui
terre deuft conquerre, que tant que on pooit veoir à oil, ne poit on veoir
fe voiles non de Nes, & des Vaiffiaus, fi que li cuer des homes fen efioif-
foient mult.

Parlement de l'armee de Corfou.

Proteftatiõ de Geoffroy de Ville-Harduin.

63   Enfi coururent per mer tant que il vindrent à Cademelee à vn tref-
pas qui for mer fiet. Et lors encontrerent deux Nes de Pelerins, & de Che-
ualiers & de ferianz qui repairoient de Surie. Et ce eftoient de cels qui
eftoient allez al port de Marfeille paffer. Et quant il virent leftoire fi bel-
le, & fi riche, fi orent tel honte, que ne il s'ouferent moftrer. Et li Cuens
Baudoins de Flandres, & de Hennaut enuoia la Barge de fa Nef, por fa-
uoir quel genz ce eftoient, & il diftrent quil eftoient, & vn Seriant fe lait
correr contre val de la Nef, en la barge, & dift à cel de la Nef. Ie vos cla-
me tuite ce qui remaint en la Nef doumien car ie men iray auec cez, car
il femble bien que il doiuent terre conquerre. A grant bien fu atornez, à
Serianz, & mult fu volentiers en loft veuz. Et porce dit hom que de mil
males voiez puet hom retourner.

64   Enfi corut loft trofque à Nigre, fi eft vne mult bone yfle, & vne mult
bone citez, que on appelle Nigrepont. Enqui fi priftrent confeil li Baron.
Si fen ala li Marchis Bonifaces de Monferrat, & li Cuens Baudoins de
Flandres, & de Hennaut à grant parties de viffiers & de Galies auec l'Em-
pereor le fil l'Empereor Surfac de Conftantinople, en vne yfle que on ap-
pelle Andre, & defcendirent à terre. Si s'armerent li Cheualiers & corurẽt
en la terre; Et la genz del pais, vindrent à merci al fil l'Empereor de Con-
ftantinople. Et li donerent tant doulor que pais firent à lui. Et rentrerent
en lor vaiffiaus, Et corrurent par mer. Lors lor auint vn grant domaiges,
que vns halt home del loft, qui auoit nom Guis li Caftellains de Coci
morut, & fu gitez en la mer.

Appellee anciennement Cal-chide, & Euboee.

Iadis An-dros.

La mer eft la fepulture des naui-geans.

65   Les autres Nes qui nerent mie cele part guenchies, furent entrees en
boche d'Auie. & ce eft là, ou li Braz Sain Iorge chiet en la grant mer, & co-
rurent contre mont le Braz trefque a vne cite que on appelle Auie. qui fi
& for le Braz Sain George deuers la Turquie mult bele & mult bien af-
fife. Et en qui priftrent port, & defcendirent à terre, & cil de la cite vin-

Dit ancie-nement le deftroit de l'Hellefpõt.

drent

drent encontre els, & lor rendirent la ville. ſi com cil qui ne le ſoient
defendre. Et il ſi fiſent mult bien garder, ſi que cil de la ville ni perdirent
vaillant vn denier. Enſi ſeiornerent entri huict iorz por attendre les Nes,
& les Galies & les viſſiers qui eſtoient encor à venir. Et dedenz cel ſeior
priſtrent des blez en la terre que il ere moiſſons, & il en auoient grant me-
ſtier. Car il en auoient pou. Et dedenz ces huict iorz, furent venu tuit li
vaiſſel & li Baron, & Diex lor dona bon tens.

66   Lors ſe partirent del port d'Auie tuit enſemble, ſi peuſſiez veoir flori *Ancienne-*
le braz Sain Iorge contre mont de Nes & de Galies & de Viſſiers à mult *ment dite*
grant meruoille ere la bialtez a regarder. Et enſi corrurent contre mont le *Abide.*
Braiz ſain Iorge, tant que il vindrent à Saint Eſtiene, a vne Abbaie qui ere
à trois lieues de Conſtantinople, & lors virent tout à plain Conſtantino-
ple. Cil des Nes & des Galies & des Viſſiers priſtrent port, & aancrerent
lor vaiſſia? Or poez ſauoir que mult eſgardirent Conſtantinople, cil qui
onques mais ne lauoient veue. que il ne pooient mie cuidier que ſi riche
vile peuſt eſtre en tot le monde. Cum il virent ces halz murs, & ces riches *Briefue de-*
tours dont ere cloſe tot entor a la reonde, & ces riches palais, & ces haltes *ſcription de*
Ygliſes dont il i auoit tant que nuls nel poiſt croire, ſe il ne le veiſt à loil *Conſtanti-*
& le loc, & le lé de la ville que de totes les autres ere ſouueraine. Et ſachiez *nople.*
que il ni ot ſi hardi, cui le cuer ne fremiſt. & ce ne fu mie merueille, que
onques ſi grant affaires ne fu en pris de tant de gent puis que li monz fu
eſtorez.

67   Lors deſcendirent à terre li Conte, & li Baron, & li Dux de Veniſe, &
fu li parlemenz ou monſtier Saint Eſtiene. La ot maint conſeil pris, & do-
ne. Totes les paroles qui la furent dites ne vos contera mie li liures ; Mes
la ſumme del conſeil ſi fu tielx, que li Dux de Veniſe ſe dreça en eſtant, &
lor diſt. Seignor, ie ſai plus del conuiue de ceſt pais, que vos ne faites, car *Accorte*
altre foiz i ai eſté. Vos auez le plus grant affaire, & le plus perillous entre- *propoſition*
pris, que onques genz entrepriſſent. Porce ſi conuendroit, que on ouuraſt *du Dac Dã*
ſagement. Sachiez ſe nos alons à la terre ferme, la terre eſt granz & large, *dolo.*
& noſtre genz ſont poure, & diſetcus de la viande, ſi ſeſpandront par la
terre por querre la viande. & il y a mult grant plente de la gent il pais : Si
ne porriens tot garder, que nos ne perdiſſiens, & nos n'auons meſtier de
perdre, que mult auons poi de gent a ce que nos volons faire. Il a iſles ci
pres que vos poez veoir de ci qui ſont habitees de genz, & laborees de
blez & de viandes & dautres biens. Alons i la prendre port, & recueillons
les bles, & les viandes del pais. Et quant nous aurons mis les viandes re-
cueillies alomes deuant la ville, & ferons ce que noſtre Sires nos aura por-
ueu. Quar plus ſeurement guerroie cil qui a la viande, que cil qui nen a
point. A cel conſeil ſacorderent li Conte, & li Baron, & ſen ralerent tuit a
lor nes chaſcuns, & aſſez vaiſſiaus. Enſi repouſerent cele nuit. Et al matin
ſu le ior de la feſte mon Seignor Sainz Iohan Baptiſte en Iuing furet dre-
cies les banieres, & li confano es chaſtials des nes, & les hoſches des eſcuz.

C   2

Et portenduz les borz des Nes. Chafcuns regardoit fes armes tels com a
lui conuint que defifenffent, que par tens en aront meftier.

68   Li marinier traiftrent les anchres, & laiffent les voiles al vent aler &
Dieu lor done bon vent tel com a els conuint, fi fen paffent tres par deuát
Conftantinople fi pres des murs, & des tours que a maintes de lor nes
traift on. Si i auoit tant de gent for les murs, & for les tours que il fembloit
que il nauft fe la nom. Enfi lor deftorna Diex Sires, le confeil qui fu pris le
foir, de torner es yfles, aüfi com fe chafcuns nauft onques oy parler. Et
maintenant traient à la ferme terre plus droit que il onques puent, & pri-
Abord de ftrent port deuant vn palais l'Empereor Alexis, dont li leus eftoit apellez
l'armee à Calchidoines; & fu endroit Conftantinople, d'autre part del Braz deuers
Conftanti- la Turchie. Cil palais fu vn des plus biaux & des plus delitables, que on-
nople. ques cel peuffent efgarder des toz les deliz que il conuient à cors d'home
que en maifon de Prince doit auoir.

69   Et li Conte, & li Baron defcendirent à la terre, & fe herbergierent el
Palais, & en la ville entour, & li plufor tendirent lor paueillons. Lors furét
li cheual trait fors des Viffiers, & li Cheualiers & li fergeant defcend à la
terre, a totes lor armes, fi que il ne remeft es vaiffiaus que li marinier. La
contrée fu belle, & riche, & plenteurofe de toz bien. Et les moies des blez
qui eftoient meffone par mi les camps, tant que chafcuns en volt prendre,
fi en prinft con cil qui grant meftier en auoient. Enfi feiournerent en cel
Palais lendemain. Et al tierz iour lor dona Diex bon vent, & cil marinier
refacquent lor anchres, & drecent lor voiles al vent. Enfi quil fen vont
contre val le Braz bien vne lieue de for Conftantinople, à vn palais qui
ere l'Empereor Alexis qui ere apellez le Scutaire. Entri fe ancreerent les
Hes, & les viffiers, & totes les Galies.

70   Et la Cheualerie qui era herbergie el Palais de Calcedoine alla co-
ftoiant Conftantinople par terre. Enfi fe herbergierent for le Braiz Sain
Iorge, à le Scutaire, & contre mont loft des François. Et quant ce vit l'Em-
perere Alexis, fi fift la foe hoft iffir de Côftantinople, fi le herberia for l'au-
tre riue dautre par endroit als: fi fift tendre fes paueillons, porce que cil ne
peuffent prendre terre par force for lui. Enfi feiorna loft des François par
neuf iorz. & fe precaça de viande, cil que meftier en ot, & ce furent tuit cil
de loft.

71   Dedenz cel iour iffi vne compagnie de mult bone gent por garder
loft que on ne li feift mal, & les forrieres, cerchierent la contree. En celle
compaignie fu Odes li Champenois de Chanlite, & Guillelmes fes freres,
& Ogiers de Saintcheron, & Manaffiens de Lifle, & li Cuens Cras vns
Cuens de Lombardie, qui ere del Marchis de Monferrat. & orent bié auec
als quatres vingts Cheualiers, de mult bone gent. Et choifierent el pie de
la montaigne paueillons bien a trois liues de loft. Et ce eftoit li Megedux
C'eftoit le l'Empereor de Conftantinople, qui bien auoit cinq cens Cheualiers de
Marefchal Grieu. Quant noftre gent les vit, fi ordenerent lor gent en quatre batail-
les.

les. Et fu lor confelx tielx, que iroint combatre à els. Et quant li Grieu les des logis de virent, fi ordenerent lor gens & lor batailles. Et fe rengierent par deuant l'Empereur lor paueillons & les attendirent, & noftre gent les alerent ferir mult viguerofement. A laie de Dieu noftre Seignor, petiz dura cil eftors. Et li Grieu lor tornent les dos, fi furent defconfiz à la premiere affemblee. Et li noftres les enchaucent bien vne liue grant. La guaignerent affez cheuaus, & roncins, & palefroiz, & muls, & mules, & tentes, & paueillons, & tel gaing com à tel befoingne aferoit. Enfi fe reuindrent en loft, ou il furent mult volentiers veuz, & departirent lor gaing fi com il durent.

72   A l'autre iour apres, enuoia l'Emperere Alexis vns meffages as Contes & as Barons, & fes letres. Cil meffages auoit nom Nicolas Rous, & ere Meffage & letres de nez de Lombardie, & troua les Barons el riche palais del Scutaire, où il l'Empereur aux Sei- eftoient à vn confeil. Et les falua de part l'Empereor Alexis des Conftan- gneurs Ba- tinople. Et tendi fes letres le Marchis Bonifaces de Monferrat, & cil les re- rons liguez. çut. Et furent leues deuant toz les Barons, Et paroles i ot de maintes manieres es letres, que li liures ne raconte mie. Et apres les autres paroles qui furent, fi furent de creance, que lom creift celui qui les auoit aportees qui Nicholas Rous auoit nom. Biels fire font il, nos auons veues voz letres, & Harangue nos dient que nos vous creons. Et nos vos creons bien. Or dites ce que de Nicolas Roux pour vos plaira. Et li meffage eftoit deuant les Barons en eftant, & parla. Sei- l'Empereur gnor, fait il, l'Empereor Alexis vos mande que bien fet, que vos eftes la aux Barós meillor gent, qui foient fans corone. Et de la meillor terre qui foit. Et mult liguez. fe merueille por quoi, ne a quoi vos i eftes venuz en fon regne, que vos eftes Chreftiens, & il eft Chreftiens. & bien fet que vos i eftes meu, por la Sainte Terre d'oltremer, & por la Sainte Croiz, & por le fepulcre refcoire. Se vos i eftes poure, ne difetels, il vos donra volentiers de fes viandes, & de fon auoir, & vos li vaidiez fa terre. Ne vos voldroit autre mal faire, & ne por quant fen na il le pooir. Car fe vos eftiez vint tant de gent, ne vos en porroiz vos aler, fe il mal vos voloit faire, que vos ne fufliez morz & defconfiz.

73   Par le Cort, & par li Confeil haus autres Barons, Et le Duc de Venife fe leua empiez, Cœnes de Bethune qui bons & fages, & bien eloquens, & refpont al meffage. Bel fire, vos nos auez dit que voftre Sires fe merueille Braue re- mult, porquoi noftre Seignor & noftre Baron font entre en fon regne ne fpence des Barons à en fa terre. il ne font mie entre, quar il le tint à tort, & a pitie contre Dieu, l'Ambaffa- & contre raifon. Ainz eft fon neuou qui ci fiet entre nos, for vne chaire, deur du qui eft fil de fon frere l'Empereor Surfac. Mes fil voloit à la merci fon ne- faux Em- pereur. uou venir, & li rendroit la corone, & l'Empire, nos li proieriens que il li pardonaft, & li donaft tant, que il peuft viure richement. Et fe vos por ceftui meffage ni reuenez altre foiz, ne foiez fi hardiz, que vos plus i reuegniez. Enfi fe parti li Meffages, & fen arala arriere en Conftantinople à l'Empereor Alexis.

74   Li Baron parlerent enfemble, & diftrent, lendemain, quil moftre-

roient Alexis le fil l'Empereor de Conſtantinople, al pueple de la cite. Et
dont firent armer les Galies totes.Li Dux de Veniſe, & li Marchis de Mó-
ferrat,entrerent en vne, & miſtrent auec als Alexis le filz l'Empereor Sur-

C'eſt le Prince. ſac.Et es autres Galies entrerent li Cheualier,& li Baron qui volt.Enſi ſen
allerent rez à res des murs de Conſtantinople,& moſtrerent al pueple des
Grez li * Valet,& diſtrent: Veez ici noſtre Seignor naturel,& ſachiez,nos
ne venimes por vos mal faire,ains venimes por vos garder, & por vos de-
fendre,ſe vos faites ce que vos deuez. Car cil cui vos obeiſſiez al Seignor,
vos tient à tort,& à pechie, contre Dieu , & contre raiſon. Et bien ſauez
com il a diſloiaument oure vers ſon ſeignor.& vers ſon Frere,que il li à les
els traiz,& tolu ſon empire,& à pechie. & veez ci le droit hoir. Se vos vos
teniez à lui,vos feroiz ce que vos deuioiz:& ſe vos nel faites, nos vos ferós
le pis que nos porrons.Onques nuls de la terre,& del pais,ne fiſt ſemblant
que il ſe teniſt à lui,por la tremor,& por la dotance de l'Empereor Alexis.
Enſi ſen reuindrent en loſt arriere,& alerent chaſcuns à ſon heberge.

75   Lendemain quant il orent la Meſſe oie,ſaſemblerent à parlement: &
fu li parleméz à cheual en mi le camp.La peuſſiez veoir maint bel deſtrer,
& maint Cheualier de ſus, & fu li conſels des bataille deuiſer quantes , &

Ordonnan-ce de batail le des Barós françois. quel il en auroient.Beſtance i ot aſſez d'vnes choſes & d'autres. Mes la fin
del conſeil fu tels,que al Conte Baudoin de Flandres,fu otroie l'auangar-
de,porce que il auoit mult grant pléte de bone gent, & d'archiers & d'ar-
baleſtiers plus que nuls,que in loſt feuſt.

76   Et apres fu deuiſe,que lautre bataille feroit Henris ſes freres.Mahuis
de Vaſlaincort,& Balduins de Belucoir , & maint autre bon Cheualier de
lor terres,& de lor pais qui auec els eſtoient.

77   La tierce bataille fiſt li Cuens Hues de Sainpol,Pierres d'Amiens ſes
niers,Euſtaches de Cantheleu,Anſiaus de Kaue,& maint bon Cheualier
de lor terre & de lor pais.

78   La quarte bataille fiſt li Cuens Loeys de Blois , & de Chartain , qui
mult fu granz,& riche,& redotez,que il i auoit mult grant plente de bons
Cheualiers,& de bone gent.

79   La quinte bataille fiſt Mahuis de Mommorenci , & li Champenois,
Odes de Chanlite,Ioffrois li Mareſchaus de Chápaigne fu en cele. Ogiers
de Sain Cheron,Manaſſiers de Liſle,Miles li Braibanz,Machaire de Sain-
te menehalt,Iohans Foiſtions,Guis de Capes , Clarembaus ſes niers , Ro-
bert de Roncoi,Totes ces genz fiſent la quinte bataille.Sachiez que il i ot
maint bon Cheualier.

80   La ſeſime bataille fiſt li Marchis Bonifaces de Monferrat , qui mult
fu granz. Il i furent li Lombart , & li Toſchain , & li Aleman , & totes les
genz, qui furent de le mont de Moncenis troſque à Lion ſor le Rone.
Tuit cil furent en la bataille li Marchis , & fu deuiſe que il feroit la riere
garde.

81   Li iorz fu deuiſe quant il ſe recit cil droient es Nes, & vaiſſiaus & por

pren

prendre terre , ou pour viure , ou por morir.

82   Et fachiez que ce fu vne des plus doutofes chofes a faire qui onques fuft.Lors parlerent li Euefques,& li Clergiez al pueple,Et lors moftrerent que il fuffent contes , & feift chafcuns fa deuife, que il ne fauoient quant Diex feroit fon commandement dels.Et il fi firent mult volentiers par tote loft,& mult pitofement. Li termes vint fi com deuifes fu. Et li Cheualiers furent es viffiers tuit auec lor deftriers , & furent tuit arme les helmes laciez.Et li cheual couert , & enfelé.& les autres genz qui n'auoient mie fi grant meftier en bataille,furent es grans Nes tuit. Et les Galees furent armees,& atornees totes. Et li matins fu biels apres le folei vn poi leuant. Et l'Emperieres Alexis les attendoit à granz batailles & à granz corroiz de lautre part. Et on fone les bozines. Et chafcune Galie fu à vn viffiers liee por paffer oltre plu deliurecement.Il ne demandent mie chafcuns qui doit aller deuant.Mais qui ancois puet,ancois ariue.Et li Cheualier iffirent des viffiers,& faillent en la mer trofque a la zainture, tuit armé les hiel mes laciez,& les glaiues es mains,& li bon archier & li bon Serianz,& li bon arbaleftier.Chafcune compaignie ou endroit,ele ariua. Et li Greu firét mult grant femblant del retenir. Et quant ce vint as lances baiffier , & li Greu lor tornerent les dos,fi fen vont fuiant, & lor laiffent le riuage. Et fachiez que onques plus orgueillieufement muls pors ne fu pris. Adonc comencent li marinier à ourir les portes des viffiers,& à giter les ponz fors. Et on comence les cheuax à traire. Et li Cheualier comencent à monter for lor cheuaus,& les batailles fe comencent à rengier fi com il deuoient.

83   Li Cuens Baudoins de Flandres & de Hennaut cheuauche,qui lauágarde faifoit.Et les autres batailles apres chafcune,fi cum ele cheuauchier deuoient.Et allerent trofque là ou l'Emperere Alexis auoit efte logiez , & il fen fu tornez vers Conftantinople,& laiffa tenduz tres,& paueillons. Et la gaingnerent noftre gent affez.De noftre Baron fu tels li confeils, que il fe herbergeroient for le port,deuant la tor de Galathas ou la chaiene fermoit,qui mouoit de Conftantinople.Et fachiez deuoir,que par cele chaiene couenoit entrer, qui al port de Conftantinople voloit entrer. Et bien virent noftre Baron fe il ne prenoient cele tor,& rompoient cele chaiene, que il eftoienz mort , & mal bailli.Enfi fe herbergierent la nuit deuant la tor,& en la Iuerie que len appelle Leftanor,ou il auoit mult bone ville , & mult riche.Bien fe fiffent la nuit efchaugaitier.Et lendemain quant fu hore de tierce,fi firent vne affaillie cil de la tor de Galathas,& cil qui de Conftantinople lor venoient aidier en barges. Et noftre gent corrét as armes. La affembla Iaches d'Auenez,& la foe maifnie à pie. Et fachiez que il fu mult chargiez,& fu feruz parmi le vis d'vn glaiue,en auenture de mort.Et vn fuen Cheualier fu montez à cheual qui auoit nom Nicholes de Iálain, & fecourut mult bien fon Seignor:& le fift mult bien,fi que il en ot grant pris.Et li cris fu leuez en loft , & noftre gent vienent de totes parz , & lire niftrent euz mult laidement,fi que affez en i ot de morz,& de pris , fi, que de tels

de tels i ot qui ne guenchirent mie à la tor,ainz allerent as barges, dunt il
ere venu.& la en i ot affez de noiez,Et al quant en efchaperent,Et cels qui
guenchirent à la tor,cil de loft les tindrent fi pres, que il ne porent la por-
te fermer.En qui refu granz li eftorz à la porte,& la lor tollirent par force,
& les priftrent la enz la en i ot affez de mors & de pris.

84   Enfi fu li chafteaux de Galathas pris , & li porz guaigniez de Con-
ftantinople per force.Mult en furent conforte cil de loft , Et mult en loe-
rent Damle Dieu , Et cil de la ville defconforté. Et lendemain furent enz
traites les Nes,& les vaiffiels,& les Galies,& li Viffier.Et donc priftrent cil
de loft confeil enfemble,por fauoir quel chofe il porroient faire. Si afau-
roient la ville par mer,ou par terre. Mult s'acorderent li Venifien que les
efchieles fuffient drecies es nes , & que toz li affaus fuft par deuers la mer.
Li Francois difoient que il ne fe fauoient mie fi bien aider for mer, com il
fauoient. Mais quant il aroient lor cheuaus , & lor armes il fe fauroient
mielx aider par terre.Enfi fu la fin del confeil, que li Venifien affauroient
per mer , Et li Baron , & cil de loft par terre. Enfi feiornerent per quatre
iorz.

85   Al cinquiefme iorz apres s'arma tote loz. Et cheuauchierent les ba-
tailles fi com eles erent ordenees,tot par de for le port , trofque endroit le
Palais de Blaquerne.Et li nauiles vint par deuant le port de faque endroit
els,& ce fu pres del chief del port,& la fi à vn flum, qui fiert en la mer que
on ni puet paffer, fe par vn pont de pierre non. Li Grieu auoient le pont
colpe.& li Baron firent tote ior loft laborer.& tote la nuit, por le pont af-
fuitier.Enfi fu li ponz afuitiez.& les batailles armees au maitin.Et cheuau-
che li vns apres l'autre,fi com eles erent ordinees. Et vont deuant la ville,
& nus de la cite vlfi fors encontre als.Et fu mult grant merueille , que por
vn quil eftoient en loft,eftoient il deux cens en la ville.

86   Lors fu le confeils des Barons telx , que il fe hebergeroient entre le
Palais de Blaquerne & le Chaftel Buimont , qui ere vne Abbaie clofe de
murs.Et lors furent tendu li tref,& li paueillon: Et bien fu fiere chofe à re-
garder,que de Conftantinople,qui tenoit trois lieues de front,par deuers
la terre,ne por tote loft affegier,que l'vne des Portes.Et li Venifiens furent
en la mer,es Nes, & es vaiffiaus; & drecierent les efchieles , & les Mango-
niaus, & les perrieres, & ordenerent lor affaut mult bien. Et li Baron ra-
tornerent le lor par deuers la terre. Et de perrieres & des Mangoniaus. Et
fachiez que il n'eftoient mie en pais, que il n'ere hore de nuit, ne de ior,
que lune des batailles ne fuft armée par deuant la porte por garder les en-
gins,& les affaillies.Et por tot ce,ne remannoit mie,que il ne feiffent affez
per cele porte , & par autres , fi que il les tenoient fi corz, que fix foiz ou
fept,les conuenoit armer par tote loft.ne n'auoient pooir que il porcacaf-
fent viande quatre arbaleftees loing de loft. Et il en auoient mult poi, fe
de farine non:& de bacons,& de fel,auoient poi.et de char frefche , nulle
chofe,fe il ne l'auoient des cheuaus , que on lor ocioit. Et fachiez , que il
n'auoient

n'auoient viande communalment, à tote loft , trois femaines, & mult eftoient perillofement,que onques par tant de gent ne furent affegiez tát de gent en vne ville.

87   Lors fe porpenferent de vn mult bon engins, que il fermerent totes loftes de bones lices,& de bons merriens,& de bones barres, & fi en furét mult plus fort, & plus feur.Li Grieu lor faifoient fi fouent affaillies , que il nes laiffoient repoffer. Et cil de loft le refmetoient arrieres mult duremét. Et totes foiz que il iffoient i perdoient li Grieu.

Saillies & efcarmouches des Grecs & Francois.

88   Vn iour feiffoient li Borgueignon la gait,Et li Grieu lor firent vn affaillie, & iffirent de lor meillor gens vne partie fors, & cil lor recorrurent fus.fi les remiftrent enz mult durement,& les menerent fi pres de la porte, que granz fes de pierres lor getoit vn for als. La ot pris vns des meillors Grex de la ienz qui ot nom Conftantin Liafcres , & le prift Gautiers de Nuilli toz montez for le cheual , & enqui ot Guillelme de Chanlite brifie le braz d'vne pierre,dont grant domages fu,que il ere mult preuz,& mult vaillant.Tolz les cops & toz les bleciez,& toz les morz ne vos pui mie raconter. Mais ainz que li eftors pertinaft, vint vn Cheualier de la mafnie Henris le frere le Conte Baudoin de Flandres & de Hannaut qui ot nom Euthaices le Marchis,& ne fu armez que d'vn gamboifon, & d'vn chapel de fer,fon efcu à fon col, & le fift mult bien alenz metre , fi que grant pris len dona lon.Poi ere iorz,que on non feift affaillies.Mes ne vos puis totes retraire,tant les tenoient pres,que ne pooient dormir,ne repoffer, ne mágier,s'armc non.Vne autre affaillie firent per vne porte defors,ou le Grieu reperdirent affez. Mes la fi fu morz vns Cheualiers qui ot a nom Guillelme del Gi,& la le fift mult bien Mahuis de Valencor , & perdi fon cheual al pont de la porte,qui li fu morz. & maint le firent mult bien , qui à celle mellee furent.

89   A cele porte de fus le palais de Blakerne,où il iffoient plus fouuentes fois en ot Pierres de Braiecuel fel plus le pris que nus, porce que il ere plus pres logiez,& plus fouent i auint.Enfi lor dura cil perils,& cil trauaus pres de dix iorz , tant que vn ioefdi maitin fu lor affauls atornez , & les efchieles.Et li Venifien rorent le ior appareillie per mer.Enfi fu deuifies li affaus, que les deux batailles des fix garderoient loft par defors. Et les quatre iroient a laffaut.Li Marchis Bonifaces de Monferrat garda loft par deuers les camps , & la bataille de Champenois & des Borgoignons , Et Mahuis de Mommorenci,Et li quens Baudoin de Flandres,& de Hennaut alla affaillir , & la foa gent , & Hemi fes freres , Et li quens Loeys de Blois & de Chartein,& li Cuens Hues de Sain Pol,& cil qui a els fe tenoient, allerent a laffaut,& drecierent à vne barbacane deux efchieles empres la mer. Et li murs fu mult garnis d'Anglois,& de Danois, & li affauz forz , & bons, & durs, & par viue force monterent les Cheualier for les efchieles, & deux Serianz,& conquiftrent le mur for als:& monterent for le mur bien quinze,& fe combatoient main à main, as haches , & as efpees, & cels de denz

Les Anglois & Danois garde du corps des Empereurs de Conftantinople.

D

se reconforterent si les metent fors mult laidement, si que il en retindrent
deux. Et cil qui furent retenu de la nostre gent si furent menez deuant
l'Empereor Alexis sen fu mult liez. Ensi remest li assauz deuers les Fraçois
& en i ot assez de bleciez, & de quassez, sen furent mult irie li Baron. Et li
Dux de Venise ne se fu mie obliez. Ainz ot ses Nes, & ses vissiers, & ses
vaissiaus ordenez d'vn front. Et cil front duroit bien trois arbalestrees.&
comence la riue à aprocier qui de sus les murs,& de soz les tors estoit.Lors
veissiez mangoniaus giter des Nes,& des vissiers,& quarriaus d'arbalestre
traire , & ces ars traire mult deliurement, & cels de denz deffendre des
murs,& des tours mult durement, que en plusors leus , & les eschieles des
Nes aprochier si durement,que en plusor leus s'entreferoient des spees,&
de lances,& li huz ere si granz que il sembloit que terre & mer fundist. Et
sachiez que les Galies nosoient terre prendre.

90   Or porroiz oir estráge proesce, que li Dux de Venise qui vialz hom
ere,& gote ne veoit,fu toz armez el chief de la soe Galie,& ot le Gonfanó
Sain Marc par deuant lui, Et escrient assuens que illes meissent à terre , ou
se ce non il feroit iustice de lor cors. Et il si firent que la galie prent terre,
& il saillent fort si portent le Confanon Sain Marc par deuant lui a la ter-
re,Et quant li Venisien voient le Confanon Sain Marc à la terre,& la Ga-
lie lor Seignor, qui ot terre prise deuant als, si se tint chascuns à homni,&
vont à la terre tuit.Et cil de vissiers saillent fors,& vont a la terre,qui ainz,
qui mielz , mielz. Lors veissiez assault mueillox. ET CE TESMOIGNE
IOFFROIS DE VILLE-HARDVIN LI MARESCHAVS DE
CHAMPAIGNE, QVI CESTE OVRE TRACTA, que plus de quará-
te li distrent por verité,que il virent li Confanon Sain Marc de Venise,en
vne des Tors,& mie ne sorent qui li porta.Or oiez estrange miracle,& cil
dedenz sen fuirent, si guerpissent les murs. Et cil entrent enz , qui ainz
ainz,qui mielz mielz:Si que il saississent vingtcinq des Tors, & garnissent
de lor gent.Et li Dux prent vn Batel,si mande messages as Barons de lost,
Et lor fait assauoir que il auoient vingt cinq Tors, & seussent poruoir que
il nel pooent reperdre.

91   Li Baron sont si lie , que il nel pooient croire que ce soit voirs. Et li
Venisien comencent à enuoier cheuaus & palefroiz à lost, en Batiaus , de
cels que il auoient gaaigniez dedenz la ville.Et quant l'Empereres Alexis
vit que il furent ensi entre dedenz la ville,si comence ses genz à enuoier à
si grant foison vers els.Et quant cil virent que il nes porroient soffrir, mi-
strent le feu entreels,& les Grex. Et li vens venoit deuers nos genz. Et li
feus si comence si grant à naistre , que li Grex ne pooient veoir noz genz.
Ensi se retraistrent à lors Tors que il auoient laissies & conquises.

92   Adonc issi l'Emperere Alexis de Constantinople à tote sa force fors
de la cite par autres portes bien loing de vne liue de lost. Et comence si
grant genz à issir que il sembloit que ce fust toz les monz. Lors fist ses ba-
tailles ordener parmi la campaigne, cheuauchent vers lost. Et quant nos
                                                                    Fran

çois les voient, si faillent as armes de totes pars. Cel ior faisoit Henri le fre-
re le Conte Baudoin de Flandres & de Hennaut la gait, & Mahuis de Vaf-
lencort, Et Baudoins de Belucoir, & lor genz qui a els se tenoient. Endroit
aus auoit l'Empereres Alexis atorne granz genz qui saldroient par trois
portes fors, com il se feroient en lost par d'autre part. Et lors issirent les six
batailles qui furent ordenees, & se rengent par deuät lor lices, &lor Seriás,
& lor escuiers a pie, par derriere les cropes de lor cheuaus, & les archiers, &
les arbalestiers par deuant als, & firent bataille de lor à pie, dont il auoient
bié deux cens qui n'auoient mais nul cheual. Et ensi se tindrent quoi de-
uät lor lices. Et fu mult granz sens: que se il allassent à la campaigne assem-
bler à els, cil auoient si grant foison de gent, que tuit feissiés noie entraus.
93   Il sembloit que tote la campaigne fust couerte de batailles, & venoiét
li petit pas tuit ordene. Bien sembloit perillose chose que cil n'auoient
que six batailles, e li Grieu en auoient bien soixante, que il ni auoit celi
qui ne fust grande que vne des lor. Mais li nostre estoient ordene en tel
maniere, que on ne pooit à els venir se par deuant non. Et tant cheuaucha
l'Empereor Alexis, quil fu si pres que on traoit des vns aus autres. Et quant
ce oi li Dux de Venise, si fist ses gens retraire, & guerpir les Tors, que il
auoient conquises, & dist que il voloit viure ou morir auec les Pelerins.
Ensi sen vint deuers lost, & descendi il meismes toz premiers à la terre. Et
ce que il i en pot traire de la soe gent fors. Ensi furent longuement les ba-
tailles des Pelerins, & des Grieus vis à vis, que li Grieu ne s'oserent venir
ferir en lor estal. Et cil ne voltrent eslongnier les lices. Et quant l'Empere-
res Alexis vit ce, si comença ses genz à retraire. Et quant il ot ses genz ra-
liez, si sen retorna arriere. Et quant ce vit li hos des Pelerins, si comença à
cheuaucher li petit pas vers lui, & les batailles des Gres comencent à aller
en voie, & se traistrent ariers à vn Palais qui ere appellez au Philopaz.
Et sachiez, que onques Diex ne traist des plus grant perilz nuls genz com
il fist cel de lost cel ior. Et sachiez quil ni ot si hardi qui naust grant ioie.
Ensi se remest cele bataille cel ior que plus ni ot fait com Dieus le volt.
L'Empereres Alexis sen rentra en la ville. Et cil de lost allerent à lor her-
berges. Si se desarmerent, qui ere mult las, & trauaillie, Et poi mangierent,
& poi burent, car poi auoient de viande.
94   Or oiez les miracles nostre Seignor come les sont beles tot par tot,
la ou li plaist. Cele nuit domagement l'Empereres Alexis de Constantino   Fuite du
faux Empe-
reur Ale-
xis.
ple prist de son tresor ce quil en pot porter, & mena de ses gens auec lui
qui aller sen voldrent, si sen fui, & laissa la cite, & cil de la ville remestrent
mult hesbati: & traistrent à la prison ou l'Empere Sursac estoit, qui auoit
les ialz traiz. Si le vestent Imperialment, si lemporterent al halt Palais de
Blaquerne. Et lasistrent en la halte chaiere, & li obeirent come lor Sei-
gnor. Et dont pristrent messages per le conseil l'Empereor Sursac, & en-
uoierent en lost, & manderent le fil lempereor Sursac, & les Barons, que
l'Empereres Alexis sen ere fuiz, & si auoiét releué à Empereor, l'Empereor

Surfac.Quant le valet le fot,fi manda li Marchis Bonifaces de Monferat,
& li Marchis manda li Barons par loft. Et quant il furent affemble al pa-
ueillon le fil l'Empereor Surfac,fi lor conté cefte nouelle. Et quant il oi-
rent de la ioie ne conuint mie à parler, que onques plus grant ioie ne fu
faite el munde) mult fu noftre fire loez pitoufement per as toz, de ce que
en fi petit de terme,le fecoruz,& de fi bas com il eftoient,les õt mis al de-
fore. Et porce puet on bien dire , 'qui Dieus vielt aidier, mals hom ne li
puet nuire.

95   Lors comença à aiorner,& loft fe comenca à armer fi s'armerent tuit
par loft,porce que il ne creoient mie bien des Grex. Et meffaiges comen-
cent à aifir vn,deux enfemble,& content ces nouelles meifines.Li confeils
as Barons & as Contes fu tels,& celui al Duc de Venife,que il enuoierent
meffaiges la ienz fauoir coment li affaires i eftoit. Et fe ce eftoit voirs que
on lor auoit dit,que on requeroit le pere,que il affeuraft al telx conuená-
ces com li filz auoit faites,ou il ne lairoient mie entrer le fil en la ville.Ef-
lit furent li meffage. fi en fu li vns Mahuis de Mommorenci, Et Ioffroi li
Marefchaus de Champaigne fu li autres,Et dui Venitien de par le Duc de
Venife. Enfi furent li Meffage conduit trofque la Porte , & on lor ouri la
Porte,& defcendirent à pie, & li Griffon orent mis d'Englois & de Danois
à totes les haches à la porte trefci que al Palais de Blaquerne.La trouerent
l'Empereor Surfac fi richement veftu que por noient demandaft on ho-
me plus richement veftu. Et lempererix fa fame de cofte lui qui ere mult
belle dame fuer le Roy de Ongrie : des autres hauz homes , & des haltes
dames i auoit tant , que on ni pooit fon pie torner fi richement atornees
que eles ne pooient plus , & tuit cil qui auoient efté le ior deuant contre
lui,eftoient cel ior toft à fa volente.

96   Li Meffage vindrent deuant l'Empereor Surfac, & l'Empereris, &
tuit li autre les honorerent mult,& diftrent li Meffage que il voloiét par-
ler à lui priueement de par fon fil,& de par les Barons de loft.Et il fe dreça
fi fen entra en vne chambre,& nen mena auec lui que l'Empereris , & fon

chambrier,& fon Dragomenz & les quatres meffages.Par la Cort moftra
as Meffages Ioffroy de ville-hardoin li Marefchaus de Champaigne à
l'Empereor Surfac. Sire , vois le feruice que nos auons fait à ton fil, e con
bien nos li auons fa conuenance tenue. Ne il ne puet ca iens entrer trof-
que adonc quil ara fait noftre creant des conuenz quil nos ha. Et à vos
mande comme voz filz , que vos affeurez la conuenance en tel forme , &
en tel maniere,com il nos a fait.

97   Quelx eft la conuenance (fait l'Empereres) Tele com ie vos dirai,

refpont li meffagiers.Tot el premier chief,metre tot l'Empire de Roma-
nie à lobedience de Rome,dont il eft partie pieca.Apres adonc deux cens
mille mars d'argent à celx de loft, & viande à vn an,à petiz & à granz.Et
mener x.mille homes en fes vaiffeaus, & à fa defpence tenir par vn an. Et
en la terre d'Oltremer à tenir cinq cens Cheualier à fa defpence tote fa

vie,

vie, qui garderont la Terre. Telx est la conuenance que vostre filx nos à.
fele vos asseure par saremenz, & par le chartres pédanz, & par le Roi Phe-
lippe dalemaigne, qui vostre file a. Icestui conuenant volons nos, que vos
asseurez alsi.

98   Certes (fait l'Empereres) la conuenance est mult grant, ne ie ne voi
coment elle puisie estre ferme. & ne pour quant vos lauez tant serui, &
moi, & lui, que sen on vos en donoit trestot l'empire, se lariez vos bien de-
serui. En maintes manieres i ot paroles dites, & retraites, mais la fins si fu
telx, que li peres asseura les conuenances, si com li fils les auoit asseuree par
sairemenz, & par chartres pendanz bullees d'or. La chartre fu deliuree as
messages, Ensi pristrent congie à l'Empereor Sursac, & tornerent en lost
arriere, & distrent as Barons quil auoient la besoigne faite.

99   Lors monterent li Baron à cheual, & amenerent le vallet à mult grāt
ioie en la cite, à son pere, & li Gre li ourirent la Porte, & le recurent a mult
grant ioie, & à mult grant feste. La ioie del pere, & del sil fu mult grant, que
il ne s'estoient pieca veu: & que de si grant pouecte, e de si grant essil fu-
rent tornée, à si grant haltesce, par Dieu auant, & per les Pelerins apres.
Ensi fu la ioie mult grant dedenz Constantinople, & en lost defors des
Pelerins, & del honor, & de la victoire que Dieus lor ot donnee: & lende-
main proia l'Empereres as Contes, & as Barons, & ses fils meismes, que il
por Dieu s'allassent herbergier dautre part del port, deuers Lestanor, que
se il se herberioient en la ville, il doteroient la mellee dals, & des Grius: Et
bien en porroit la cité estre destruite. Et il dient que il lauoient tant serui,
en mainte maniere, que il ne refuseroient ia chose qui lor proiassent. Ensi
sen allerent herbergier d'altre part. Ensi seiornerent en pais, & en repos
en grant plente de bones viandes.

100   Or poez sauoir que mult de cels de lost allerent à veoir Constanti-
nople, & les riches palais, & les Yglises altes, dont il auoit tant, & les granz
richesses que onques en nulle villes tant nen ot. Des Santuaires ne couiét
mie à parler, que autant en auoit il à i ce ior en la ville, com il remanant
du monde. Ensi furent mult commun el li Grieu, & li François de totes
choses, & de merchandises, & d'autres biens. Par le communs conseil des
François, & des Grex fu deuisé, que li nouiaus Emperere seroit encoronez
à la feste Monseignor Sain Pierre entrant August. Ensi fu deuisé, & ensi fu
fait.

101   Coronez fu si haltement & si honorecment com len faisoit les Em-
pereres Grex al tens. Apres comenca à paier lauoir que il deuoit à cels de
lost, & il le departirent per lost, & rendirent à chascun son passage tel com
il lauoient paie en Venise. Li nouials Emperes alla souent veoir les Barôs
en lost, & mult les honora tant com il pot plus faire. Et il le dut bien faire,
quar il l'auoient mult bien serui. Vn ior vint as Barons priuecemenz en lo
stel le Conte Baudoin de Flandres & de Hennaut. En qui fu mandé li Dux
de Venise, & li halt Baron priuecement. Et il lor mostre vne parole, & dist.

Seignor,ie fun Empererc par Dieu,& par vos.Et fait mauez plus halte fer-
uice que onques gens feiffent mais à nul home Chreftien.Sachiez,que af-
fez genz me moftrent bel femblant qui ne m'aiment mie. Et mult ont li
Grieu grant defpit quant ie par vos forces fu entrez en mon heritage. vo-
ftre terme eft pres,que vos vos en deuez raler. Et la compaignie de vos , e
de Venifiens ne dure que trofque à la fefte Sain Michel. Dedenz fi cort
terme,ne puis voftre conuent affourir. Sachiez fe vos ne laiffiez li Grieu
me heent por vos,ie reperdrai la terre , & fi m'occiront. Mais faiçoit vne
chofe que ie vos dirai, demoreffiez trofque al marc , & ie vos alongeroie
voftre eftoire de la fefte Sain Michel en vn an,Et paieroie le coftement as
Venifiens.Et vos donroie ce que meftier vos feroit trofque à la Pafque.Et
dedenz cel termine aroie ma terre fi miffe à point , que ie ne la poroie re-
perdre.Et voftre conuenance fi feroit attendue que ie auroie lauoir paie,
qui me vendroit de par totes mes terres:Et ie feroie fi atornez de nauile de
aller auec vos, ou d'enuoier , fi com ie le vos ai conuent. Et lor ariez l'efté
de lonc,en lonc por oftoier.

102   Li Baron diftrent que il en parleroient fanz lui. Conurent bien que
cere voirs que il difoit.Et que cere mielz pot l'Empereor , & por als. Et il
refpondirent que il nel pooient faire fe par le commun de loft non. Et cil
en parleroient à cels de loft, & len refpondroient ce que il poroient tro-
uer.Enfi fen parti l'Empereres Alexis dels , & fen ralla en Conftantinople
arieres.Et il remeftrent en loft,& priftrent lédemain vn parlement,&furét
mádé tuit li Baron.Et li Cheuetaigne de loft.Et des Cheualiers la grainde
partie.Et lors fu à toz cefte parole retraite, fi có l'Empereor lor ot requife.

103   Lors ot mult grant difcorde en loft , fi com il auoit eu maintes foiz
de cels qui volfiffent que li oft fe departift , que il lor fembloir que elle
duraft trop.Et cele partie qui à Corfol auoit eu la difcorde fe moftrent les
autres de lor fairemenz, & diftrent, baillez nos li vaiffiauz fi com vos le
nos auez iuré,car nos en volons ander en Surie. Et li autre lor crioiét mer-
ci,& diftrent.Seignor, por Dieu ne periffons l'honor que Dieus nos a fai-
te.Se nos allons en Surie,lentree de l'iuer eft , & quant nos y vendrons ne
nos ne porons eftoier. Enfi que ert la befoigne noftre Seignor perdue.
Mais fe nos attendons trofque al Marc,nos lairons ceft Empereor en bon
eftat , & nos en irons riche d'auoir , & de viandes , & puis nos en irons en
Surie. Et corrons en la terre de Babilloine , & noftre eftoires nos dunra
trofque à la Sain Michel & de la Sain Michel trofque à la Pafque. Porce
que il ne fe porront partir de nos por liuer.Et enfi porra eftre la terre d'ol-
tremer aquife.

104   Il ne chaloit à cels qui loft voloit depecier de meillor, ne de peior,
mais que il loft fe departift.Et cil qui loft voloient tenir enfemble,trauail-
lerent tant à laie de Dieu que li afaires fu mis à fin, en tel maniere , que li
Venifiens reiurerent vn an de la fefte Sain Michel à retenir leftoire. Et
l'Empereres Alexis lor dona tant que fait fu. Et li pelerin lor reiurerent la
                                                    compai

compaignie à tenir, si có il lauoint fait autre foiz, à cel termine meismes. *Reconcilia-*
Et ensi fu la concorde, & la pais mise en lost. Lors lor auint vne mult grant *tion pour*
mesauenture en lost, que Mahuis de Mommorenci que ere vns des meil- *vn temps*
lor Cheualier del Roiaume de France, & des plus prisiez, & des plus amez, *entre les*
fu mors. Et ce fu grant diels, & grant domages, vns des greignors qui aue- *François.*
nist en lost dum sol home; Et fu enterrez en vne Yglise de Monseignor *Mort de*
Sain Iohan de l'hospital de Ierusalem. *Mathieu*
de Mom-
105   Apres pai li conseil des Grius & des François, issi l'Empereres Alexis *morenci*
a mult grant compaignie de Constantinople, por lempire aquirer, & me- *preux Che-*
tre à sa volente. Auec lui en alla grant partie des Barons, & lautre remest *ualier.*
por lost garder. Li Marchis Bonifaces de Monferrat alla auec lui, & li Cués
Hues de Sain Pol, & Henris le frere le Conte Baudoins de Flandres & de
Hennaut, & Iaques d'Auesnes, Guillelmes de Chanlite, & Hues de Cole-
mi, & altres genz assez dont li liure ore se taist.

106   En lost remaint li Cuens Baudoins de Flandres, & de Hennaut & li *Voyage du*
Cuens Loeys de Blois, & de Chartein, & la graindre partie des Pelerins. Et *nouueau*
sachiez que en cele ost ou l'Empereres alla che tuit li Greu de lune part & *Empereur*
del lautre des Braz, vindrent à lui, & à son comandement, & à sa volente. *& des Frã-*
Et li firent fealte, & homage com à lor Seignor, fors solement Iohains qui *çois es ter-*
ere Roi de Blakie, & de Bongrie. Et cil Iohains si ere vns Blaqui qui ere *res de l'Em-*
reuelez contre son pere, & contre son oncle, & les auoit guerroiez vingt *pire.*
anz; & auoit tant de la terre conquis sor als, que Rois sen ere fait riches. Et *Ioanniza*
sachiez que de cele partie del Braz Sain George deuers occident, poi en *Roy de Va-*
falloit que il ne len auoit tolu pres de la moitie. Icil ne vint pas à sa volen- *lachie & de*
té, ne à sa merci. *Bulgarie, re-*
belle al'Em-
pire.

107   Endementiers que l'Emperes Alexis fu en cele ost, si rauint vne mult
grant mesauenture en Constantinople, que vne melee coméça de Gricus
& des Latins qui erent en Constantinople estagier, dont il en i auoit mult
& ne sai quex genz por mal mistrent li feu en la ville. Et cil feu fu si granz,
& si orribles que nul hom nel pot estaindre ni abaissier. Et quant ce viret
li Baron de lost qui estoient herbergie d'autre part del Port, si furent mult
dolent, & mult en orent grant pitie, cum il virent ces haltes Yglises, & ces
Palais riches, fondrer & abaissier. Et ces granz rues marcheandes ardoir *Estrange*
en feu, & il nen pooient plus faire. Ensi por prist le feu de sus le port à tra- *bruslement*
uers tresci, que parmi le plus espes de la ville, trosque en la mer d'autre *durãt huict*
part, rez à rez del Mostier Sainte Sophye, & dura huit iorz, que onque ne *iours en la*
pot estre estainz par home, & tenoit bien li frous del feu, si com il aloit ar- *ville de Con-*
dant bien de vne liue de terre. *stantinople.*

108   Del domage, ne de lauoir, ne de la richesse, qui la fu perduz ne vos
porroit nus conter, & des homes, & des fames, & des enfanz dót il ot mult
ars. Tuit li Latin qui estoient herbergie dedenz Constantinople, de quel-
que terre que il fussent, ni osserent plus demorer, ainz pristrent lor fames,
& lor enfanz, & que il en porent traire del feu, ne escamper. Et entrerent
en ba:

en barges,& en vaissiaus, & passerent le port de vers les Pelerins. & ne fu-
rent mie pou,que il furent bien quinze mil,que petiz que granz. Et puis
orent il grant mestier as pelerins,que il fussent oltre passe.Ensi furent des-
aconnitie le franc. Et li Grec, que il ne furent mie si communel com il a-
uoient este deuant. Si ne sen sorent à cui plaindre qui lor pesa d'vne part
& d'autre.

109   En cel termine lor auint vne chose, dont li Baron , & cil del lost fu-
rent mult ire , que li Abbes de Loces, qui ere Saint hom, & prodom fu
morz,& qui auoit volu li bien de lost, & ere moines de l'ordre de Cistials.
Ensi demora l'Empereres Alexis mult longuement en lost , où il fu issus
trosque a la Sain Martin.Et lors reuint en Constantinople arriere.Mult fu
grant ioie de lor venue,que li Grieu. Et les dame de Constantinople alle-
rent encontre lor amis à granz cheuauchies.Et li Pelerin ralerent encon-
tre les lor,dont il orent mult grant ioie. Ensi sen rentra l'Empereres en
Constantinople,el palais de Blaquerne. Et li Marchis de Monferrat, & li
autre Baron sen repaaierent auec les Pelerins.

110   L'Empereres qui mult ot bien fait son afaire. Et mult cuida estre
delx desseure sen orgueilli vers li Baron, & vers cels que tant de bien li

auoient fait.Ne les alla mie veoir si com il soloit faire en lost.Et il enuoiét
àlui. Et prioient que il lor feist paiement de lor auoir , si com il lor auoit
conuent.Et il les mena de respit,en respit. Et lor faisoit dotes en altres pe-
tit paiemenz,& poures.Et en la fin deuint noienz li paiemenz.Li Marchis
Bonifaces de Monferrat qui plus lauoit des autre serui,& mielz ere de lui,
i alla mult souent:Et li blasmoit le tort que il auoit vers els,& reprouoit le
grant seruice que il li auoient fait,que onques si granz ne fu fait à nul ho-
me.Et il le menoit par respit,ne chose quil lor creancast ne tenoit. Tant
que il virent,& conurent clerement,que il ne queroit se mal non. Et pri-
strent li Baron de lost vn parlement. Et li Dux de Venise , & distrent quil
conossoient que cil ne lor attendroit nul conuent ; & si ne lor disoit on-
ques voir , & quil enuoiassent bons messages por requerre lor conuenan-
ce,& por reprouer lou seruice que il li auoient fait. Et se il le voloient fai-
re prinssent le:Et sil nel voloit faire,deffiassent le,de par als.

111   A cel message fu esliz Coenes de Betune, & Geoffroy de ville-Har-
doin li Mareschaus de Champaigne, & Miles le Braibanz de Prouins. Et
li Dux de Venise l'enuoia trois hals homes de son conseil. Ensi monterent
li message sor lor cheuax, les espees caintes. Et cheuaucherent ensemble
trosque al Palais de Blaquerne.Et sachiez que il allerent en grant peril, &

en grant auenture selonc la traison as Grex. Ensi descendirent à la porte,
& entrerent es palais,& trouerent l'Empereor Alexis, & l'Empereor Sur-
sac son pere seanz en deux chaieres,lez à lez. Et de lez aus seoit l'Empere-
ris, qui ere fame al pere , & marastre al fil , & ere suer al Roi de Hungrie,
belle dame,& bone. Et furent à grant plente de halt genz, & mult sembla
bien cort à riche Prince.

112   Par le conseil as autres messages, mostra la parole Coenes de Betune qui mult ere sages, & bien emparlez. Sire, nous sommes à toi venu de par le Baron de lost. Et de par le Duc de Venise : Et sachies tu que il te repro- uent que il t'ont fait, com la gent seuent, & cum il est apparissant. Vous lor auez iuré vous & vostre pere la conuenance à tenir, que vous lor auez cõ- uent, & vous chartres en ont. Vous ne lor auez mie si bien tenue, com vos deussiez. Semont vous en ont maintes foiz, & nous vous en semmonons voiant toz vous Barons de par als, que vous lor taignoiz la conuenance que est entre vous & als. Se vous la faites, mult lor ert bel. Et se vous nel faites, sachiez que des hore en auant il ne vous tiegne ne pour Seignor, ne pour ami: ainz porchaceront que il auront le leu en totes les manieres que il porront, & bien vos mandent il que il ne feroiét ne vous, ne al trui mal, tant que il aussent deffié, que il ne firent onques traison, ne en lor terre n'est il mie acostumé que il le facent. Vos auez bien oi, que nous vous auons dit, & vous vous conseilleroiz si com vous plaira. Mult tindrent li Greu à gran meruoille, & à grant oltrage ceste deffiance, & distrent que onques mais nus n'auoit esté si hardiz, qui ossast l'Empereor de Constan- tinople deffier en sa chambre. Mult fist as messages maluais semblát l'Em- pereres Alexis, & tuit li autres qui maintes foiz l'or auoient fait mult bel.

113   Li bruis su mult granz par la dedenz, & li message sen tornent, & vienent à la porte, & montent sur les cheuaus. Quant il furent de fors la porte, ni ot celui ne sust mult liez, & ne su mie granz meruoille, que il erét mult de grant peril escampé : que mult se tint à pou, que il ne furent tuit mort, & pris. Ensi sen reuindrent à lost, & conterent as Barons, si com il auoient esploitie. Ensi comença la guerre & forsist qui forfaire pot, & par terre, & par mer. En main lieu assemblerent li Franc & li Grieu. Onques (Dieu merci) n'asemblerent ensemble que plus ny perdissent li Grieu, que li Franc. Ensi dura la guerre grant piece, trosque enz el cuer de l'yuer. Et lors se porpenserent li Grieu d'vn mult grant enging, quil pristrent dix sept Nes granz, les emplirent toutes de granz metrienz, & des prises, & d'estoppes, & de poiz, & des toniaus, & attendirent tant que li vent venta deuers aus mult durement. Et vñe nuit, à mie nuit mistrent le feu es Nes : & laissent les voiles aller al vent, & li feu allumer mult halt : si que il sem- bloit que tote la terre arsist. Et ensi sen vienent vers les Nauies des Pele- rins, & li criz lieue en lost, & saillent as armes de totes parz.

114   Li Venisiens corrent à lor vaissiaus. Et tuit li autre qui vaissiaus i a- uoient & les comencent à rescore mult vigeurosement. ET BIEN TES- MOIGNE IOFFROIS LI MARESCHAVS DE CHAMPAIGNE, QVI CESTE OVRE DICTA, QVE ONQVES SOR MER NO SAI- DERENT GENZ MIELZ QVE LI VENISSIENS FIRENT, qu'il sail- lirent es Galies, & barges des Nes, & prenoient les nes à cros, & les tiroiét par viue force deuant lor annemis fors del port, & les metoient el corrant del Braz, & les laissoient aller ardant contre val le Braz. Des Grex i auoit

E

tant fur la riue venuz, que ce nere fins, ne mefure. Et ere li criz fi gráz, que
il fembloit que terre & mer fundift. Et entroient es barges, & en faluatiõs,
& traioient as noz qui refcooient le feu. Et en i ot de bleciez.

115   La Cheualerie de loft erramment que le ot oi le cri, fi s'armerét tuit,
& iffirent les batailles as camps chafcun endroit foi, fi com elle ere orde-
nee. Et il douterent que li Grieu ne les veniffent affaillir par deuers les
cháps. Enfi foffrirent cel trauail, & celle angoiffe trofque al cler iour. Mais
par laie de Dieu ne perdirent noient les nous, fors que vne nef de Puifliés,
qui ere plaine de marchandife. Icele fi fu arfe del feu. Mult orent efté en
grant peril celle nuit, que lor nauiles ne fuft ars: car il auffent tot pardu,
que il ne fen peuffent aller par terre, ne par mer.

116   Et lors vindrent li Gré, qui erent iffi melle as Frans quil n'i auoit mais
point de la pais, fi priftrent confeil priuecment por lui trair. I li auoit vn
Gré, qui ere mielz de lui, que tuit li autre, & plus li auoit fait faire la mellee
as Frans plus que nus. Cil Grieu auoit a nom Morchuflex, par le confeil, &
par le confentiment as autres. Vn foir à la mie nuit, que l'Empereres Ale-
xis dormoit, en fa chambre, cil qui garder le deuoient, Morcufles demai-
nement, & li autres qui auec lui eftoient, le priftrent en fon lit, & le gitte-
rent en vne chartre en prifon. Et Morchuflex chauca les huefes vermoil-
les par laie, & par le confeil des autres Grex, fi fe fift Empereor. Apres le
coronerent à Sainte Sofie. Or oiez, fi onques fi orrible traifon fu faite par
nulle genz.

117   Quant ce oi l'Emperere Surfac que fes fils fu pris, & cil fu coronez, fi
ot grant paor, & li prift vne maladie, ne dura mie longuement, fi moru. Et
cil Emperere Morchuflex fi fift le fil que il auoit en prifon deux foiz, ou
troiz empoifonner, & ne plot Dieu que il moruft. Apres alla, fi l'eftrangla
en murtre. Et quant il ot ftranglé, fi fift dire per tot que il ere morz de fa
morz, & le fift enfepelir comme Empereor honorablement, & metre en
terre: Et fift grant femblant que lui pefoit. Mais murtres ne puot eftre ce-
lex. Clerement fu feu prochainement des Grieus, & des Francois, que li
murtres ere fi faiz com vos auez oi retraires. Lors priftrent li Baron de loft
& li Dux de Venife vn parlement, & fi i furét li Euefque. Et toz li clergiez.
Et cil qui auoient le commandement de l'Apoftoille. & moftrerent as Ba-
rons, & as Pelerins, que cil qui tel murtre faifoit, n'auoit droit en terre te-
nir: Et tuit cil qui eftoient confentant, eftoient parconier del murtres. Et
oltre tot, ce que il s'eftoient fotraitz del obedience de Rome. Porquoi
nos vos difons (fait li clergiez) que la bataille eft droite & iufte. Et fe vos
auez droite entention de conquerre la terre. Et metre a la obedience de
Rome, vos arez le Pardon tel com l'Apoftoille le vos a otroié, tuit cil qui
confes i morront. Sachiez que cefte chofe fu granz confors as Barons, &
as Pelerins. Grant fu la guerre entre les Frans & les Grex, car ele na paifa
mie: ainz elle crut ades, & efforca, & poi ere iorz que on ni affemblaft ou
par terre, ou par mer.

---

*Murzu-
fle ainfi ap-
pellé à cau-
fe de fes four-
cils ioints
enfemble-
ment.*

*Les bouti-
nes pourpri-
nes mar-
ques des
Empereurs
de Conftan-
tinople.*

*Mort pito-
yable des
deux Empe-
reurs Ifaac,
Alexis, par
leur ingra-
titude.*

*Guerre de-
clarée entre
les Grecs, &
les croifez.*

118   Lors fiſt vne cheuauchie Henris le frere le Conte Baudoin de Flan-
dres, & mena grant partie de la bone gent de loſt. Auec lui alla Iaques d'A
ueſnes, & Baldoins de Beluooir, & Odes li Champenois de Chanlite,
Guillelmes ſes freres, & les genz de lor pais, & cheuaucherent toute nuiĉt.
Et lendemain de haite hore ſi vindrent à vne bone ville qui la Filee auoit
nom. Et la priſtrent, & firent grant gaieng, de proies, de priſon, de robes,
de viandes quil enuoierent es barges à loſt contre val le Braz, que la ville
ſeoit ſor la mer de Rouſſie. Enſi ſeiornerent deux iorz en cele ville, à mult
grant plente de viandes, dont il en i auoit à grant plente.

119   Li tiers iorz ſen partirent à tot lor proiez, & à toz lor gaienz, & che-
uauchierent arrieres vers loſt. L'Empereres Morchuflex oi dire les nouel-
les que cil eſtoient iſſuz de loſt. Et parti par nuit de Conſtantinople à grāt
partie de ſa gent. Et lors ſe miſt en vn agait ou cil deuoient reuenir: Et les
vit paſſer à totes lor proies. Et à toz lor guains, & les batailles l'vne apres
l'autre, tant que la riere garde vint. Lariere faiſoit Henris le frere le Conte
Baudoin de Flandres, & la ſoe gent. Et l'Empereres Morchuflex lor corrut
ſore à l'entree dun bois. Et cil tornent encontre lui: ſi aſſemblerent mult
durement. A laie de Dieu fu deſcōfiz l'Empereor Morchuflex, & dut eſtre
pris ſes chars darmes. & pardi ſon Gonfanon Imperial, & vne Ancone,
quil faiſoit porter deuant lui, ou il ſe fioit mult, il & li autre gre.   En cele
ANCONE ere NOSTRE DAME formee. Et pardi bien troſque vingt
Cheualier de la meillor gent que il auoit. Enſi fu deſconfiz l'Empereres
Morchuflex com vos auez oi. & fu grant la guerre entre lui, & les Frans. &
fu ia de liuer grant partie paſſe, & entor la Candelor fu. Et approcha le
Quareſme.

120   Or nos lairons de cels qui deuant Conſtantinople furent, ſi parlerós
de cels qui allerent as autres porz, & de le eſtoire de Flandres, qui auoit li-
uer ſeiorne à Marſeille, & furent paſſē en leſte en la terre de Surie tuit. Et
furent ſi granz genz, que il eſtoient aſſez plus, que cil qui eſtoient deuant
Conſtantinople. Or oiez quex domages fu, quant il ne furent auec celci
oſte, car toz iorz mais fuſt la Chreſtientez alcie. Mais Diex ne volt por lor
pechiez. Li vn furent mort de l'enfirmité de la terre.   Li autre tornerent en
lor pais ariere: ne onques nul eſploit ne firent, ne nul bien, la ou il allerent
en la terre. Et vne compaignie des mult bone gent ſes mut por raller en
Antioche, al Prince Buimont qui ere Prince d'Antioche, & Cuens de Tri-
ple: Et auoit guerre al Roy Lion, qui ere Sires des Hermins. Et celle com-
paignie alloit al Prince enſoldees. Et li Tur del pais le ſorent, Et lor firent
vn agait par la ou il deuoient paſſer, & vindrent à els, ſi ſe combatirent, &
furent deſconfit li Franc, que onques nus ne neſchampa, qui ne fuſt ou
morz, ou pris.

121   La ſi fu morz Villains de Nuilli qui ert vns des bons Cheualiers del
mūde, & Giles de Traiſignes. Et maint autres. Et fu pris Bernarz de Mom-
mirail, & Renaus de Dampierre. Et Iohans de Villiers, & Guillelme de

Nuilli qui colpes ni auoit.Et ſachiez que de quatre vingts Cheualiers que il auoit en la rote,onques n'en remaint que nus, quil ne fuſſent ou morz, ou pris. Et bien TESMOIGNE li liures que onques nus n'eſchiua loſt de Veniſe,que mal ou hontes ne lor veniſt.Et pource ſi fait, que ſage, qui ſe tient deuers le mielx.

Baterie des
Seigneurs
croiſez.

122   Or nos lairons de cels,ſi parlerons de cels qui ſont deuant Conſtantinople remeſtrent qui mult bien firent lor engins atorner. Et lor Perrieres,& les Mangonials drecier par les Nes & par les Viſſiers. Et toz engins qui ont meſtier à ville prandre. Les eſchieles des antaines des Nes qui eſtoient ſi haltes que n'ere merueille non.Et quant ce virent li Grieu, ſi recomencierent la ville à rehorder endroit als qui mult ere fermé de halt murs,& de haltes torz. Ne ni auoit ſi halte tor, ou il ne feiſſent deux eſtages ou trois de fuſt, por plus halcier. Ne onques nulle ville ne fu ſi bien hordee. Enſi laborerent d'vne part,& d'autre li Grieu. Et li Franc grant partie de la Quareſme.

123   Lors parlerent cil de loſt enſemble , & priſtrent conſeil coment il ſe contendroient.Aſſez i ot parlé & auant,& arriere.Mais la ſumme del conſeil fu tel, que ſe Diex donoit quil entraſſent en la ville à force, que toz li guainz quil iſſiroit fait,ſeroit aportez enſemble. Et departiz communelment ſi com il deuroit.Et ſe il eſtoient poeſtei de la cité ſix homes ſeroiét de François.Et ſix de Veniſſiens,& cil iureroient Sor Sains,que il eſliroiét à Empereor celui cui il cuideroient que fuſt plus à profit de la terre. Et cil qui Empereres ſeroit par l'eſletions de cels,ſi aroit lo quart de tote la conqueſte,& dedenz la cite,& de fors.Et aroit le palais de Bouchelion, & celui de Blaquerne. Et les trois pars ſeroient parties par mi la moitie as Veniſſiens.Et la moitie à cels de loſt.Et lors ſeroient pris douze des plus ſages de loſt des pelerins.Et douze des Veniſſiens.Et cil departiroient les fiez,& les honors par les homes,& deuiſeroient quel ſeruice il en feroient à l'Empereor.Enſi fu ceſte conuenance aſſeuree , & iure d'vne part & d'autre des François & des Veniſſiens , qu'a liſſue de Marz en vn an ſen porroit aller qui voldroit,& cil qui demoreroient en la terre, ſeroient tenu de ſeruiſe à l'Empereor,tel com ordene ſeroit.Enſi fu faite la conuenance,& aſſeuree, & eſcommenie tuit cil qui ne le tendroient.

Partage de
l'Empire
Conſtanti-
nopolitain
entre les
François &
Veniſiens.

124   Mult fu bien li nauiles atornez,& hordees, & recueillies les viandes totes as Pelerins. Ioeſdi apres mi quareſme, entrerent tuit es Nes , & traiſtrent les cheuaus es viſſiers.Et chaſcune bataille , ſi ot ſon nauille par ſoi, & furent tuit coſte à coſte arengiers.Et furent departies les Nes dentre les Galies,& les viſſiers.Et fu grant merueille à regarder. Et bien TESMOIGNE li liures , que bien duroit demie liue Françoiſe, li aſſals ſi cum ere il ordenez.Et les Vendreſdi matin ſi traiſtrent les Nes & les Galies, & les autres Vaſſials vers la ville,ſi com ordenee ere. Et comáce li aſſals mult fors, & mult durs. En mains lieus deſcendirent à terre, & allerent troſque as murs, & main lieus reſurent les eſchieles des nes ſi aprochies que cil des

TORS

& des murs. Et cil des eschieles s'entreferoient des glaiues de mantenant.

125   Enſi dura cel aſſals mult durs, & mult fors, & mult fiers troſque vers hore de none en plus de cent lieus. Mais par nos pechiez furent li Pelerin reſorti de laſſault.Et cil qui eſtoient deſcendu à terre,des Galies,& des viſ-ſiers, furent remis entre à force. Et bien ſachiez que plus pardirent cil de loſt cel iour,que li Grieu. Et furent li Grieu reſbaudi. Tels i ot qui ſe trai-ſtrent ariere de laſſault, & les vaſſials en quoi il eſtoient.Et tels i ot qui re-meſtrent à ancre ſi pres de la ville, que il getoient à penieres & à mango-nials li vns as autres.

126   Lors priſtrent à la veſpree vn parlement cil de loſt, & li Dux de Ve-niſe, & aſſemblerent en vne Ygliſe d'autre part de cele part ou il auoient eſté logie. La ot maint conſeil doné, & pris, & furent mult eſmaie cil de loſt,porce que il lor fu le iour meſcheu. Aſſez i ot de cels qui loerent que on allaſt d'autre part de la ville, de cele part où ele n'ere mie ordee. Et li Venitien qui plus ſauoient de la mer diſtrent,que ſe il i haloient,li corrás de l'aigue les en meuroient contre val le Braz,ſi ne porroient lor vaiſſiaus arreſter. Et ſachiez que il auoit de cels qui volſiſſent que li corranz les en menaſt les vaiſſials contre val le Braz, ou li venz à cels ne caſliſt ne mais quil partiſſent de la terre,& allaſſent enuoie.Et il n'ere mie meruoille,que mult erent en grant peril.Aſſez i ot parlé,& auant,& arriere. Mais la ſom-me del conſeil ſi fu telx, que il ratorneroient lor afaire lendemain qui Se-madi ere, & le Diemenche tote iour. Et le lunedi iroient à laſſaut. Et lie-roient les nes,ou les eſchieles eſtoient,deux & deux.Enſi aſſauroient deux Nes,vne Tour, porce qui orent veu que à cel iour n'auoit aſſailli que vne nes,à vne Tour, ſi eſtoit trop greuee chaſcune per ſoi, que cil de la Tour eſtoient plus, que cil des eſchieles. Et porce ſi fu bon propoſement que plus greuereoit deux eſchieles à vne Tour,que vne.Enſi com il fu deuiſe ſi fu fait.Et enſi attendirent le Semadi & Dimenche.

127   L'Empereres Morchufles s'ere venuz herbergier deuát laſſaut à vne place , à tot ſon pooir : Et ot tendues ſes vermeilles tentes. Enſi dura cil afaires troſque à lundi matin:& lors furent armé cil des Nes,& des viſliers, & cil des Galies. Et cil de la ville les doterent plus que il ne firent à pre-miers. Si furent ſi eſbaudi que ſor les murs, & ſor les tours ne paroient ſe genz non.Et lors comença li aſſaus fiers,& merueilleus. Et chaſcuns vaiſ-ſiaus aſſailloit endroit lui.Li huz de la noiſe fu ſi granz, que il ſembla que terre fondiſt.Enſi dura li aſſauls longuement, tant que noſtre Sires lor fiſt leuer vn vent,que on appelle Boite. Et bota les Nes , & les vaiſſiaus ſor la riue plus quil n'eſtoient deuant. Et deux Nes qui eſtoient liees enſemble, don l'vne auoit nom la Pelerine. Et li autre li Parauis , & aprochierent à la tour l'vne dune part,& laltre d'autre,ſi com Dieus & li venz li mena , que l'eſchiele de la Pelerine ſe ioint à la Tour,& maintenant vns Venitiens, & vns Cheualier de France qui auoit nom André d'Vrboiſe, entrerent en la Tour,& autre genz comence à entrer apres als,& cil de la Tour ſe deſcon-fiſſent,& ſen vont.

128 Quant ce virent li Cheualier qui eſtoient es viſſiers, ſi ſen iſſent à la
terre, & drecent eſchiele à plain del mur, & monterent contremót le mur
par force. Et conquiſtrent bien quatre des Tours: & il comencent aſſaillir
des Nes & des viſſiers & des Galies, qui ainz, ainz, qui mielz mielz. & de-
pecent bien trois deſportes & entre enz, & comencent les cheuaus à traire
des viſſiers. Et li Cheualier comencent à monter. Et cheuauchent droit à
la heberge l'Empereor Morchuflex. Et il auoit ſes batailles rengies deuát
ſes tentes. Et cum il virent venir les Cheualiers à cheual, ſi ſe diſconfiſſent.
Et ſen va l'Empereres fuiant par les rues as chaſtel de Boukelion. Lors
veiſſiez Griffons abatre, & cheuaus gaignier, & palefroi, muls, & mules, &
autres auoirs. Là ot tant de morz, & des naurez qu'il ne nere, ne fins, ne
Prinſe de meſure. Grant partie des hals homes de Grece guenchirent as la porte de
Conſtanti- Blaquerne, & veſpres i ere ia bas, & furent cil de loſt laiſſe de la bataille e
nople par de lociſion, & ſi comencent à aſſembler en vne Places granz qui eſtoient
aſſault. dedenz Conſtantinople. Et priſtrent conſeil, que il ſe herbergeroient pres
des murs, & des Tours, que il auoient conquiſes, que il ne cuidoient mie
que il euſſet la ville vaincue en vn mois; les forz Ygliſes, ne les forz palais,
& le pueple qui ere dedenz. Enſi com il fu deuiſé ſi fu fait.

129   Enſi ſe herbergierent deuant les murs & deuant les Tours pres de
lor vaiſſials. Li Cuens Baudoins de Flandres, & de Hennaut, ſe herberia es
vermeilles tentes l'Empereor Morchuflex quil auoit laiſſees tendues. Et
Henris ſes freres deuant le Palais de Blaquerne. Bonifaces li Marchis de
Monferrat, il & la ſoe gent, deuers le ſpes de la vilƙe. Enſi fu loz herbergie
com vos auez oi , & Conſtantinople priſe le lundi de Paſque florie , & li
M CC IIII. Cuens Loeys de Bloys , & de Chartain auoit langui tot liuer d'vne fieure
Lundi de quantaine, & ne ſe pot armer. Sachiez que mult ere grant domages à cels
Paſque ſleu de loſt, que mult i auoit bon Cheualier decors, & giſoit en vn viſſiers. Enſi
rie, le 12. de ſe repoſerent cil de loſt cele nuit, qui mult ere laſſe. Mais l'Empereres Mor
Auril , Cõ- chuflex ne repoſa mie: ainz aſſembla totes ſes genz , & diſt que il iroit les
ſtantinople Frans aſſaillir: Mais il nel fiſt mie enſi com il diſt, Ainz cheuanca vers au-
priſe. tres rues plus loing quil pont de cels de loſt. Et vint à vne porte que on
Fuite de appelle porte Oirce. par en qui fui & guerpi la cite. Et apres lui ſen ſui qui
Murzu- fuir en pot: & de tot ce ne ſorent noient cil de loſt.
phle.
130   En cele nuit deuers la heberge Boniface le Marchis de Monferrat,
ne ſai quel genz qui creinoient les Grex qui nes aſſailliſſent, miſtrent le
feu entraus, & les Grex, & la ville comence à eſprendre , & à alumer mult
durement: & ardi tote cele nuit, & lendemain troſque al veſpre. Et ce fu li
Trois gran- tiers feu en Conſtantinople, des que li Franc li vindrent el païs: & plus ot
des confla- ars maiſon qu'il n'ait es trois plus granz citez del Roialme de France. Cele
grations en nuit treſpaſſa , & vint li iors qui fu al mardi maitin , & lors ſarmerent tuit
Conſtanti- par loſt, & Cheualier, & Seriant, & traiſt chaſcun à ſa bataille: & iſſirét des
nople puis herberges , & cuiderent plus grant bataille trouer que il n'auoient ſóit,
l'arriuee qu'il ne ſauoient mot que l'Empereres ſen fuſt fuſt. Le ior ſi ne trouerent
des croiſez.

onques qui fu encontre als.

131 Li Marchis Bonifaces de Monferrat cheuaucha tote la matinee droit vers Bochedelion. Et quant il vint la , se li fu renduz saines les vies à cels qui dedenz estoient. La fu troue li plus des haltes dames del munde , qui estoient fuies el chastel. que la fu trouee la suer le Roy de Frace qui auoit esté Empererix, & la suer le Roy de Hongrie qui auoit esté Empererix: Et *Eslargisse-* des haltes dames mult, del tesor qui ere en cel palois ne conuint mie à par- *ment de* ler. quar tant en auoit , que ne fins ne mesure. Autressi cum cil Palais fu *deux Impe-* renduz le Marchis Bonifaces de Monferrat; fu rendux cil de Blaquerne à *ratrices, fil-* Henris frere le Conte Baudoin de Flandres, sals les cors à cels qui estoient *les de Rois* dedenz. La refu li tresor si tres granz trouez que il n'en ni ot mie mains que en celui de Bokedelion.

132   Chascuns garni le chastel qui li fu renduz, de sa gent, & fist le tresor garder. Et les autres genz qui furent espandu parmi la ville , gaaignierent assez, & fu si granz la gaaiez fait, que nus ne vos en sauroit dire la fin d'or, & d'argent, & de vasselement , & de pierres precieuses, & des samiç , & de dras de soie. Et de robes vaires, & grises , & hermines. Et toz les chiers a- uoirs qui onques furent troué en terre. Et bien TESMOIGNE IOFFROI DE VILLE-HARDOIN LI MARESCHAVS DE CHAMPAIGNE à son escient por verté que puis que li siecles fu estornez , ne fu tant gaai- gnie en vne ville.

133   Chascuns prist ostel tel cum lui plot , & il en i auoit assez. Ensi se her- beria lost des Pelerins & des Venitiens, & fu granz la ioie de lonor, e de la victoire, que Diex lor ot donee. que cil qui auoiét este en prouerte estoiét en richece, & en delit. Ensi firent la Pasque florie, & la grant Pasque aprez, en cele honor, & en cele ioie, que Diex lor ot donee. Et bien en durent nostre Seignor loer, que il n'auoient mie plus de vingt mil homes armees entre vns , & altres , & par laie de Dieu si auoiént pris de quatre cens mil homes ou plus:& en plu fort ville qui fust en tot le munde, qui grant ville fust, e la mielz formee. Lors fu crié par tote lost, de par li Marchis Bonifa- ces de Monferrat qui Sires ere de lost. Et de par les Barós, & de par le Duc de Venise , que toz li auoirs fust aportez & assemblez , si com il ere asseu- ree, & iure, & fais escomuniemenz , & furent nome li lieu en trois Yglises & la mist on gardes de François & des Venitiens , des plus loiaus que on pot trouer. Et lors comença chascuns à apporter le gaieng , & à metre en- semble.

134   Li uns aporta bien, & li autres mauuaisement, que conuoitise qui est racines de toz mals , ne laissa , ainz comencierent den qui en auant li co- uotous à retenir les choses. Et nostre Sires les comença mains à amer. Ha? *Distributiõ* Diex com s'estoient leialmét demené trosque à cel point. Et Damle Diex *egale du* lor auoit bien mostré. que de toz lor affaires les auoit honorez , & essau- *butin.* ciez sor tote lautre genz. Et maintes foiz ont domages li bon , por les mal- uais. Assemblez fu li auoirs, & li gains. Et sachiez que il ne fu mie aporte

tot

tot auant, aſſemblez fu & deſpartiz des Frans & des Venitiens par moitie
ſi com la compaignie ere iuré. Et ſachiez quant il orent parti, que il paie-
rent de la lor partie cinquante mil mars dargent as Venitiens, & bien de-
partirent cent mil entrals enſemble par lor gent. Et ſauez coment deux
ſerianz à pie contre vn à cheual, & deux ſerianz à cheual contre vn Che-
ualier. Et ſachiez que onques on ne ont plus alteſces, que il euſt, ſi enſi nó
com il fu deuiſé, & fais ſeemblez ne fu. Et de lembrer cels qui en fu reuoiz
ſachiez que il en fu fais granz iuſtice. Et aſſez en i ot de penduz.

135   Li Cuens de Sain Pol en pendi vn ſuen Cheualier leſcu al col, qui en
auoit retenu. Et mult i ot de cels qui en retindrent des petiz, & des granz.
Mes ne fu mie ſeu. Bien poez ſauoir que granz fu li auoirs que ſanz celui
qui fu emblez, & ſanz la partie des Venitiens, en vint bien auant cinq cens
mil mars dargent, & bien dix mil cheuaucheurs que vnes que autres. Ain-
ſi fu departiz li gaienz de Conſtantinople com vos auez oi.

136   Lors aſſemblerent à vn Parlement, & requiſtrent li communs de loſt
ce que il voloient faire, ſi com deuiſe ere. Et tant parlerent, que il priſtrent
vn autre ior. Et à cel ior ſeroient eſlit li dou e ſus qui ſeroit l'eſlection. Et
ne pooit eſtre que à ſi grant honor, com de l'Empire de Conſtantinople,
nen ni auſt mult des habaanz, & des enuious. Mais la grant diſcorde qui i
fu del Conte Baudoin de Flandres, & de Hennaut, & de Marchis Bonifa-
ce de Monferrat. Et des ces deux diſoient tote la gent, que li vns le ſeroit.
Et quant ce virent li preudome de loſt, qui taignoient à lun & à lautre, ſi

parlerent enſemble, & diſtrent. Seignor ſe on eſlit lun de ces deux hals
homes, li autres aura tel enuie, quil emmenra tote la gent, & enſi ſe puet
pardre la terre que altreſſi dut eſtre perdue cele de Ieruſalem quant il eli-
ſtrent Godefroi del Buillon, quant la terre ſu conquiſe. Et li Cuens de
Sain Gille en oit ſi grant enuie quil porchacier as autres Barons, & à toz
cels qu'il ſe partiſſent de loſt. Et ſen alla aſſez de la gent, que cil remeſtrét
ſi poi; que ſe Dieus nes auſt ſoſtenuz que pardue fuſt la terre. Et porce ſe
deuons garder, que altreſſi ne nos auiegne. Ne mais porchacons coment
nos les reteignons ambedeus. que celui cui Diex donra qui ſoit eſliz daus
à Empereor, que li autres en ſoit liez. Ft cil donit à lautre tote la terre d'au
tre par del Braz deuers la Turkie, & liſle de Crete, & cil en ſera ſes hom.
Enſi les porrons ambedeus retenir. Enſi com il fu deuiſe ſi fu fait. Et lo-
troierent andui mult debonnairement, & vint li iorz del parlement, que
li parlemenz aſſembla, & furét eſlit li douze ſix dune part, & ſix d'autre. Et

cil iurerent ſor Sainz, que il eſliroient à bien & à bone foi, celui, qui plus
grant meſtier i auroit, & qui miel dreſſeroit à gouverner l'Empire. Enſi fu-
rent eſlit li dou e. Et vn ior pris aſſemblerent à vn rich palais, ou li Dux de
Veniſe ere à oſtel, vn des plus bials del munde.

137   La ot ſi grant aſſemblee de conuent, que ce nere ſi grant meruoille
chaſcuns voloit veoir qui ſeroit elli. Appele furent li dou e qui deuoient
faire les lections. Et furent mis en vne mult riche chapelle, qui dedenz le
palais

palais ere. Et dura li Conseils tant que il furent à vn acort, & cargierent lor parole par le creant de toz les autres, à Neuelon li Euesque de Soixons qui ere vns des douze & vindrent fors là ou li Baron furent tuit, & li Dux de Venise. Or poez sauoir quil furent de maint hom esgarde, & por sauoir quels li ellections seroit. Et li Euesque lor mostra le parole & lor dist. Seignor nos somes accordé la Dieu merci de faire Empereor : & vous auez tuit iuré, que celui cui nous eslirons à Empereor, vous lo tendrez por Empereor. Et se nous en voloit estre encontre, que vous le seriez aidant. & vous le nomerons en leure que Dieu fu nez. Le Conte Baudoin de Flandres & de Hennaut. Et li criz fu leuez de ioie le palais. Si lemporterent del Monstier. Et li Marchis Bonifaces de Monferrat lemporte tute auant d'vne part enz el Mostier & li fait tote lonor que il pot. Ensi fu esliz li Cuens Baudoins de Flandres & de Hennaut, à Empereor, & li iors pris de son coronement à trois semaines de Pasques. Or poez sauoir, que mainte riche robbei ot faite por le coronement, & il orent bien de quoi.

Le Comte Baudoin de Flandres Empereur de Constantinople en l'aage de 32.ans.

138   Dedenz le terme del coronement, espousa li Marchis Boniface de Monferrat l'Empereris qui fu same l'Empereor Sursac, qui ere suer le Roi d'Hungrie. Et en cel termine, si morut vns halz Barons de lost, qui auoit nom Oedes li Champenois de Chanlite. Et fu mult plainz, & plore de Guillelme son freres & de ses autres amis. Et fu enterrez al Mostier des Apostres à grant honor.

139   Li termes del coronement aproiça, & fu coronez à grant ioie & à grant honor, l'Empereres Baudoins al Mostier Sainte Sophie, en lan de lencarnation Iesu Christ. M.CC.ans & iiij. De la ioie, ne de la feste, ne conuint mie à parler, que tant en fissent li Baron, & li Cheualier, cum il plus porent. Et li Marchis Bonifaces de Monferrat, & li Cuens Loeys l'honorerent cum lor Seignor. Apres la grant ioie del coronement, en fu menez à grant feste, & à grant procession el riche Palais de Bokelion, que onques plus riches ne fu veuz, & quant la feste fu passée si parla de ses affaires.

Son coronement.

M. CCIIII.

140   Bonifaces li Marchis de Monferrat li requist ses conuenances que il li attendist, si com il li deuoit donner la terre d'oltre le Braz deuers la Turchie, & l'isle de Crete. Et l'Empereres le conut bien, que il li deuoit faire, & que il le li feroit mult volentiers. Et quant ce vit li Marchis de Monferrat, que l'Empereres li voloit attendre ses conuenances si debonairement si le requist que en eschange de cele terre, li donast le Roialme de Salonique, porce qu'il ere deuers le Roy de Hungrie cui seror il auoit à fame. Assez en fu parlé en maintes manieres : Mes totes voies fu la chose menee à tant que li Empereres li otroia. Et cil en fist homage, & fu mult grant ioie par tot lost. Porce que li Marchis ere vns des plus proisliez Cheualiers dou monde, & des plus amez des Cheualiers que nus plus largement ne lor donoit. Ensi fu remes en la terre li Marchis de Monferrat com vos auez oi.

Le Marquis Boniface Roy de Thessalonique.

141   Li Empereres Morchuflex n'ere mie eslongniez encor de Constan-

tinople quatres iornees. Et ſi en auoit amenee auec lui l'Empererix qui
ere fame l'Empereor Alexis, qui deuant ſen ere fuis, & ſa fille. Et cil Empe-
reres Alexis ert à vne cité, que on apele Meſſinople, à tote la ſoe gent, &
tenoit encore grant partie de la terre. Et lors ſe departirent li halt home
de Grece, & grant partie en paſſa oltre le Braz par deuers la Turchie, &
chaſcun faiſit de la terre endroit ſoi tant com lui plot. Et par les contrees
de l'Empire autes chaſcuns vers ſon pais. Et l'Empereres Morchuflex ne
tarda gaires quil priſt vne cite qui ere a la merci de Monſeignor l'Empe-
reor Baudoin venue, que on appelle le Churlot, ſi la priſt e roba, & i priſt
quan quil li troua.

Elle s'appelloit Euphroſine, fille de Bela, Roy de Hungrie.

Heraclee anciennement.

142   Quant la nouelle vint à l'Empereor Baudoin, ſi priſt conſeil as Ba-
rons, & al Duc de Veniſe. Li conſeil ſi fu tels, quil s'accorderent qui iſſiſt
fors à tote s'oſt & por conquerre la terre. Et laiſſaſt Conſtantinople gar-
nie, qui ere nouelement conquiſe, & ere poplé, & de Grex, qu'elle fu ſeure.
Enſi fu li conſels acorde, & li oſt ſemuncé, & diuiſé cil qui demoroient en
Conſtantinople remeſt. Li Cuens Loeys de Bloys & de Charerayn qui
malades ere. Et nere mie encor gariz, & li Dux de Veniſe, & Cœnes de Be-
tune remeſt el palais de Blaquerne, & de Bochelion por garder la ville: Et
Ioffroi li Mareſchaus de Champaigne, & Miles le Braibanz, & Manaſſiers
de l'iſle à totes lor gens. Et tuit li autre ſatornerent por aller en loſt auec
l'Empereor.

143   Ançois que l'Empereres Baudoin partiſt de Conſtantinople, ſen
parti Henris ſes freres per ſon commandement bien à tout cent de mult
bone gét. Et cheuaucha de cité en cité, & de chaſcune ville la ou il venoit,
les genz faiſoient le fealte l'Empereor. Enſi alla troſque à Andrenople, qui
ere mult bone citez, & riche. Et cil de la cité le recurent encontre volen-
tiers, & firent fealte l'Empereor. Lors ſe herbeia en la vile, il, & ſa gent, &
en qui ſeiorna tant que l'Empereres Baudoin vint. L'Empereres Morchu-
flex com il oi quil venoient, iſſi, ſi nes oſa attendre, ainz fui toz iorz deux
iornees ou trois deuant. Et enſi ſen alla troſque Meſſinople, o l'Emperere
Alexis ere, & lenuoia ſes meſſages, & li manda que li aideroit, & feroit tot
ſon commandement. Et l'Empereres Alexis reſpondi, que bien fuſt il ve-
nuz, come ſes fil, que il voloit que il auoit ſa file à fame. Et feroit de lui ſon
fil. Enſi ſe herberia l'Empereres Morchuflex deuant Meſſinople. Et tendi
ſes tres, & ſes paueillons, & cil fu herbergie dedenz la cité. Et lors parlerét
enſemble, & diſtrent que il ſeroient tuit vne choſe. Enſi ſeiornerent ne ſai
quanz iorz, cil en loſt, & cil en la ville. Et lors ſe mont l'Emperere Alexis,
l'Empereor Morchuflex, que il veniſt à lui mengier, & iroient enſemble al
Baiuz. Enſi com il fu deuiſe, ſi fu fait.

Murzuphle veult eſpouſer la fille du vieil Empereur Alexis.

144   L'Empereres Morchuflex com il fu dedenz ſa maiſon, l'Empereres
Alexis l'appella en vne chambre, & lo fiſt ieter à terre, & traire les œls de la
teſte, en tel traiſon com vos auez oi. Or oiez ſe ceſt genz deuroient terre
tenir, ne perdre, qui ſi grant crualtez faiſoient li vn des autres. Et quant ce

On luy creue les yeux.

oirent

cil de l'oft l'Empereor Morchuflex, fi fe defconfiffent, & tornent en fuies,
li vn ça. Et li altres la, & de tels i ot qui allerent à l'Empereor Alexis, & li
obeirent comme à Seignor, & remeftrent en tor lui.

145   Lors fes mut l'Empereres Baudoins à tote s'oft de Conftantinople,
& cheuauca tant que il vint à Andrenople. Qui troua Henri fes frere, &
les autres genz qui auec lui furent. Totes les genz par mi la ou il paffa, vin-
drent à lui à fa merci & à fon commandement. Et lors vint la nouelle que
l'Empereres Alexis auoit traiz les œils à l'Emperere Morchuflex. Mult en
fu grant parole entraus, & bien diftrent, que il n'auoient droit en terre te-
nir. que fi defloialment trairoit li vns l'autre. Lors fu li confels l'Empereor
Baudoins qu'il cheuaucheroit droit à Meffinople, ou l'Empereres Alexis
ere, & li Gre d'Andrenople le requiftrent cum à Seignor qu'il lor laiffaft la
ville garnie por Iohan le Roi de Blaquie & de Bongrie, qui guerre lor fai-
foit fouent. Et l'Empereres Baudoins il laffa Euthaices de Salebruit qui ere
vns Cheualier de Flandres mult preuz, & mult vaillant, a tot quaráte Che-
ualier de mult bone gent, & cent ferianz à cheual.

146   Enfi fen parti l'Empereor Baudoins d'Andrenople, & cheuauca vers
Meffinople, où il cuida l'Empereor Alexis trouer. Totes les terres par la
où il paffa, vindrent à fon commandement & à fa merci. Et quant ce vit
l'Empereres Alexis fi vuide Meffinople & fen fui. Et l'Empereres Baudoins
cheuaucha tant que il vint deuant Meffinople. Et cil de la ville vont en-
contre lui, & li rendent la ville a fon comandement. Et lors dift l'Empere-
res Baudoins que il feiorneroit por attédre Boniface li Marchis de Mon-
ferrat, qui n'ere mie encor venuz en l'oft, porce que il ne pot mie fi toft ve-
nir com l'Empereor, qu'il en amenoit auec lui l'Empererix fa fame, & che-
uaucha tant que il vint vers Meffinoples, for le flum, & en chi fe herberia,
& fift tendre fes tres, & fes paueillons. Et lendemain alla parler à l'Empe-
reor Baudoin & lui veoir, & li requift fa conuenance.

147   Sire (fait-il) nouelles me funt venues de Salenike que la gent del
pais me mandent, que il me receuront volentiers à Seignor, & ie en fum
voftre hom, & la tieng de vous fi vous vuel proier, que vous me laiffiez al-
ler, & quant ie ferai faifiz dé ma terre, & de ma cite, ie vous amenrai les
viandes, encontre vous & venrai appareilliez de faire voftre commande-
ment, & ne me deftruiez mie ma terre, & allomes fi voftre plaifirs eft, for
Iohans qui eft Rois de Blakie & de Bogrie, qui tient grant partie de la
terre à tort. Ne fai par cui confeil l'Empereres voloit aller totes voies, vers
Salenike, & feroit fes autres afaires en la terre. Sire (fait Bonifaces li Mar-
chis de Monferrat) Ie te proi defque ie puis ma terre conquerre fanz toi,
que tu ni entre; Et fe tu i entres, ne me femble mie que tu le faces por mon
bien, & fachiez vous de voir ie nirai mie auec vous, ainz me partirai de
vous. Et l'Empereres Baudoins refpondi que il ne lairoit mie, porce que il
ni allaft tote voie. Ha? Las com maluais confeil orent, & li vns, & li autres,
& com firent grant pitie, cil qui cefte mellée fiffent. Quar fe Diex nen

preift pitiez com auffent perdue tote la conquefte que il auoient faite , &
la Chreftientez mife en auenture de perir. Enfi partirent par mal l'Empe-
reres Baudoins de Conftantinople, & Bonifaces li Marchis de Monferrat,
& par maluais confeil.

148   L'Empereres Baudoins cheuaucha vers Salenique , fi com il ot en
pris à totes fes genz, & à tote fa force. Et Boniface le Marchis de Monfer-
rat retorna arriere, qui i ot vne grant partie de bone gent auec lui. Auec
lui fen torna Iaques d'Auernes, Guillelmes de Chanlite, Hues de Colemi,
li Cuens Selite de Caffenelle en Bouche, & la grande partie de toz cels de
l'Empire d'Alemaigne, qui fe tenoient al Marchis. Enfi cheuaucha li Mar-
chis arriere trofque à vn chaftel qui liDimot ere appellée, mult bel, & mult
fort, & mul riche, & cil li fu renduz per vn Greu de la ville, & cum il fu de-
denz fi le garni, & lors comencent li Grieu à torner per la comandement

L'Empe-
reur Bau-
doin fe fai-
fit de la
Theffaloni-
que.

de l'Empereris & de tote la terre de la entor à vne iornée où à deus venir à
fa merci.

149   L'Empereres Baudoins cheuaucha ades droit à Salenique, & vint à
vn chaftel qui ot a nom Chriftopole, qui ere vns des plus fors del munde,
& li fu renduz , & li firent fealte cil de la ville, & apres vint à vn altre que
lon appelloit la Blache qui ere mult fors, & mult riche , & li fu renduz al-
treffi, & li firent fealté. Et denqui cheuaucha à la Serre , qui ere vne citez
fort, & riche, & vint à fon comandement & a fa volenté , & li firent fealte,
& fe herbeia deuant la ville , & i fu par trois iorz, & cil rendirent la ville,
qui ere vne des meillors , & des plus riche de la Chreftienté a cel ior , per
tel conuent que il les tendroit as vs, & as coftumes que li Empereor Grieu
les auoit tenuz.

150   Endementiers que l'Empereres Baudoins ere vers Saleniké, & la ter-
re venoit à fon plaifir, & à fon commandement , Li Marchis Bonifaces de

Exploits
du Mar-
quis Boni-
face contre
l'Empereur
Baudoin.

Monferrat à tote la foe gent, & la grant pléte des Grex qui a lui fe tenoiét,
cheuaucha deuant Andrenople , & laffift , & tendit fes tres & fes paueil-
lons entor. Et Euftaices de Sambruit fu dedenz, & les genz que l'Empere-
res i auoit laiffié, & monterent as murs , & as tors , & fatornerent dels de-
fendre. Et lor preift Eufthaices de Saubruit deux meffaiges, & les enuoia,
& par iour & par nuiĉt en Conftantinople, & vindrent al Duc de Venife,
& al Conte Loeys, & à cels qui eftoient dedenz la ville remes de par l'Em-
pereor Baudoin , & lors difrent que Euthaices de Saubruit que lor man-
doit que l'Empereres & le Marchis eftoient melle enfemble, & li Marchis
ere faifiz del Dimot, qui ere vn des plus fors chaftiaus de Romanie, & vns
des plus riches, & els auoit affiz Andrenople. Et quant il oirent, fen furent
mult irie, que lor cuiderent il bien que tote la conquefte que il auoient
faite fuft perdue.

151   Lors affemblerent el palais de Blakerne li Dux de Venife, & li Cuens
Loeys de Bloys & de Chartein, & li autre Baron qui eftoient en Conftan-
tinople. Et furent mult deftroit , & mult irie , & mult fe plaiftrent de cels
qui

qui auoient faite la mellée entre l'Empereor, & le Marchis, par la proiere
le Duc de Venise, & del Conte Loeys fu requis Ioffrois de ville-Hardoins
li Mareschaus de Champaigne, quil allaft al fiege d'Andrenople, & que il
meift confeil de cefte guerre fe il pooit, porce quil ere bien del Marchis,
& cuiderent qui auft plus grant pooir que nus autres hom, & cil por lor
proiere dift, quil i eroit mult volentiers, & mena auec lui Manaffiers de
L'ifle, qui ere vns des bons Cheualiers de l'oft, & des plus honorez.   Enfi
compartirent de Conftantinople, & cheuaucherent par lor iornees, & vin-
drent à Andrenople, où li fieges ere. Et quát li Marchis le oit ci iffi de loft,
& alla encontre als. Auec lui en alla Iaques d'Auefnes, & Guillelmes de
Chanlite, & Hues de Colemi, & Otthes de la Roche, qui plus halz eftoient
del confeil del Marchis. Et quant il vit les meffaiges, fi les honora mult, &
fift mult bel femblant.

Le Sieur de
ville-Har-
doin offi-
cieux paci-
ficateur.

152   Ioffrois li Marefchaus qui mult ere bien de lui, li coifona mult du-
rement, coment, ne en quel guife il auoit prife la terre l'Empereor, ne affi-
gie fa gent dedenz Andrenople, tant quil leuft fait affauoir à cels de Con-
ftátinople, qui bien li feiffent adrecier, fe li Empereres li euft nul tort fait.
Et li Marchis fe defcolpa mult, & dift que por le tort que l'Empereres li
auoit fait, auoit il iffi efploitie tant trauailla Ioffrois li Marefchaus de
Champaigne à l'aie de Dieu, & des Barós qui eftoient del confeil le Mar-
chis, de cui il ere mult amez, que li Marchis li affeura que il fe metroit el
Duc de Venife, & el conte Loeys de Blois, & de Charten, & en Cœnes de
Betune, & en Ioffroi de ville-Hardoin li Marefchal, qui bien fauoient la
conuenance dans deus. Enfi fu la triue prife de cels de loft & de cels de la
cité. Et fachiez que mult fu volentiers veuz Ioffrois li Marefchaus au re-
torner, & Manaffiers de lifle, de cels de loft, & de cels de la cité qui voloiét
la paix daimbedeus part. Et aufi lie cum li Franc en furent li Grieu dolent,
qui volfiffent mult volentiers la guerre, & la mellee. Enfi deffiegie Andre-
nople, & tornaffen li Marchis arriere al Dimot à tote fa gent, la où la Em-
perere fa fame ere.

153   Li meffage fen reuindrent de Conftantinople, & conterent les no-
uelles fi com il lauoient efploitie. Mult orent grant ioie li Dux de Venife,
& li Cuens Loeys & tuit li autre de ce quil fe remis for als de la pais. Lors
priftrent bons meffages & efcriftrent les letres, & enuoierent à l'Empereor
Baudoin, & li manderent que li Marchis fe remis for als, & bien lauoit af-
feuré, & il fi deuoit encor mielz metre, fi le prioient, quil le feift, que il ne
fouffriroient mie la guerre en nulle fin, & quil affeuraft ce que il diroient,
alfi com li Marchis auoit fait. Endementiers que ce fu, l'Empereres Bau-
doins or fait fes affaires vers Salenike, fi fen párti, & la laiffa garnie de fa
gent, & il laiffa cheuetaine Reignier de Monz, qui ere mult preuz, & vail-
lant, & les nouelles fi furent venues que li Marchis auoit pris le Dimot, &
que il ere dedenz, e chel auoit grant partie de la terre entor, & affife fa gét
dedenz Andrenople.

F   3

154   Mult fu iriez l'Empereres Baudoins quant la nouelle li fu venue , & mult sen hasti , que il iroit dessegier Andrenople , & feroit tot le mal quil porroit al Marchis. ham Diex quel domage dut estre par cele discorde, que se Dieus ni eust mis conseil, destruite fust la Chrestientez. Ensi sen re-

Mort de plusieurs Seigneurs de marque. paira l'Empereres Baudoins par ses iornees. Et vne mesauéture lor fu aue-nue deuant Salenike mult grant, que denfermete furent acholchie multe de sa gent, assez en remanoit par les Chastials ou l'Empereres passoit qui ne pooient mais venir. Et assez en aportoit en lettieres qui a grant mesaise venoient.

155   Lors fu mors maistre Iohan de Noion , à la Serre qui ere chance-liers l'Empereor Baudoins, & mult bons Cheualiers, & mult sages, & mult auoit conforte lost per la parole de Dieu, qu'il sauoit mult bien dire. Et sa-chiez que mult en furent li prodome de lost desconforté. Ne tarda gaires apres que il lor auint vne mult grant mesauenture, que mort fu Pierre d'A-miens, qui mult ere riches & halz hom, & bons Cheualiers, & proz: & sen fist mult grant dueil li Cuens Hues de Sain Pol, cui cousins germains il ere, & mult en pesa a toz cels de lost. Lors fu apres Girar de Mashiucourt mort. Et mult en pesa a toz cels de lost, qui il ere mult proisiez Cheualiers & Giles d'Ainnoy , & mult de bone gent. En cele voie morut quarante Cheualiers, dont lost fu mult afeblie. Tant cheuaucha l'Empereres Bau-doins par ses iornées, qui lencontra les messages qui venoient entre lui, que cil de Constantinople li enuoient. Li messages fu vn Cheualiers de la terre le Conte Loeys de Blois , & ses hom liges , & fu appellez Geghes de Fransfures sages , & en parles , & dist li messages. Son Seignor , & les autres *Langage des moyen-neurs de l'accord à l'Empereur Baudoin.* Barons mult viuement, & dist. Sire, li Dux de Venise, & li Cuens Loeys mi Sires, & li autre Baron qui sunt dedenz Constantinople, vos mandent sa-luz, comme à lor Seignor, & se plaignent à Dieu , & à vos , de cels qui ont mise la mellée entre vos , & le Marchis de Monferrat , que par poi qu'il n'ont destruite la Chrestienté: & vous feistes mult mal , quant vous les en crestes. Or si vous mandent , que li Marchis sest mis sor als del contenz, qui est entre vous & lui. Si vos proient comme a Seignor que vous vous i metez alsi , & que vous lasseurez à tenir. Et sachiez que il vous mandent que il ne souffriroient la guerre en nulle sin.

156   L'Empereres Baudoins ala, si prist son conseil , & dist quil lor en res-pondroit. Mult i ot de cels del conseil de l'Empereor , qui auoient aidie la mellée à faire, qui tindrent à grant oltrage le mandement, qui cil de Con-stantinople li auoient fait, & li distrent. Sire, vous oez que il vous mandét, que il ne souffriroient mie que vous vous vengiez de vostre anemi. Il est auis, que se vous ne faisiez ce qu'il vous mandent, que il seroient encontre vous. Assez i ot grosses paroles dites. Mais la fins del conseil si fu tels , que *Accorte responce de l'Empereur pour son au-ctorisé.* l'Empereres ne voloit mie perdre le Duc de Venise, ne le Conte Loeys, ne les autres qui erent dedenz Constantinople, & respódi al message. Ie n'as-seurerai, que ie me mete sor als. Mais ie men irai en Constantinople sanz

sor

forfaire al Marchis noiét. Enſi ſen vint l'Empereres Baudoins en Côſtantinople, & li Baron & le autres gens allerent encontre lui, & le reçurent à grant honor come lor Seignor.

157   Dedenz lo quar ior conut l'Empereres clerement, que il auoit eſté mal conſeilliez de meſler ſoi al Marchis. Et lors parla a lui le Duc de Veniſe, & li Cuens Loeys, & diſtrent.Sire, nous vous volons proier que vous vous metez ſor nous alſi com li Marchis ſi eſt mis.Et l'Empereres diſt, que il feroit mult volentiers, & lors furent eſlit li meſſages qui iroient por le Marchis,& le conduiroient.De ces meſſages fu vns Geruaiſes del Chaſtel, & Reniers de Trit li autres, & Ioffrois li Mareſchaus de Champaigne li tierz.Et li Dux de Veniſe i enuoia deux des ſuens. Enſi cheuauchierent li meſſages par lor iornees tant que il vindrent al Dimot, & trouerent li Marchis,& l'Empereris ſa fame a grant plente de bone gent,& li diſtrent, ſi cum il eſtoient venu querre.Lors requiſt Ioffrois li Mareſchaus ſi com il li auoit aſſeuré,que il veniſt en Conſtantinople,por tenir la pais, tel com il deuiſeront, ſor cui il eſt mis, & il le conduiroient ſaluement, & tuit cil qui auec lui iroient.

158   Conſeil priſt li Marchis à ſes homes. Si i ot de cels qui li ottroierent qui il li allaſt,& de cels qui li loerent quil ni allaſt mie.Mais la fin del conſeil ſi fu tels,qu'il alla auec als en Conſtantinople, & mena bien cét Cheualiers auec lui,& cheuauchierent tant par lor iornees, que il vindrent en Conſtantinople. Mult fu volentiers veuz en la ville, & allerent encontre lui, li Cuens Loeys de Blois & de Chartein, & li Dux de Veniſe, & mult dautre bone gent,de qui il ere mult amez en loſt.Et lors aſſemblerent a vn Parlement, & la conuenance fu retraite de l'Empereor Baudoin, & del Marchis Bonifaces,& li fu Salenikes rendue,& la terre en tel maniere,que il meiſt en la main Ioffroi li Mareſchaus de Champaigne le Dimot, dont il ere ſaiſiz, & cil li creança que il le garderoit en ſa main, troſque adonc que il aroit creant meſſages,ou ſes letres pendanz que il ert ſaiſiz de Salenike:& adonc le rendroit à l'Empereor, & à ſon commandement. Et enſi fu fait la pais de l'Empereor,& dé le Marchis com vous auez oi.Et mult en orent grant ioie par loſt, que ce ert la choſe, dont grant domages pooit auenir.

159   Lors priſt le Marchis congie, & ſen alla vers Salenique, à totes ſes genz,& à totes ſa fame, & auec lui cheuauchierent li meſſage l'Empereor, & ſi com il vénoit de chaſtel, en chaſtel, ſe li furent rendu de par l'Empereor,& la Seigneurie tote,& vint à Salenique. Cil qui la gardoient la rendirent de par l'Empereor. Et li Cheuetaines qui ere apellez Reniers de Mons ſi fu morz qui mult ere prodom,dont grant domages fu de ſa mort.

160   Lors ſi comença la terre, & li païs a rendre al Marchis, & grant partie à venir à ſon commandement,fors que vns Grex halt hom,qui ere apellez Leoſgur, & cil ne volt mie venir à ſon commandement que il ere ſaiſiz de Corinthe,& de Naples,deux citez qui ſor mer ſient, des plus forz

t.Empereur Henry. de foz ciel. Et cil ne volt mie venir à la merci del Marchis, ainz le commença à guerroier, & granz pars fe tindrent à lui. Vns autres Grieux qui ere apellez Nichalis, & ere venuz auec le Marchis de Conftantinople., & cuidoit eftre mult bien de lui. Mais il fe departi de lui, quil nõ fot mot. Et fen alla à vne cite que on appelloit * & prift la fille à vn riche Grieu, qui tenoit la terre de par l'Empereor, & fe faifi de la terre, & cõmença le Marchis à guerroier. Et la terre de Conftantinople trofque Salonique ere enfi bone pais, que li chemins ere fi feurs, que il i pooient bien aller, qui aller i voloient. Et fi auoit d'vne cité à autre, bien douze iornées granz. Et fu ia tãt del tens paffé, que il ere à lifue de Septembre, & l'Empereres Baudoins fu en Conftantinople, & la terre fu en pais, & à fa volenté.

161   Lors furent deux bons Cheualiers mort en Conftantinople, Euftaices de Chanteliu, & Haimeris de villeroy, dont grant domages fu à lor amis. Lors comença len les terres departir. Li Venifien orent la lor part, & loft des Pelerins l'autre. Et quant chafcuns fot affeure à fa terre, la cõuoitife del monde qui tant aura mal fait, nes laiffa eftre en pais, ainz comença chafcuns à faire mal en fa terre. Li vns plus, & li autre moins, & li Grieu les comencierent à haïr & à porter maluais cuer.

Le Comte Loys de Blois, fait Duc de Nice, fituee en la Bithinie. René d'Vtreche Duc de Philipopoli en la Thrace, Anciennement Cizigue. 162   Lors dona l'Empereres Baudoins au Conte Loeys la Duchée de Nike, qui ere vne des plus haltes honors de la terre de Romenie, & feoit d'autre part del Braz de la Turchie, deuers la Turchie, e tote la terre d'autre part del Braz, n'ere mie venue à la merci l'Empereor, ainz ere contre lui. Lors apres dona la Duchée de Finepople à Renier de Traict. Et enuoia li Cuens Loeys de fes hommes por fa terre conquerre bien fix vingt Cheualiers de cels fi fu cheuetaines Pierres de Braiecuel, & Paiens d'Orleás. Et cil fen partirent à la fefte tous Sainz de Cõftantinople, & pafferent le Braz Sain George à Auie, & vindrent a lefpigal vne cite qui for mer fiet, & ere poplée de Latins: & lors comencierent la guerre contre les Grex.

163   E in cel termine fi auint que l'Empereres Morchuflex qui auoit les œls traiz, cil qui auoit murtri fon Seignor l'Empereor Alexis, le fil l'Empereor Surfac, celui qui li Pelerin auoient amené en la terre fenfuioit oltre le Braz coiement, & à poi de gét. Et Tierris de Los le fot, cui il fu enfeigniez, *Prinfe de Murtuphle.* fi le prift, & l'a mena à l'Empereor Baudoin en Conftantinople. Et l'Empereor Baudoin en fu mult liez, & emprift confeil à fes homes, qu'il en feroit d'home qui tel murtre auoit fait de fon Seignor. A ce fu acordez li confeil, que il auoit vne colonne en Conftantinople en mi la ville, auques qui ere vne des plus haltes, & des mielz ourees de marbre, qui onques fuft veue d'oil: & en qui le feift mener, & lo feift faillir auual voiant tote la *Sõ fupplice.* gént, que fi halte iuftife, deuoit bien toz li monz veoir. Enfi fu mennez à la colonne l'Empereor Morchuflex, & fu menez fus, & toz li pueples de la citez à corrut por veoir la merueille. Lor fu botez à val, & chai de fi halt, que quant il vint à terre, que il fu toz efmiez. Or oiez vne grant merueille, que en cele colonne dont il chai à val, auoit images de maintes manie-

res

res ourees el marbre. Et entres celes imaiges ſi en nauoit vne qui ere labo-
ree en forme d'Empereor, & cele ſi chait outre val. car de long temps ere
profeiticie, qui auroit vn Empereor en Conſtantinople qui deuoit eſtre
gitez aual cele columpne. Et enſi fu cele ſemblance, & cele prophetie
auerée.

164   En i cel termine rauint altreſſi, que li Marchis Bonifaces de Mon-
ferrat qui ere vers Salenique, priſt l'Empereor Alexis celui qui auoit à
l'Empereor Surſac traiz les iaulz, & l'Empereris ſa fame auec, & enuoia les
hueſces vermeilles, & les dras Imperials l'Empereor Baudoin ſon Seignor
en Conſtantinople, qui mult bon gré len ſot, & il enuoia puis apres l'Em-
pereor Alexis en priſon en Monferrat.

165   A la feſte Sain Martin apres, ſen iſſi Henris li freres l'Empereor Bau-
doin de Conſtantinople, & ſen alla contre val le Braz, troſque à boche
d'Auie, & mena bien ſix vingt Cheualiers auec lui de mult bone gent, &
paſſa le Braz à la cité que len appelle Auie. Et la troua mult bien garnie de
toz biens, de bles, & de viandes, & de totes choſes que meſtier ont à cors
d'ome, & il ſe ſaiſiſt de la cité, & ſe herberia dedenz. Et lor comença la
guerre contre les Grex endroit lui, & li Hemin de la terre, dõt il en i auoit
mult, ſe comencierent à torner deuers lui, qui haoient mult les Grex.

166   A cel termine ſe parti Reniers de Trit de Conſtantinople, & ſen alla
vers Finepople, que l'Empereres Baudoins li auoit donée, & emmena bien
auec lui ſix vingt Cheualiers de mult bone gent, & cheuaucha tant par ſes
iornées, & treſpaſſa Andrenople, & vint à Phinepople, & la gent de la ter-
re le reçurent, & li obeirent à Seignor, qui le virent mult volentiers. Et il
auoient mult grant meſtiers de ſecors, che Iohans le Roi de Blaquie les
auoit mult oppreſſez de guerre. Et il lor aida mult bien, & tint grant par-
tie qui s'ere retenue deuers Iohans, ſe torna deuers lui, enqui endroit refu
la guerre grant entr'als.

167   L'Empereres ot bié enuoie cent Cheualier paſſer le Braz Sain Geor-
ge endroit Conſtantinople; de cels ſi fu cheuetaines Machaires de Sainte
Manehalt, auec lui alla Mahuis de Vaſlaincort, & Robert del Ronchoi, &
cheuauchierent à vne cite, qui ere appellez Nichomie, & ſi ſiſt ſor vn gof-
fre de mer: & ere bien deux iornees loing de Conſtantinople. Et quant li
Grieu les oirent venir, ſi vuidierent la cité, ſi ſen allerent, & il ſe herbergie-
rent dedenz, ſi la garnirent, & refermerent, & recomencierent à guerroier
de cele marche endroit als. La terre dautre part del Braz ſi auoit Seignor
vn Grieu que on appelloit Toldre Laſcro, & auoit la file l'Empereor à
fame, dont il clamoit la terre celui, cui li Franc auoient chacié de Conſtá-
tinople, & qui auoit à ſon frere traiz les ialz. Icil ſe tenoit la guerre contre
les Franz outre les Braz, per tot là où il eſtoient. Et l'Empereres Baudoins
fu remes en Conſtantinople, & li Cuens Loeys, a poi de gent, & li Cuens
Hues de Sain Pol qui malade ere d'vne grant maladie de gote, qui le te-
noit es genols, & es piez.

G

168   En cel termine apres vint vns granz paſſages de cel de la terre de Su-
rie,& de cels qui loſt auoient laiſſie. Et eſtoient allé paſſer as autres paſſa-
ges. A cel paſſages vint Eſtene del Perche, & Reignant de Mommirial qui
coſin eſtoient le Conte Loeys, qui mult les honora, & fu mult liez de lor
venue. Et l'Empereres Baudoins, & les autres genz les virent mult volen-
tiers, quil eſtoient mult halt home, & mult riche, & amenerent grant plen-
te de bone gent. De la terre de Surie vint Hue de Tabarie, & Raols ſes
freres, & Tierris de Tendre monde, & grant plente de la gent del pais, de
Cheualier, de Turchoyles, & de Serianz, & lors apres ſi dona l'Empereres
C'eſt Phila- Baudoins à Eſtene del Perche, la Duchée de Phanadelphye.
delphie.

169   Entre les autres fu venues vne nouelle à l'Empereor Baudoins, dont
il fu mult dolenz, que la Conteſſe Marie ſa fame qu'il auoit laiſſié en Flâ-
dres en croiſe porce que le no pot auec lui mouoir, qui adonc ere Cuens.
La dame ſi a Iut dune file. Et apres quant elle fu releuee ſi s'eſmut, & alla
Acre en la oltremer apres ſon Seignor, & paſſa al port de Marſeille, & quant elle vint
Paleſtine à Acre, ſi ni ot gaires eſté, que la nouelle li vint, que Conſtantinople ere
ancienne- conquiſe. Et ſes Sires ere Empereres, dont grant ioie fu a la Chreſtientez.
ment Ptole- Apres cele nouelle, ot la dame en propoſement de venir à lui, ſi li priſt vne
mais.
Treſpas de maladie, ſi fina, & mori, dont granz duel fu à tote la Chreſtiente, car elle
la Conteſſe ere mult bone dame, & mult honorée, & cil qui vindrent à cel paſſage, en
de Flâdres. aporterent les nouuelles, dont grant diels fu à l'Empereor Baudoin, & à
toz les Barons de la terre, car il la diſiroit mult à veoir à dame.

170   En cel termine, cil qui eſtoient alle à la cité del Spigal, dont Pierres
de Braiecuel, & Paien d'Orleans erent cheuetaine, fermerent vn chaſtel
C'eſt L'v- que on apelle Palorme: ſi le garnirent de lor gent, & puis cheuauchierent
paire. oltre par conquerre la terre. Toldres Laſcre ſe fu porchaciez de tote la gét
que il pot auoir, le ior de la feſte Monſeignor Sain Nicholas qui eſt deuát
la Natiuité, ſi s'entrecontrerent es plains dun chaſtel que on appelle Pu-
menienor, & ſi en fu bataille à mult grant meſchies à la noſtre gent, que
cil auoient tant de gent, que nere ſe merueille non. Et li noſtre nauoient
mie plus de ſept vingt Cheualier ſanz les Serianz à cheual. Et noſtre Sire
done les auenture enſi come lui plaiſt par ſoe grace, & par la ſue volonté.
Deffaicte Li Franc vanquirent les Greiois, & les deſconfirent, & cil i receurent grant
de Theodo- domage, dedenz la ſemaine lor rendi on de la terre grant part. On lor ren-
re Laſcaris. di le Paumenienuor, qui ere mult fort chauſtiaus, & le Lupaire, qui ere vne
des meillors citez de la terre, & lo Pulmach qui ſeoit ſor vn lai daigue dol-
ce, vns des plus fort chaſtiaus, & des meillors, que il eſſeuſt querre. Et
ſachiez que mult fuſt bien pris à cele gent, & fiſent bien en la terre lor vo-
lente, per laie de Dieu.

171   En cel termine apres, par le conſeil des Hermins, Henris le frere l'Em-
pereor Baudoin de Conſtantinople, parti de la cité d'Auie, & la laiſſa gar-
Iadis Peda- nie de ſa gent. Et cheualcha à vne cité que len appelle l'Andremite qui ſiet
ſus en la ſor mer, à deux iornees de la cité d'Auie, & elle li fu rendue, & il ſe herbeia
Troade.
dedenz:

dedenz : & lors se rendi grant partie de la terre à lui, car la citez ere mult
bien garnie de blez, & de viandes, & dautres biens. Et lors si tint la guerre
iqui enuers les Gries. Toldres Lascres qui ot esté desconfiz vers le Pume-
nienor porchaça de gent quan que il en pot auoir, & ot mult grant ost en-
semble, & le charia Costentin son frere, qui ere vns des meillors Griex de
Romanie, & cheualcha vers l'Andremite droit. Et Henri le frere l'Empe-
reor Baudoin le sot par les Hermines, que mul grant ost venoist sor lui, si
atorna son afaire, & ordena ses batailles, & il auoit auec lui de mult bone
gent.

172   Auec lui estoit Baudoins de Belueoir, Nicholes de Mailli, Ansials de
Kaieu, & Tieris de Los, & Tieris de Tendremonde. Et ensi auint que le se-
madi deuant miquaresme vint Costentins Liascres à sa grant ost deuant
l'Andremite. Et Henris, com il sot sa venue, si prist conseil, & dist que il ne
se lairoit ia laiez enfermer, ainz dist que il issroit fors : Et cil vint à tote sost,
& à granz batailles à pie & à cheual, & cil sen issirent, & comencent la ba-
taille, & i ot grant estor, & grant mellee. Mes par laie de Dieu, les venqui- *Bataille &*
rent li Franc, & desconfirent, & en i ot mult de morz, & de pris, & de na- *Victoire*
urez. Et mult fu granz la gaienz, & lors furent mult à aise, & mult riche, *contre Con-*
que les gens del pais se tornerent à aus, & comencierent à apporter lor *stantin Las-*
rentes. *caris.*

173   Or vos lairons de cels deuers Constantinople, & reuendrons al Mar
chis Bonifaces de Monferrat, qui ert vers Salenique, & sen fu allez sor
Leonsgur qui tenoit Naples & Corinthe deux des plus fort citez dou mó- *Iadis Nau-*
de. Si les asseia ambe deux ensemble. Iaques d'Auernes remest deuant Co- *plium en la*
rinthe, & autre bone gent assez, & li autre allerent deuant Naples si lasi- *Moree.*
strent. Lors auint vne auenture al pais, que Ioffrois de ville-Hardoin qui
ere Niers Ioffrois li Mareschaus de Romanie, & de Champaigne, fil son
frere, fu meuz de la terre de Surie. Auec celui passage qui ere venuz en
Constantinople, si lemmena venz & auentura au port de Modon : Et en
qui fu sa nef empirie, & par estouoir le conuint seiorner liuer el pais, &
vns Griex, qui mult ere Sire del pais, le sot, si vint à lui, & li fist mult grant
honor, & li dist, Biax Sire, li Franc ont conquis Constantinople, & fait
Empereor. Se tu te volois à moi acompaignier, ie te porteraie mult bone
foi, & conqueriens assez de ceste terre. Ensi se iurerent ensemble, & con-
quistrent ensemble grant part de la terre.   Et troua Ioffrois de ville-Har-
doin en ce Grieu mult bone foi.   Ensi com les auentures vienent, si cum
Diex volt, si prist al Grieu maladie, si fina & mori. Et li fil al Grieu se reuel
la contre Ioffroi de ville-Hardoin, & le trait : & se tornerent li chastel quil
auoient garnis contre lui, & il oit dire, que li Marchis seoit deuant Naples,
à tant de gent com il pot auoir : Si sen vait contre lui, & cheuauchent par
mult grant peril, bien six iornées par mi la terre & vint à lost, où il fu mult
volentiers veuz, & fu mult honorez del Marchis, & des autres qui i estoiet.
& il ere bien droiz, quar il ere mult preuz, & mult vaillanz, & bons Che-
ualiers.   G   2

174   Li Marchis li volt affez doner terre, & affez d'auoir, porce quil re-
manfift auec lui, il nen volt point prandre, ainz parla à Guillielme de
Chanlite, qui mult ere fes amis, & li dift. Sire, ie vieng d'vne terre qui mult
eft riche, que on appelle la Morée. Prenez de gent, ce que vous en porroiz
auoir. Et partez de cefte oft, & allons, par laie de Dieu, & conquerons, &
ce que vos men volroiz doner de la conquefte, ie le tendrai de vous, fi en
ferai vous hom Liges. Et celui que mult le crut & ama, alla al Marchis, fi li
dift cefte chofe, & li Marchis li abandona qu'il i allaft. Enfi fe partirent de
loft. Guillelme de Chanlite, & Ioffroi de ville-Hardoin, & emmenerent
bien cent Cheualiers auec als, & de Serianz à cheual grant part, & entrerét
en la terre de la Moree, & cheualchierent trofque à la cite de Mouton.

175   Michalis oi, qu'il eftoient afi pou de gent en la terre, fi ammaffa grát
gent, & ce fu vne merueille de gent, & cheuaucha apres als, fi com cil qui
les cuidoit auoir toz pris, & auoir en fa main. Et quant cil oirent dire que
il venoit, fi horderent Mouton, qui de lonc tens orent abatue, & il laif-
fierent lor hernois, & lor menue gent, & cheuauchierent par vn ior, & or-
denerent lor bataille de tant de gent cum il auoient, & fu à trop grant
mefchief, que il n'auoient mie plus de cinq cens homes à cheual, & cil en-
nauoient bien plus de cinq mil. Enfi cum les auentures auienent, fi com
Dieu plaift, fe combatirent as Grieux, & les defconfirent, & vainquirent,
& i perdirent mult li Grieu. Et cil gaaignierent affez cheuaus, & armes, &
autres auoirs a mult grant plente. Et lors fen tornerena mult lié, & mult
ioiaus a la cite de Mouton.

176   Apres cheuauchierét à vne cité, que on appelle Corone, qui for mer
eftoit fi la fiftrent. Ni fiftrent gaires longuement, quant la cité lor fu ren-
due, & Guillielme le dona Ioffroi de ville-Hardoin, & cil en de vint fes
hom, & la garni de fa gent. Apres allerent à vn chaftel, che on appelle la
Chalemate, qui mult ere forz, & bials, fi la fiftrent. Icil chaftials les trauail-
la tant, & mult longuement, & tant i fiftrent, que renduz lor fu: & dont fe
rendirent les plus des Grex à als del pais, plus que il n'auoient fait deuant.

177   Li Marchis Bonifaces fift à Naples, ou il ne puet rien faire, quar trop
ere forz, & il i greua mult fa gent. Iaques d'Auefnes retenoit le fiege deuát
Corinthe, fi cum li Marchis li auoit laiffie. Leonfgur qui ere dedenz Co-
rinthe, & ere mult fage, & ongigneus vit que Iakes n'auoit mie granz géz,
& que il ne fe gaitoit mie bié, à vn maitin à vne iornee fit vne faillie mult
grant, & trofques enz efpaueillons, & ainz que il peuffent eftre armé, en
ociftrent affez. La fi fu morz Drues de Sain Truyen, qui mult fu preuz &
vaillant, dont grant dials fu: & Iaques d'Auefnes qui ere Cheuetaines fu
naurez en la iambe mult durement. Et bien fi porterent cil qui là furent,
qui por fon bien faire, furent refcols. Et fachiez bien que mult furent pres
deftre tuit perdu. Et par laie de Dieu, les remiftrent el chaftel à force. Mais
li Grieu norent mie la felonie fors de lor cuers, qui mult eftoient defloial
aicel tens. Si virent que li Francs fi eftoient fi efpandu par les terres, &
chafcun

chafcun auoit afaire endroit lui, fi fe penferent que ores les pooiét il trair.
Et priftrent lor meffage priuement de totes les cites de la terre, & les en-
uoierent à Iohan, qui ere Roy de Blaquie, & de Bogrie, qui les auoit guer-
roiez, & querroit tot ades, & li manderent que il le feroient Empereor, &
quil fe rendroient tuit à lui, & que il occiroient toz les Franz, & fi li iure-
roient que il li obeirent comme à Seignor, & il lor iuraft que il les main-
tendroit comme les fuens. Enfi fu faiz le fairemenz d'vne part & d'autre.

Ligue en-
tre les Grecs
& les Bul-
gares.

178   En cel termine fi auint vn grant domage en Conftantinople, que li
Cuens Hues de Sain Pol, qui auoit longuement geu d'vne maladie de go-
te fina, & morut. Dont il fu mult grant dieols, & mult grant domages, &
mult plorez de fes homes, & de fes amis. Et fu enterrez à mult grant ho-
nor, au moftier monfeignor Sain George de la Mange. Et li Cuens Hues
fi tenoit vn chaftel en fa vie, qui auoit nom li Dimos, & ere mult forz, &
mult riche, fi i auoit de fes Cheualiers & de fes Serianz dedenz. Li Grieu
qui auoient les fairemenz faiz al Roi de Blaquie, por les Franz occire, &
trair, fi les trairent en cel chaftel, fi en occiftrent, & priftrent grant part, &
efcaperent pou, & cil qui efcaperent fen allerent fuiant à vne cité, que on
appelle Andrenople, que li Venitien tenoient à cel ior.   Ne tarda gaires
apres cum il d'Andrenople fe reuellerent. Et cil qui eftoient dedenz, & la
gardoient, fen iffirent à grant peril, & guerpirent la cité.   Et les nouelles

Rebellion
des Grecs.

vindrent à l'Empereor Baudoin de Conftantinople qui mult ere à pou de
gent, il & li Cuens de Blois.

179   De ces nouelles furent mult troblé, & mult efmaié, & enfi lor comé-
cierent nouelles à venir de ior, en ior maluaifes, que par tot fe reuelloient
li Grieu, & là où il trouuoient les Frans, qui eftoient Bailli des terres, fi les
ocioient. Et cil qui auoient Andrenople guerpie, li Venitien, & li autre
qui auec erent, fen vindrent à vne cité que on appelloit le Churlor, qui ere
l'Empereor Baudoin. En qui trouerent Guillelmes de Blanuel qui de par
l'Empereor le gardoit. Par le côfort que il lor fift, & par ce que il alla auec
als à tant de gent com il pot, fe tornerent arrieres à vne cite bien a douze
lieues pres, qui Archadiople ere appellée, qui ere as Veniffiens, & la troue-
rent vuide, fi entrerent enz, fi la garnirent dedenz. Li tiers ior, li Grieu del
pais, fa femblerent, fi vindrent à vne iornee deuant Archadiople, fi comé-
cierent laffaut grant, & merueilles tor entor, & il fe defendirent mult bié,
fi ourirent lor portes, fi fiftrent vne affaillie mult grant. Si com Diex volt,
fi fe difconfiffent li Grieu, & les comencierent à batre, & à occire. Enfi les
chacierent vne liue, & en nocciftrent mult, & gaaignierent affez cheuax,
& autres auoirs mult. Enfi fen reuindrent à grant ioie.   Et cele victoire fi
manderent l'Empereor Baudoin en Conftantinople, qui mult en fu liez:
& ne por quant n'oferent retenir la cité d'Archadinople, ainz fen iffirent
lendemain, & la guerpirent, & fen reuindrent en la cité del Curlot. Enqui
s'arefterent à grant doute, que il doutoient autant cels de la ville, cum il
faifoient cels de hors, que il eftoient de faireméz deuers le Roi de Blakie,

G   3

qui les deuoient trair. Et maint en i ot, qui n'oferent arrefter ainz s'en vin-
drent en Conftantinople.

180   Lors priftrent l'Empereres Baudoins confeil, & li Dux de Venife, &
li Cuens Loeys, & virent que il perdoient tote la terre. Et fu tels lor côfeils,
que l'Empereres manda Henri fon frere qui ere à l'Andremite que il guer-
pift quan que il i auoit conquis, & le venift fecorre. Li Cuens Loeys en re-
uoia à Payen d'Orliens, & à Perron de Braiecuel, qui erent à Lupaire, & à
totes les gens que il auoient auec els, & guerpiffent tote la conquefte, fors
feulement le Spigal, qui feoit for mer, & la garniffent à mains que il por-
roient de gent, & li autre le veniffent fecourre. L'Empereres manda Ma-
chaire de Sainte Manehault, & Mahiu de Vaflencort, & Robert del Ron-
çoi, qui bien auoient cent Cheualier auec als, & eftoient à Nichomie, & la
guerpiffent, & le veniffent fecoure.

181   Par le comendemét l'Empereor Baudoin, iffi Ioffroy de Ville-ardoin
li Marefchaux de Romanie, & de Champaigne de Côftantinople, & Ma-
naffiers de l'ifle à tant de gent com il porent auoir, & ce fu mult poi, car la
terre fe perdoit tote. Et cheuauchierent trofque à la cité del Curlot, qui à
trois iornées de Conftantinople. Illuec trouerent Guillelme de Braiecuel,
& cels qui auec luy eftoient, qui mult orent à grant paor, & lors furent
mult afleuré. En qui feiornerent per quatres iour. L'Empereres Baudoins
renuoia apres Ioffrois li Marefchaus, quam que il pooit auoir de gent, &
tant, que vint al quart ior que il orent quatres vingts Cheualiers al Chur-
lot, & dont fefmut Ioffrois li Marefchaus, & Manaffiers de l'Ifle, & lor ienz,
& cheuauchierent auant, & vindrent à la cité d'Archadioplo : fi fe heber-
gierent enz. En qui feiornerent vn ior, & denqui murent, fi s'en allerent à
vne altre cité, appellée Burgarofle. Et li Grieu lorent vuidie fi fe hebergie-
rent dedenz. Lendemain cheuauchierent à vne cité, que on appelle Ne-
quife, qui ere mult belle & mult ferme, & mult bien garnie de toz biéz, &
trouerent que li Grieu lorent güerpie, & fen erent tuit allé à Andrenople,
& cele citez ere a neuf liues Françoifes pres d'Andrenople, & tote la grant
plentez des Grex ere à Andrenople. Et fu tels lor confeils, qu'il attédroient
iqui l'Empereur Baudoin.

Lascheté d'aucuns Fla mens eo tost apres cha- stiee.

182   Or conte li liures vne grant merueille, que Reniers de Trit qui ere à
Finepople, bien neuf iornees loing de Conftantinople, & auoit bien fix
vingt Cheualier auec luy, que Reniers fes fils le guerpi, & Giles fes freres,
& Iakes de Bondine qui ere fes niers, & Chars de Verdun, qui auoit fa fil-
le, & li tolirent bien trente de fes Cheualier, & fen cuidoiét venir en Con-
ftantinople, & l'auoie laiffie en fi grant peril com vos oez. Si trouerent la
terre reuellee encontre els, & furent defconfit. Si le priftrent li Grieu qui
puis les rendirent le Roi de Blachie, qui puis apres lor fift les teftes trécier.
Et fachiez que mult furent petit plaint de la gent, porce qu'il auoient fi
mefpris vers celuy, qui ne deuffent mie faire. Et quant li autre Cheualier
Renier de Trit virent ce, qui pus ne li eftoient mie, & com cil qui en dote-

rent

rent mains la honte si le guerpirent bien quatre vingts Cheualiers tuit en-
semble, & sen allerent par vne autre voie. Et Reniers de Trit remet entre
les Griex à pou de gent, que il n'auoit mie plus de vingt cinq Cheualiers à
Phinepople, & à Stanemac, qui ere vns Chastiaux mult fort qui il tenoit,
où il fut puis longuement assis.

183   Or lairons de Reniers de Trit, si reuiendronz à l'Empereor Baudoin, *C'est en A-*
qui est en Costantinople à mult pou de gent, mult iriez, & mult destroiz, *sie la mi-*
& attendoit Henri son frere, & totes les autres gés, qui erent oltre le Braz. *neure, ditte*
Et li premier qui vindrent à lui d'oltre le Braz, ce furent cil de Nichomie. *ores Nato-*
Machaires de sainte Manehalt, & Mahuis de Vaslencort, & Robert de *lie.*
Ronçoi, & vindrent bien en celle route cent Cheualiers. Et quant l'Em-
pereres les vit, si en fu mult liez, & parla al Comte Loeis qui Cuens ere de
Blois, & de Chartain. Et fu tels lors conseil que il distrent que il sen isroiét
à tant de gent, com il auoient, & suiuroient Ioffroy le Mareschaus de
Champaigne qui deuant s'en estoit allez.

184   Ha! las quel domage qu'il n'attendirent tant que tuit li autre fussiét *Precipita-*
venu, qui d'autre part del Braz estoient, que poi auoint gent an si perilleus *tion du Cõ-*
leus où il alloient. Ensi issirent de Costantinople bien à sept vingt Cheua- *te Baudoin.*
lier, & cheuauchierent de iornée in iornée tant que il vindrent al chastel
Nequise où Ioffrois le Mareschaus estoit hebergiez. La nuit pristrent con-
seil ensemble. La summe de lor conseil fu telx, que il iroient al maitin de-
uant Andrenople, & que il la serroient. Et ordenerent lor batailles, & de-
uiserent mult bien de tant de gens cum il auoient. Et quant vint al maitin
à cler ior, il cheuaucherent si com deuisé ere, & vindrent deuant Andre-
nople, & la trouerent mult bien garnie, & virent les confanons Iaenisse le
Roi de Blaquie sor les murs, & sor les tors, & la ville fu mult fors, & mult
riche, & mult plaine de gent deuant les portes: & ce fu li Mardi de Pasque
Floric. Ensi furent par troiz iorz deuant la ville a grant mesaise & à pou de
gent.

185   Lors vint HENRY DANDOLE qui ere Dux de Venise, mais vielz *M. C C V.*
hom ere, & gote ne veoit. Et amena de tel gent cum il oit, & bien altant
com l'Empereres Baudoins, & li Cuens Loeys en auoient amené. Et se loia
deuant vne des portes. Lendemain recourerét d'vne rote de serians à che-
ual, mais bien fust mestiers que il valsissent plus que il ne valoient: Et si
auoient pou de viande que marchie nes pooint seure, ne il ne pooient al-
ler forer: que tant auoit de Griex par le pais, que il ni pooient mie aller.
Iohánis li Rois de Blaquie, venoit secoure cel d'Andrenople à mult grant *Ce sont Tar-*
ost, que il amenoit, Blas, & bogres. Et bien quatorze mil Cumains, qui ne *tares.*
estoient mie baptizie.

186   Por la destrece de la viande aila forre li Cuens Loeys de Blois & de
Chartein le ior de la Pasque Florie. Auec luy alla Estenes del Perche, le
Frere le Conte del Perche, & Reinaut de Mõmirail, qui ere frere le Conte
Hues de Neuers, & Geruaises del Chastel, & plus de la moitié de tote l'ost,
si alle

ſi allerent à vn chaſtel que on appelle Peutaces, & le trouerent mult bien
garnie de Grex & i aſſaillierent mult grant aſſalt,& mult fort.Neni porent
rien faire, ains ſen reuindrent arriers ſans nulle conqueſte. Enſi furent la
ſemaine des deux Paſques,& fiſent engins chapuiſier de mainte maniere,
& miſtrent mineors qu'il auoient par deſor terre por le mur trenchier. Et
enſi fiſſent la Paſque deuant Andrenople à pou de gent, & à pou de
viande.

187   Lors vint nouuelle que Iohans li Rois de Blaquie, venoit ſor als por
ſecourre la ville. Si ordenerent lor affaire, & fu deuiſe que Ioffrois li Ma-
reſcals, & Manaſſiers de l'Iſle garderoient l'oſt, & l'Empereres Baudoins,
& tuit li autres iſteroient fors,ſe Iohannis venoit à bataille. Enſi demore-
rent troſque al Maiſcreſdi des foiriez des Paſques,& Iohánis fu ia ſi apro-
chiez,qu'il fo logiez bien à cinq lieues dals.Et enuoia corre deuant lor oſt
ſes Comains. Et li criz lieué en loſt & ſen iſſent à deſroy , & chacierent les
Comins vne mult bone lieue mult folement. Et quant il ſen voldrent ve-
nir li Comain commencierent à traire ſor als mult durement,ſi lor naure-
rent de lor cheuals aſſez.Enſi ſen reuindrent en loſt,& furent mandé l'Em-
pereor Baudoin, & priſtrent conſeil, & diſtrent, que mult auoient fait
grant folie , quil auoient tant chadie tel gent , qui eſtoient ſi legierment
armé.

Façon de
çőbatre des
Tartares ,
imitee au-
iourd'huy
par les
Turcs.

188   La ſomme del conſeil fu tels,que ſe Iohannis venoit mais,que il iſte-
roient fors,& ſe rengeroient deuant lor oſt,& que en qui latendroient , &
den qui ne ſe mouuroient, & i fiſſent crier par tote loſt , que nus ne fuſt ſi
hardiz qu'il paſſaſt cel ordenement por cri,ne por noiſe, que il oiſt. Et fu
deuiſé, que Ioffrois li Mareſchaus garderoit deuers la cité , & Manaſſiers
de l'Iſle.   Enſi treſpaſſerent cele nuit , troſque al Ioeſdy maitin des foires
des Paſques;& oirent la Meſſe & mangierent al diſner, e li Comain corrét
troſque al lor paueillons ; & li criez lieue , & il corrent as armes , & ſen iſ-
ſent de loſt totes lor batailles ordenées ſi com il auoient deuiſé deuant.

Ce Ioeudy,
fu le qua-
torze iour
d'Auril
M. CCV.

189   Li Cuens Loeys ſen iſſi premiers à la ſoe bataille. Et començe li Co-
mains à porſeure,& mande l'Empereor Baudoin que il le parſeuſt. Ha ! las
com malement il tindrent ce quil auoient deuant deuiſé le ſoir , que enſi
pourſuiurent les Comains bien pres de deux lieues loing, & aſſemblerent
à als,& les chácent granz piece & le Comain recuerpient ſor als , & com-
mencent à huer & à traire. Et il orent bataille d'autre gent de Cheualier,
qui ne ſauoient mie aſſez d'armes.Si ſes comencent à eſtreer & à deſconfi-
re.   Et li Cuens Loeys qui fu aſſemblez premiers fu nauré en deux lieux
mult duremét.Et li Cuens ot eſté chaus,& vn ſuen Cheualier, qui ot nom
Iohan de Friaiſe fu deſcenduz,ſi lo miſt ſor ſon cheual.Aſſe fu de la gent li
Cuens Loeys qui li diſtrent.Sire,allez vos en, quar trop malement naurez
eſtez en deux lieux.Et il diſt, ne plaiſe Dam le Dieu que iames me ſoit re-
proué que ie fuye de camp,& laiſſe l'Empereor.

Hardieſſe
extreme ,
mais teme-
raire.

190 L'Emperere qui mult erç chargiez endroit luy,rapelloit ſa gent,ſi lor
diſoit

diſoit que il ne fuiroit ia, & que il ne laiſſent mie : & teſmoingnent cil qui
la furent, que onques mes cors de Cheualiers mielz ne ſe defendi de lui.
Enſi dura cil eſtors longuement, tels i ot qui le guerpirent. A la perfin ſi
com Diex ſueffre les meſauentures, ſi furent deſconfit. Iqui remeſt el cháp
l'Empereres Baudoin qui onques ni vol fuir, & li Cuens Loeys. L'Empere-
res Baudoin fu pris vifs, & li Cuens Loeys, fu occis.

191   La fu perduz li Eueſques Pierres de Bethleem, & Eſtenes del Per-
che, le frere le Conte Ioffroi, & Renalt de Mommirail, le frere le Conte de
Neuers, & Mahuis de Vaſlencort, & Robert de Ronçoi, Iohans de Friaiſe,
Gautiers de Nuilli, Theris de Aire, Iohans ſes freres, Euthaices de Chau-
mont, Iohans ſes freres, Baudoins de Nueuille, & mult des autres dont li
liures ne parole mie ci. Et li autre qui porent ſcamper, ſen virent fuiant à
loſt. Et quant ce veoit Ioffrois li Mareſchaus de Champaigne qui gardoit
deuant vne des portes de la cité, ſi ſen iſſit plutoſt que il pot à la gent que
il ot: & manda Manaſſiers de l'iſle, qui gardoit l'autre porte, que il le ſuyſt
iſnellement. Et cheuaucha à tote ſa bataille encontre les fuiant grant ale-
hure, & li fuiant ſe recueillent tuit à lui. Et Manaſſiers de l'iſle qui vint au
plus toſt que il pot à la ſoe gent, ſi ſe ioint à lui: & lors orent plus grant ba-
taille, & tuit cil qui randrent en la chace quil porent retenir, ſi les miſtrét
en lor bataille. Et ceſte chace ſi fu entre None, & Veſpres enſinques re-
tenues.

192   Li pluſor furent ſi effree, que il fuient par deuant als, troſque enz eſ-
paueillons, & euz es hoſtiels. Et enſi cele chace fu recourée, com vos auez
oi. Et li Comain ſareſterent, & li Blac, & li Grieu qui chaçoient, & hardie-
rent à cele bataille as ars, & as ſaietes: & cil de la bataile ſe tindrent quoi
deuers als. Enſi furent troſque à veſpres bas. Et li Comain, & li Blac ſe re-
commencierent à retraire.

193   Lors manda Ioffroi de ville-Hardoin le Mareſchal de Champaigne,
& de Romènie, le Duc de Veniſe, en loſt, qui vieils hom ere, & gote ne
veoit, Mais mult ere ſages, & preuz, & vigueros, & li manda que il veniſt à
lui, en ſa bataile, où il tenoit el camp, & il ſi fiſt. Et quant li mareſchaus le
vit, ſi l'appelle à conſeil dune part tot ſeul, & li diſt. Sire, vous veez la meſ-
auenture qui nous eſt auenue. Perdu auons l'Empereor Baudoins, & le
Conte Loeys, & lo plus de noſtre gent, & de la meillor. Or penſons del re-
manans garir, que ſe Dieu n'en prent pitiez, nous ſommes pardu. Enſi fu
la fins de lor conſeil ſen riroit en loſt, & conforteront la gent; & chaſcuns
fuſt armez de ſes armes, & ſe teniſt coi, en ſa heberge, & en ſon paueillons.
Et Ioffrois li Mareſchaus remanoit en ſa bataille, & de fors loſt tuit orde-
ne tant que il ſeroit nuit, ſi ſe mouront deuant la ville.

194   Li Dux de Veniſe ſen iroit deuant, & Ioffrois li Mareſchaus feroit la
riere garde, & cil qui auec lui eſtoient. Enſi que attendirent troſque la
nuit, & quant il fu nuiz, li Dux de Veniſe ſe parti de loſt, ſi com deuiſé ere,
& Ioffrois li Mareſchaus fiſt la riere garde, & ſen partirent le petit pas, &

H

en menerent totes lor gét a pie & à cheual, & naurez, & altres, que onques
ne laiſſierent nulli. Et cheuauchierent vers vne cité qui ſiet ſor mer, que
lon appelle Rodeſtoch, qui bié ere trois iornees loing de qui. Enſi ſe par-
tirent, com vos auez oi. Et ceſte auenture ſi auint l'an de lincarnation Ieſu
Chriſt. M.CC.V. anz, & cele nuit que loſt ſe parti de Andrenople, il i en ot
qui altrent plus droit, & plus tot, dont il en recorerent grant blaſme. En
cele compaignie fu vn Cuens de Lombardie, qui auoit nom li Cués Cras
de la terre del Marchis, & Oedes de ham qui ſires ert dun chaſtel que on
appelle Ham en Vermandois, & bien autres troſque à vingt cinq Cheua-
liers, que li liures ne raconte mie. Et enſi enuinrent puis la deſconfiture
qui ot eſte le Ioiedi à ſoir, ſi vindrent en Conſtantinople le ſamedi à ſoir,
ſi i auoit cinq iornées granz, & conterent ceſte nouelle. Le Chardonal
Perron de Chappes qui ere de par l'Apoſtoille de Rome Innocent, &
Cuenon de Betune qui gardoit Conſtantinople, & Milon de Braibanz,
& les autres bones gens. Et ſachiez qu'il en furent mult effrée, & cuiderent
bien que li remananz fuz toz perduz, que il auoient deuant Andrenople
laiſſie, que il nen ſauoient nouelle.

195   Or lairons de cels de Conſtantinople, qui en grant dolors ſont, ſi re-
uenrons al Duc de Veniſe, & à Ioffrois li Mareſchaus, qui cheuauchierent
tote la nuit, que il repairerent d'Andrenople troſque à la iornée. Et lors
vindrent à vne cité que on appelle Panſile. Or oiez des auentures que les
ele ſont ſi com Diex volt, qu'en cele cité auoit geu Pierre de Braiecuel, &
Paien d'Orliens, & totes les genz. Le Conte Loeys, & eſtoient bien cent
Cheualiers de mult bone gent, & ſept vingt Serianz à cheual, qui venoiét
d'oltre le Braz, & aloient à loſt à Andrenople. Et quant il virent la route
venir, ſi corurent as armes mult iſnellement, que il cuidoient que ce fuſ-
ſent li Grieu. Si s'armerent, & enuoierent ſauoir que gens eſtoient ce, & cil
trouerent que ce eſtoient cil qui retornoient de la deſconfiture : ſi retor-
nerent à als, & lor diſtrent que perduz ert li Empereres Baudoins, & lor ſi-
res Loeys de cui terre, & de cui pais il eſtoient, & de cui maiſnie, plus do-
loroſe nouelle ne lor peuſt on conter.

196   La veiſſiez mainte lerme plorer, & mainte palme batre de duel & de
pitié, & allerent encontre als tuit armé, ſi com il eſtoient ; & tant que il
vindrent à Ioffroi le re Mareſchals de Champaigne, qui la riere garde fai-
ſoit à mult grant meſaiſe. Que Iohannis le Rois de Blaquie, & de Bougrie
ere venuz al en iornee à Andrenople à tote ſoſt : & troua que çil ſen furent
alle, & cheualcha apres lor rote, & ce fu ioie que il nes i troua, que perduz
fuſſent ſanz nul recourer, ſe il les euſt trouez. Sire, ſont il à Ioffroi le Ma-
reſchal, que volez que nous faciens. Nous ferons quanque il vous plaira.
Et cil lor reſpont, vous veez bien coment il nous eſt ci. Vous i eſtes frois,
& voſtre cheual. Si ferez la riere garde, & ie men irai deuant tenir noſtre
gent, qui ſont mult effrée, qui grant meſtier en ont. Iſſi cum il le deuiſa il le
firent mult volentiers : ſi firent la riere garde mult bien, & mult biel, come

cil

cil qui bien le forent faire, car il eſtoient bon Cheualier, & honore.

197 Ioffrois li Mareſchaus de Champaigne cheuaucha deuant, & les có-
duiſt, & cheuaucha troſques à vne cité qui Cariople ert appellee. Si vit que *C'eſt Guli-*
lor cheuals eſtoient laiſſe, de ce que il auoient tote nuit cheuauchie, & en- *poli, vis à*
tra en la cité, & les fiſt herbergier bien endroit hore de midi, & donerent *vis du Pro-*
lor cheuals à mengier, & il meiſmes mengierent ce que il porent trouer, & *pontide.*
ce fu pou. Enſi que furent tot le ior troſque à la nuit en cele cité. Et Iohan-
nis le Roi de Blaquie les ot tote ior ſuiz tote lor route, & ſe herbergea bié
a deux lieues dals. Et quant il fu nuiz, cil qui eſtoient en la cité, ſi s'arme-
rent tuit, & ſen iſſirent po fors. Ioffrois li Mareſchaus fiſt l'auangarde, qui
le ior l'auoient faite. Enſi cheuauchierent tote nuit, & lendemain à grant
dote & à grant paine, tant que il vindrent à la cite de Rodeſtoc, qui ere
poplée de Grex, mult riche, & mult forz : & cil ne s'oſſerent deffendre, ſi
entrerent enz, & ſi herbergierent, & lors furent aſſeur. Et enſi s'eſchampe-
rent cil de loſt d'Andrenople, com vos auez oi.

198 Lors priſtrent conſeil en la cite de Rodeſtoch, & diſtrent que il a-
uoient plus grant paor de Conſtantinople, que d'als meiſmes : ſi priſtrent
bons meſſages par mer, & par ior, & par nuit, & manderent à cels de la vil-
le, que il ne ſeſmaiſſent mie que il eſtoient eſcampe, & que il repareroient
à els, au plus toſt que il poroient. En cel point que li meſſage vindrent en
Conſtantinople, eſtoient cinq Nes chargies de Pelerins, & de Cheualiers,
& de Serianz en Conſtantinople, & de Venitiens mult gráz, & mult beles,
qui voidoient la terre, & ſen aloient en lor pais. Et auoit bien ex cinq nes
ſept mille home à armes. Et i ere Guillelmes li Aueez de Betune li vns, & *Grand eſ-*
Baudoins d'Ambeigni, & Iohan de Virſin, qui ere de la terre le Conte *pouuanie-*
Loeis, & ſes hom liges, & bien cent autre Cheualier, que li liure ne racon- *ment en Cõ*
te mie. *ſtantinople.*

199 Maiſtre Pierre de Chappes qui ere Cardonials de par l'Apoſtoille
de Rome Innocent, & Cuenes de Betune, qui gardoit Conſtantinople, &
Miles de Braibanz, & des autres bones genz grant part, allerent as cinq
nes, & lors prioient o plaintes, & o plors, que il auſſent merci, & pitié de la
Chreſtiente, & de lors Seignors liges, qui eſtoient perdu en la bataille, &
que il demoraſſent por Dieu. Nen vorrent oir nulle parole, ainz ſen parti-
rent del port: ſi collerent lor voilles, & ſen allerent, ſi com Diex volt, ſi que
vns venz le mena el port de Rodeſtoc, & ce fu lendemain que cil furent
venu de la deſconfiture. A tel priere com cil auoient de Conſtantinople à
lermes & à plors lor fiſt Ioffrois li Mareſchaus, & cil qui auec lui eſtoient,
que il auſſent merci, & pitie de la terre, & que il remanſiſſent, que iamais à
ſi grant beſoing ne porroient ſecourre nulle terre. Icil reſpondirent que il
ſen conſeilleroient, & qu'il lor reſpondroient lendemain.

200 Or oiez l'auenture que la nuit auint en celle ville. Il i auoit vn Che-
ualier de la terre le Conte Loeys, qui Pierre de Frœuille auoit nom, qui
era priſiees, & de grant nom, & ſen embla la nuit, & laiſſa tot ſon hernois,

& fe mift en la nef Iohan de Virfin, qui eft en la terre le Conte Loeys de
Blois & de Chartein, & cil qui de cinq nes, qui refpondre deuoient al mai-
tin à Ioffroi li Marefchal, & al Duc de Venife, fi toft com il virent le iour,
fi colerent lor voiles, & fen allerent fans parler à nullui. Mult en reçurent
grant blafme, en cel pais ou il allerent, & in celui dont il partirent. Et Pier-
re de Frœuille plus grant, que tuit li autre. Et porce dit hom, que mult fait
mal, qui por paor de mort fait chofe, qui li eft reprouée à toz iorz.

201   Or vos lairons de cels, fi dirons de Henri le frere l'Empereor Bau-
doins de Conftantinople, qui auoit l'Andremicte guerpie, & fen venoit
vers Andrenople por l'Empereor Baudoin fon frere fecoure, & auec lui
fen eftoient paffe li Hermins qui lui auoient aidie vers les Grieux bien
vingt mil, à totes lor fames, & à toz lor anfanz qui nofoient remanoir el
pais. Et lors fi vint la nouelle des Grex qui eftoient efchappé de la defcon-
fiture que fes freres l'Empereres Baudoins ere perdus, & li Cuens Loeys,
& li autre Baron: & puis reuint nouuelle de cels de Rodeftoc, qui eftoient
efchappé, & li mandoient que il fe haftaft plus toft de venir à als. Et porce
que il fe volt hafter por venir, fi laiffa les Hermins, qui eftoient genz à pie,
& auoient lor char, & lor fames, & lor enfanz. Et porce que il ne porent fi
toft venir, & que il cuida que il veniffent bien feurement, & que neuffent
garde, fi fe herberia à vn cafal qui Cortacople ert appellez. En cel ior
meifmes Anfials de Cor, celes li niers Ioffrois li Marefchaus, cui il auoit
enuoie es parties de Macte, & de Trainople, & de l'Abbeie de Veroifne,
terre, qui li eftoit octroie à auoir, & les genz qui eftoient parti de Finepo-
ple, & Renier de Trit eftoient enfemble o lui. En cele compaignie auoit
bien cent Cheualier de mult bone gent, & bien cinq cens Serianz à che-
ual, qui tuit fen alloient à Andrenople por l'Empereor Baudoin fecoure.

202   Or lor vint vne nouelle auteffi cuin à l'autre gent, que l'Empereres
ere defconfis, & fa compaignie, & tornerent altreffi com peur vers Rode-
ftoch, & vindrent por herbergier à Cortacople vn Cafal, où Henris le fre-
re l'Empereor Baudoin ere herbergiez. Et quant cil les virent venir, fi co-
rurent à lor armes, que il cuiderent, que cil fuiffient Grieu: & cil recuide-
rent altreffi daus. Et aprocha tant la chofe, que il s'entreconurent, fi virent
mult volentiers li vns li autre, & furent plus feur, & herbergierent la nuict
el Cafal, trofque à lendemain. Et landemain murent, & cheuaucherent
droit vers Rodeftoch, & vinrent le foir en la ville, & trouerent le Duc de
Venife, & Ioffroi li Marefchal, & les autres qui de la defcôfiture ere efcap-
pez, qui mult volentiers les virent; & i ot maint lerme plorée de pitié de
lor amis. Ha? Diex quex domages fu, que cefte affemblée de cefte force
qui eftoit iqui, ne fu auec les autres à Andrenoples, quant l'Empereres
Baudoins i fu, quar il ni auffent riens perdu: Mais ne plot à Dieu. Enfi fe-
iornerent lendemain, & lautre iour apres, & atornerent lor afaire, & fu re-
tenz Henris le frere l'Empercor Baudoins en la Seigneurie come Baus de
l'Empire, en lieu de fon frere. Et lors auint vne mefauenture des Hermi-
nes,

nes, qui venoient apres Henri le frere l'Empereor Baudoin, que les gens del pais, sasemblerent, si desconfirent les Hermines, & furent pris, & mort & perdu tuit.

203   Iohans li Rois de Blakie, & de Bougrie fu à tote ses hoz, & ot tote porprise la terre, & li pais, & le citez, & li chastel se tenoient à lui. & li Comain orent coru trosque deuant Constantinople. Henris li Baus de l'Empire, & li Dux de Venise, & Ioffroi li Mareschaus erent encor en Rodestoch, qui ere loing de Constantinople, & pristrent lor conseil, & garni li Dux de Venise Rodestoch de Venitiens, quil ere leur. Et lendemain ordenerent lor batailles, & cheuaucherent vers Constantinople por lor iornees. Et quant il vindrent à Salembrie vne cité, qui ere a deux iornees de Constantinople, qui ere l'Empereor Baudoin de Constantinople, Henri ses freres la garni de sa gent, & cheuaucherent al remanant trosque en Constantinople, où il furent mult volentiers veu, que la gent del pais erét mult effree. Et nere mie de meruoille, que il auoient la terre si tote perdue, que il ne tenoient de fors Constantinople, fors que Rodestoc, & Salembrie. Et tote la terre si tenoit Iohans li Rois de Blakie & de Bougrie. D'autre part le Bras de Saint George, ne tenoient que le cors despigal : & tote la terre si tenoit Toldres Lascres.

204   Lors pristrent li Baron vn conseil que il enuoieront à l'Apostoille de Rome Innocent, & en France, & en Flandres, & par les autres terres pour conquerre secors. Por ce secors fu enuoiez Nouelons de Soissons, & Nicholes de Mailli, Iohans de Bliaus, & li autres remestrent en Constantinople à grant messaise, com cil qui crenioient pardre la terre. Ensi furent trosque a la Pentecoste. Dedenz cel seior auint vn mult grant damages en lost, que Henris Dandole prist vne maladie, si fina, & moru, & fu enterré à grant honor al Mostier Sainte Sophie. Et quant vint a la Pentecoste Iohá li Rois de Blakie, & de Bougrie oit fait mult de sa volenté en la terre, si ne pot plus ses Comains tenir en la terre, que il ne poent plus hostier por l'esté, ainz reparierent en lor pais: & il à toz ses Boghres, & Grifons sen ala sor le Marchis vers Salenike, & le Marchis ot oi la desconfiture l'Empereor Baudoin, guerpi le siege de Naples, si sen ala à Salenique a tant com il pot auoir de gent, si la garni.

205   Henris le frere l'Empereor Baudoin de Constantinople, à tant de gent com il pot mener, cheuaucha sor les Griex trosque a vne terre que lon appelle le Churlot, qui est à trois iornees de Constantinople, cele li fu rendue: & li iurerent li Grieu la fealte, qui maluaisement ere tenue a cele tens. Et cheuaucha a la cite d'Archadiople si la troua vuoide, que li Grieu ne li oserent attendre: Et di qui cheuaucha a la cite de Visoi, qui mult ere forz, & bien garnie de Griex si li fu rendue. Et di qui cheuaucha a la cite de Naples, qui mult restoit bien garnie de Griex, com il les voltrent assaillir, qui sent plait quil se rendroient, Endementiers que il queroient plait d'vne part, cil de lost entroient de lautre part, si que Henris li Balz de

H   3

l'Empire , & cil qui parloient del plait n'en forent mot , ainz lor en pefa
mult. Et li Franc comencent a occire les Griex , & a gaignier les auoirs de
la ville , & a prendre tot fi en i ot mult de morz & de pris. Et en cefte mai-
niere fu prinfe Naples , & en qui feiorna loft par trois iors. Et li Grieu fu-
rent fi effree de cefte occifion que il vuiderent totez les citez , & les cha-
ftiaux de la terre , & fuirent tuit dedenz Andrenople & dedens le Dimot,
qui mult erent forz citez & bones.

206   En icel termine auint que Iohannis le Roy de Blakie & de Bou-
grie cheuaucha for le Marchis a totes fes hoz a vne cité que on appele la
Serre , & li Marchis l'auoit mult bien garnie de fa gent qu'il auoit mis de-
denz Hugon de Colemi , qui mult ere bon Cheualiers , & halz hom , &
Guillelme d'Arle qui ere fes Marefchaus, & grant part de fa bone gent , &
Iohannis li Rois de Blakie les affift. Ni ot gaires fis, quant il ot pris le borc
par force. Et al borc prédre lor auint mult grant domages, que Hugues de
Colemi i fu morz fi fu feruz parmi l'oeil , & quant cil fu morz qui fu li
mialdres d'auftoz, fi furent li autre mult effree, fi le traiftrent el chaftel qui
mult ere forz, & Iohánis les affift, & dreça fes Perrieres, ni fift mie longue-
ment, quant cil dedenz parlerent de plait faire , dont il furent blafmé , &
reprochie l'or fu. Et li plais fi fu tels, que il rendirent le Chaftel a Iohannis,
& Iohannis lor fift iurer a vingt cinq des plus hals home que il auoit , que
il le conduiroit faluement a toz lor cheuaus & a totes lor armes, a Saleni-
que ou en Conftantinople , ou en Hongrie , lequel que il voldroient des
trois. En cefte maniere fu rendue la Serre , & Iohannis les fift enfir forz , &
logier lez lui as champs, & lor fit mult bel femblant , & lor enuoia fes pre-
fens ; & fi les tint par trois iorz , puis lor menti de quanque il lor ot con-
uent: Ainz les fift prendre, & tolir tot lor auoir, & mener en Blakie, nuz, &

defchaus, & a pie. Les poures, & les menuz qui ne valoient gaires , fit me-
ner en Hongrie, & les autres qui auques valoient fift les teftes couper. Enfi
mortel traifon fift li Rois de Blakie com vos oez. Ici receut loft vnes des
plus doloreufe pertes que onques feift. Et Iohannis fit abbatre le chaftel,
& la cité, & fen ralla vers le Marchis.

207   Henris li Balz de l'Empire à tote la foe gent , cheuaucha vers An-
drenople, fi la fift a mult grant peril, que il i auoit mult grand gent dedéz,
& de fortz , qui les tenoient fi pres que il ne pooient nul marchie auoir ne
forer fi pou nou. Et lors fi feclofent par de forz delices & de barres , & de-
uiferent vne partie de lor gent porce que il gardaffent par de forz lor li-
ces, & lor barres, & li autre affaudroient deuers la ville; Et firent engins de
maintes manieres , & efchieles, & mains autres engins , & miftrent grant
paine a la ville prandre. Mais ne poet eftre que la ville ere mult fort , &
mult bien garnie: ainz lor mefauint, que de lor gent i ot bleciez affez. Et

vn de lor bon Cheualier qui ot nom Pierres de Braiecuel , qui fu feruz
d'vne pierre de Mangonel al front, & dut ere morz, mais il gari par la vo-
lété de Dieu, & en fu portez en litiere. Et quár il virent que il ne poroient
rien

rien faire a la vile, si sen parti Henris li Bals de l'Empire, & lost de Fráçois, & furent mult hardoie de la gent de la terre, & des Grex: & cheuauchierét per lor iornees trosque a vne cite que on appelle la Pamphile, & se herbergierent dedenz, & seiornerent par deux mois iqui, & firent cheuauchiees vers le Dimot: & mains leus ou il aloient, gaaignoient assez proiez, & autres auoirs: & tindrent lost en in cele partie trosque a l'entree de liuer, & lor venoit marchandise de Rodestoch, & de la marine.

208   Or lairons de Henris le Bal de l'Empire ici, si dirons de Iohannisse le Roi de Blakie, & de Bougrie, cui la Serre fu rendue, si com vos l'auez oi retraire arriere, & qui ot occis cels en traison, qui s'erent rendu a lui; & ot cheuauchie vers Salenike, & ot seiorne lon, & gasté grant partie de la terre. Le Marchis Bonifaces de Monferrat fu a Salenike mult iriez, & mult dolent de son Seignor l'Empereor Baudoin, qui perduz ere, & des autres Barons, & de son chastel la Sene, quil ot perdu, & de ses homes. Et quant Iohannis vit qu'il ni porroit plus faire, si retorna arrieres vers son pais a totes sa gens. Et cil de Phinepople, qui ere de Renier de Trit, cui l'Empereres Baudoins lot donee, orent oi que l'Empereres Baudoin eret parduz, & mult des Barons, & li Marchis la Serre auoit perdue, & virent que li parent Renier de Trit, & ses fils, & ses niers lauoient guerpi, & que il erent a pou de gent, & cuiderent que iamais li Franc naussent force ne partie des genz qui estoient * popolicani, sen allerent a Iohannisse, & se rendirent a lui, & li distrent: Sire, cheuauché deuant Phynepople, ou enuoie l'ost, nos te rendrons la ville tote.

209   Quant Renier de Trit le sot en la ville, si dota que il ne le rendissent a Iohannisse. Ensi que sen issi a tant de gent com il ot, & ses mut à vne iornée, & vint par vn des bors de la ville, ou li * popolicani erent a ostage, qui erent rendu a Iohanuisse, si mist le feuec ou Bors, & en art grant part, & sen alla au chastel de Stanemac qui ere a trois lieues diqui, & ere garniz de sa gent, & entra dedenz, & i fu puis longuement enserrez, bien treize mois, a grant mesaise & a grant pouerté, & mangea ses cheuax par destresce, & ere neuf iornee de Constantinople loing, que nus ne pooient nouelles oir, les vns des autres. Lors enuoia Iohannis s'ost deuant Phinepople: ni sist mic longuement, quant cil de la ville se rendirent a lui, & il les asseura. Et quant il les ot asseurez, si fist occire tot auant l'Arciuesque de la ville, & les halz homes fist escorchier toz vis, & a tels i ot les testes colper, & tot le remanant en fist mener en chaicne, & la vile fist tote fondre, & les tors, & les murs, & les halz palais, & les riches maisons ardoir, & fondre. Ensi fu destruite la noble citez de Phinepople, qui ere des trois meillors de Constantinople.

210   Or lairons de Phinepople, & de Renier de Trit, qui este enserrez en chastel de Stanemac, si reuenrons a Henri le frere l'Empereor Baudoin, qui a seiorné a Pamphile trosque a l'entree de Liuer. Et lors prist conseil a ses homes, & a ses Barons. Et li conseil si fu telx, que il garniroit vne Cité

que

que on appelle la Roufe, qui ere en vn mult plentereus en mi la terre. Et
de cele garnifon fu Cheuetaine Tierris de Los, qui ere Senefchaus, & Tyer
ris de Tendremonde, qui ere Coneftables. Et lor charia bié Henris li Bail
de l'Empire fept vingts Cheualiers, & grant part de Serianz à cheual ; &
comanda que il teniffent la guerre contre les Grex, & la Marche. Et il fen
alla al remanant trofque a la cite de Vifoi, & la garni, & mift cheuetaine
Anfer de Kaen. Et li charia bien fix vingt Cheualier & de Serianz à che-

Nicetas
l'appelle
Theodore
Branat,
Prince
Grec fort
puiffant.

ual grant partie. Et vne autre cité qui Archadiople ert appellée, garnirent
li Venitien, & la cité de Naples ot rendu li frere l'Empereor Baudoin al
Vernas, qui auoit la Seror al Roi de France a fame, & ere vns Grieux qui fe
tenoit à als. Et nuls des Grieux ne fe tenoit a als que cil, & cil de cez citez,
fe tindrent la guerre contre les Griex, & firent mainte cheuauchie. Et on
en fift maint en vers als. Henri fe traift en Conftantinople al remanant de
fa gent. Et Iohánis le Roi de Blakie, & de Bougrie ne s'oblia mie, qui mult
fu riches, & pœfteis d'auoir, porchaça grant gent de Comains, & de Blas;
& quant vint à trois femaines apres Noel, fi les enuoia en la terre de Ro-
menie, por aider cels d'Andrenople & cels del Dimot. Et quant cel furent
plus creu, fi les baudirent, & cheuauchierent plus feurement.

211   Tierris de Tendremonde, qui Cheuetaines ere, & Conneftable, fift

M.CC.VI.
Le iour 28.
de Ianuier.

vne cheuauchie, al quart iour deuant la fefte Sainte Marie Chandellor, &
cheuaucha tote nuit bien a fix vingt Cheualier & la Rouffe laiffa garnie à
pou de gent. Et quant vint à l'en iourner, fi vint à vn cafal, où Comains, &
Blas eftoient herbergie, & fopriftrent, fi que cil nen forét mot, qui eftoiét
el cafal: fen occiftrent affez, & gaaignerent bien vnze de lor cheuaus. Et
quant il orent fait cel forfait, fi tornerent arriere vers la Rouffe. Et cele
nuit meifmes li Comains, & li Blac orent cheuauchie por forfaire, & furét
bene fept mil, & vindrent a la matinee deuant la Rouffe, & i furent grant
piece, & la ville ere garnie de pou de gent, fi fermerent lor portes, & mon-
terent for le mur, & cil fen tornerent arriere. Norent mie eflongie la ville
vne liue, & dimie quant il encontrerent la cheuauchie des François, dont
Tierris de Tendremonde ere Cheuetaine.

212   Quant les François les virent, fi s'ordenerent en quatres batailles, &
fu lor confeil telx, que il fatrairoiét à la Rouffe, tot le petit pas, & fe Dieus
lor donoit que il i peuffent venir, il feroient là a faueté. Et li Comain, & li
Blac, & li Grieu de la terre, cheuauchierent vers als, quar il auoient mult
grant gent, & vienent a larriere garde, fi les comencent a hardoier mult
durement. Larriere garde faifoit la Mafnie Tierris de Los, qui ere Senef-
chaus, & eftoit repariez en Conftantinople. Et de celle genz, ere Cheue-
taine Vilains fes freres: & li Comain, & li Blac, & li Grieu la tindrent mult
pres, & naurerent mult de lor cheuaus, & fu li vz, & la noife granz ; fi que
par viue force, & par deftrece, les fifent hunter for la bataille Andriu d'Vr-
boife, & Iohan de Choify, & fi que allerent foffrant grant piece, & puis fe
reforcierent, fi que il les fifent hurter for la bataille Tierris de Tendre-

                                                                    mon

monde li Conneſtable, & ne tarda gaire grantment apres, qui les fiſent
hurter ſor les batailles, que Charles de Fraiſnes faiſoit, & orent tant alle
ſoffrant, que il virent la Rouſſe, & à mains de demie lieue. Et cil a des les
tindrent plus pres. Et fu la noiſe granz ſor ais, & mult i ot de bleciez dalx
de lor cheuax, & ſi com Diex volt ſoffrir les auentures, cil ne les porent
ſoſtenir, ainz furent deſconfit, & furent peſament armé, & cil legierement
lor anemi, & les commencent à occire.

213   Halas com dolorous ior ci ot à la Chreſtienté, que de toz les ſix
vingts Cheualiers nen eſcamperent mie plus de dix que tuit ne fuſſent
mort, ou pris, & cil qui en eſcamperent, ſen vindrent fuiant à la Rouſſe, &
ſe recoillirent auec lor genz, qui la dedens eſtoient. La fu mort Tierris de
Tendre-monde, Oris de l'iſle, qui mult ere bon Cheualier & proſiez, &
Iohan de Sompone, Andruis d'Vrbouſe, Iohás de Choiſi, Guis de Schou-
lans, Charles de Fraiſne, Villains le frere de Tierris le Seneſcal, de toz çaus
qui la furent mort, ou pris, ne vous puet vous toz les noms raconter le li-
ures. Vne des graignors dolors, & des graignors domages auint à cel ior, &
des graignors pitiez qui onques aueniſt à la Chreſtienté de la terre de
Romenie.

214   Li Commains & li Grieu & li Blac retornerent arriere, qui mult orét
fait lor volenté en la terre, & mult gaignie de bons cheuals, & de bons
haubres, & ceſte meſauenture ſi auint le ior deuant la Veille Madamme
Sainte Marie Chandellor. Et li remananz qui fu eſchapes de la deſconfi-
ture, & cil qui eſtoient a la Rouſſe, ſi toſt com il fu nuiz, ſi guerpirent la
ville, & ſen allerent tote nuit fuiant, & vindrent al maitin a la cite de Ro-
deſtoch. Iceſte doloroُſe nouelle, ſi vint a Henri le Balt de l'Empire, ſi
com il alloit a la proceſſion a noſtre Damme de Blaquerne, le iour de la
feſte Madamme Sainte Marie Chandellor. Sachiez que mult furent ef-
free en Conſtantinople, & cuiderent poruoir quil auſſent la terre perdue.

215   Lors priſt conſeil Henris li Bals de l'Empire que il garniroit Salem-
brie, qui ere a deux iorneés de Conſtantinople, & enuoia Machaire de
Sainte Manchalt, a tot cinquante Cheualier pour garder la ville. Et lors
quant la nouelle vint a Iohannis le Roi de Blaquie, que ce ere a ſa gent
auenu, ſi ot mult grant ioie, que ce ere vne des granz parties de la bone
gent, que li François auſſent, que il auoient morz, & pris. Lors manda par
tote ſa terre quanque il pot auoir de gent, & porchaça grant gent oſt de
Commains, & de Griex & de Blas, & entra en Romanie: & le plus de citez
ſe tindrent à lui, & tuit li chaſtel, & ot ſi grant gent, que ce ne fu ſe mer-
ueille non. Quant li Veniſſien oirent dire que il venoit, ſi guerpirent Ar-
chadiople. Et Iohanniſſe cheuaucha tant que il vint a la cite al a Naples,
qui ere garnie de Griex, & de Latins, & ere le Vernas, qui l'Empererix la
ſeror le Roi de France auoit à fame. & des Latins, ere Cheuetaines Beges
de Franſures, vn Cheualier de la terre de Beluciſis. Et Iohannis le Roi de
Blaquie fiſt aſſaillir la cité par force,

I

216   La ot ſi grant mortalite de gent,qui furent occis,que ce ne fu ſe merueille non.Et Berghes de Franſures fu amenes deuant Iohannis,Et il le fiſt occire maintenant, & toz les autres qui noient valurent des Grex, & des Latins:& totes les menues gens,fames, & enfanz en fiſt mener en Blaquie en priſon.Lor fiſt tote la cité fondre,& abatre,qui ere mult bone, & mult riche,& bon pais.Enſi fu deſtruite la cité de Naples, com vos auez oi. Di-qui apres à douze lieues ſeoit la cité de Rodeſtoch ſour mer, qui mult ere riche,& forz,& granz,& garnie de Venitiens mult bien.Et auec tot,ce ere venue vne route de Sergeans a cheual, & eſtoient bien deux mil, & erent venu altreſſi a la cite pour garnir.

217   Quant il oirent dire,que Naples eſtoit priſe par force, & que Iohá-nis auoit fait occire les genz qui eſtoient dedenz,ſi ſe miſt vns ſi granz ef-froiz en als,que il ſe deſconfiſſent par als meiſmes, ſi com Diex ſueffre les meſauentures auenir as genz.Li Veniſſiens ſe ferirent es vaiſſials,qui ainz, ainz,qui mielx, mielx. Si que por poi que li vns ne veoit lautre. Et li Ser-geans a cheual qui eſtoient de France,& de Flandre,& des autres terre ſen fuioient par terre. Or oiez, que les meſauentures qui ne lor ere meſtiers. quar la cité ere ſi forz,& ſi cloſe de bons murs, & de bones tors, que il ne trouaſſent ia qui les aſſailliſt, ne Iohannis tornaſt ia celle part. Et quant Iohannis oi que il ſe ne eſtoient fui,qui ere bien a dimie iournee loing de qui,cheuaucha celle part.

218   Li Grieu qui eſtoient en la cité remes,ſe rendirent a lui,& il mainte-nant les fiſt prendre,& petiz, & granz, fors cels qui en eſchaperent, & les fiſt mener en Blaquie,& fiſt la cite abatre. Ha? com ce fu grant domage, car ce ere vne des meillors citez de Romenie, & des mielz ſeanz. Apres de qui,en auoit vne altre,qui Panedor ert appellée, qui ſe rendi a lui, & il le fiſt abatre, & fondre. & les fiſt mener en Blaquie, auſi com de celi, & apres cheuaucha a la cité de Recloie, qui ſeoit ſor vn bon port de mer, & ere as Veniſſiens qui lauoient feblement garnie. Si laſailli, & la priſt par force, en chi i ot grant occiſion de gent, & le remanant le fiſt mener en Blaquie,& fiſt fondre la cité, comme les autres. Et de qui cheuaucha a la cité de Daïn qui ere mult fort,& belle,& la gent ne loſerent tenir. Si lor fu rendue,& il la fiſt fondre,& abatre.

219   Apres cheuaucha a la cité del Churlot qui s'ere à lui rendue, & il la fiſt fondre,& abatre,& mener les homes, & les fames en priſon. Et nulle conuenance que illor fiſt, ne lor tenoit. Lors corrurent li Commain, & li Blac deuant les portes de Conſtantinople, où Henris li Bals de l'Empire ere a tant de gent com il auoit,mult dolenz,& iriez,porce que il ne pooit auoir tant de gent qu'il peuſt ſa terre deffendre. Et enſi priſtrent li Com-main les proies de la terre,& homes,& fames,& enfanz,& abatirent les ci-tez,& les chaſtiax, & fiſent ſi grant eſſil, que onques nus hom n'oy parler de ſi grant.

220   Lors vindrent a vne cite a douze liues de Conſtantinople qui Na-
ture

ture ert appellee ; Et Henris li frere l'Empereor lauoit donee a Paiēs d'Or-
liens:celle ſi auoit mult grant pueple de gens,& il ſen eſtoient tuit fui,cels
del pais; & il laſſaillirent, ſi la priſtrent par force. La i ot ſi grant occiſion
de gent,que il n'auoit en ſi grant en nulle ville ou il euſſent eſté.Et ſachiez
que tuit li chaſtels, & totes les citez qui s'erent rendues a Iohannis, & cui
il auoit aſſeurez,erent tuit fondu,& deſtruit,& menees les gēs en Blaquie,
en tel maniere com vos auez oi.Sachiez que dedenz cinq iornees de Cō-
ſtantinople ne remeſt nulle riens a eſſillier, fors ſolement la cité de Ver-
ſoi,& cele de Salembrie,qui eſtoient garnies de Francois.En celle de Ver-
ſoi ere Anſiau de Kaeu, bien a tot ſix vingt Cheualier.   Et en celle de Sa-
lembrie ere Machaires de Saint Manehalt a tot cinquante.   Et Henris le
frere l'Empereor Baudoins,ere remes en Conſtantinople al remanant. Et
ſachiez que mult erent al de ſor , que defors le tors de Conſtantinople,
n'auoient retenu que ces deux citez.

221   Quant ce virent li Grieu qui erent en loſt auec Iohannis qui ſerent à
lui rendu, & reuelle contre les Frans , & il lor abatoit lor chaſtiaux , & lor
citez,& nul conuent ne lor tenoit;ſi ſe tindrent a mort, & a trai, & parle-
rent enſemble, & diſtrent que auſſi feroit il d'Andrenople, & del Dimot
quant il reparieroient.Et ſe il ces deux abatoit, dont eſtoit Romenie per-
due a toz iorz. Et priſtrent lor meſſage priueement, ſi les enuoierent en
Conſtantinople al Vernas,& li prioient, que il criaſt merci a Henri le fre-
re l'Empereor Baudoins,& as Veniſſiens,que il feiſſent paix a als, & que il
li donaſſent Andrenople & le Dimot, & li Grieu torneroient tuit a lui, &
enſi porroient eſtre li Grieu & li Franc enſemble. Conſeil en fu pris, ou i
ot paroles de maintes manieres. Mais la fin del conſeil fu telx,que a Ver-
uas, & a l'Empereris ſa fame, qui ere ſuer le Roy Phelippe de France, fu
octroie Andrenople,& le Dimot, & totes lor apertenances , & il en feroit
le ſeruiſe a l'Empereor, & a l'Empire. Enſi fu la conuenāce faite & aſſouie,
& la païs faite des Grex,& des Frans.

222   Iohannis li Rois de Blaquie , & de Bougrie, qui ot ſeiorné longue-
ment en Romenie,& lou pais gaſte treſtote,la Quareſme , & apres la Paſ-
que a grant piece ſi ſen retraiſt arrieres vers Andrenople,& vers le Dimot;
& ot en penſee que il en feroit tot autre tel,com il auoit fait des autres. Et
quant li Grieu virent ce qui eſtoient auec lui quil torneroit vers Andre-
nople,ſi ſe comencent a embler de lui,& par nuit, & par ior vingt, trente,
quarante,cent. Et quant il vint la , ſi lor requiſt que il le laiſſaſſent alſi en-
trer dedenz,com il auoient fait dedenz les autres.Et il li diſtrent,que il ne
feroient,& diſtrent.Sire,quant nous nous rendimes a toi,& nous nous re-
uelames contre les Frans,tu nous iuras que tu nous garderois en bone foi,
& ſalueroies.Tu ne las pas fait, ainz, ais deſtruite Romenie , & alſi ſauons
nous bien que tu nos feroies alſi com tu as fait des autres.Et quant Iohan-
nis oit ce,ſi aſſiſt le Dimot,& dreça entor ſeize perieres granz,& comença
engins a faire de mainte maniere,& gaſter tot le pais entor.

I   2

223   Lors priſtrent cil d'Andrenople, & cil del Dimot lor meſſages ſi les enuoierent en Conſtantinople a Henri qui ere Bals de l'Empire,& al Veruas,que il ſecoruſſent por Dieu le Dimot,qui ert aſſis, & quant cil de Cóſtantinople oirent la nouelle,ſi priſtrent conſeil del Dimot ſecorre. Mult i ot de cels qui n'oſerent mie i loer,que on iſiſt de Conſtantinople,ne que ſi pou que on auoit de la Chreſtienté,ſe meiſt en auenture. Totes voies fu

Deuoir du Cardinal Legat de Pape.

lor conſels telx,que il iſroient fors,& que il iroient troſque a Salembrie.Li Cardonaus qui ere de par l'Apoſtoille de Rome en preſcha, & en fiſt pardon a toz cels qui iroient,& qui moroient en la bataille.Lors ſen iſſi Henris de Conſtantinople a tant de gent com il auoir pot , & cheuaucha troſque a la cité de Salembrie,& en qui fu logiez deuant la ville,bien par huit iourz,& de iour,en iour,li venoit meſſage d'Andrenople,& li mandoient, que auſt merci d'als , & que il le ſecoruſt , que ſe il nes ſecorut , il eſtoient perduz enfin.

224   Lors priſt conſeil Henris a ſes Barons, & li conſels ſi fu telx , que il allaſſent a la cité de Virſoi,qui mult ere bone,& forz. Enſi com il diſſent, ſi le fiſſent,& vindrent a la cité de Virſoi, ſi ſe logierent deuant la ville, le iour de la veille de la feſte Monſeignor Sain Iohan Baptiſte en Iuing,& le ior cum il furent logié, vindrent li meſſage d'Andrenople, e diſtrent a Henri le frere l'Empereor Baudoin.Sire, ſachiez que ſe tu ne ſecors la cité del Dimot,qu'elle ne ſe puet tenir plus de huict iors,car les perieres Iohánis ont abatu le mur en quatre leus , & ont eſté ſes genz deux fois ſour les murs.

Deuotion & valeur des Barons Chreſtiens.

225   Lors demanda conſeil que il feroit. Aſſez i ot parle auant & arriere: mais la fins del conſeil ſi fu tels,que il diſtrent. Seignor , nus ſomes ia tant venu auant , que nos ſomes honi, ſe nos ne ſecorons le Dimot: Mais ſoit chaſcuns contes & commenie. Et ordenons noz batailles: & a eſmerent que il auoient bien quatre cent Cheualier,& que il n'en auoient mie plus. & manderent les meſſages qui erent venu d'Andrenople,& demanderent le conuine,combien Iohannis auoit de gent:& il reſpondirét, que il auoit

Quatre cët François contre quarante mille ennemais.
M. C C V I.
24. de Iuing.

bien quarante mil homes a armes, ſanz cels a pies dont il ne ſauoient le conte. Ha? Dieus com perilloſe bataille, de ſi pou de gent en contre tant. Al maitin le iour de la feſte Monſeignor Saint Iohans Baptiſte,furent cófes & commenie,& lendemain ſi murent. L'auangarde,ſi fu commandée Ioffroi le Mareſchal de Romenie, & de Champaigne, & Machaires de Sainte Manehalt fu auec.La ſegonde bataille,fiſt Coenes de Betune, Miles de Braibanz,la tierce.Paiens d'Orliens,& Pierre de Braiecuel la quarte. Anſials de Kaeu la quinte.Baudoin de Belueoir la ſifte.Hues de Belines la ſeptieſme.Henris le frere l'Empereor Baudoin.La huictieſme, Gautier de Eſcornai, & li Flamens, Thierris de Los , qui ere Seneſchaus,fiſt l'arriere garde.

226   Lors cheuauchierent tot ordenecment,par trois iors,ne onques plus plus perilloſement genz n'allerent querre bataille,car il auoit deux perils,

de ce

de ce que il eſtoient pou , & cil eſtoient aſſez , a cui il alloient combatre.
D'autre part , il ne creioient pas les Griex a cui il auoient pais faite , que il
lor deuſſent aidier de cuer;ainz auoient paor,que quát veroit au beſoing,
que il ne ſe tornaſſent deuers Iohannis , qui auoit le Dimot ſi aprochie de
prendre com vous auez oi arriere.Quant Iohannis oi que li Frans venoiét
ſi nes oſſa attendre,ainz arſt ſens engins,& ſe deſloia. Et enſi ſe deſloia del
Dimot.Et ſachiez que tot li monz le tint a grant miracle. Et Héris li Baus
de l'Empire , vint al quart iour, deuant Andrenople , & ſe loia ſor les plus
bels pres del monde,ſor la riuere.

Fuite eſträ-
ge du Roy
Ioannizza.

227   Quant cil d'Andrenople les virent venir , ſi iſſirent fors a totes lor
Croiz,& a la proceſſion,& fiſent la graignor ioie qui onques fuſt veuë.Et
il le durent bien faire,que il n'eſtoient mie bien aaiſe. Et lors vint la nou-
uelle en loſt des Frans , que Iohannis ere logiez a vn Chaſtel qui a nom
Rodeſtinc. Et al matin mut l'oſt des Frans , & cheuaucha vers celle part,
pour la bataille querre,& Iohannis ſe deſlogia , ſi cheuaucha arriers vers
ſon pais.Enſi le ſuirent par cinq iornees,& il ades ſen alla deuant als. Lors
ſe herbergierent al cinquieſme iour ſor vn bel leu a vn chaſtel que on ap-
pelle le Fraim , enqui ſeiornerent par trois iors , & lors ſen parti vne com-
paignie de la bone gent de loſt,par deſcorde quil eurent a Henry le frere
l'Empereor Baudoin. De celle compaignie fu Cheuetaines Baudoin de
Belueoir , & Hues de Belines fu auec lui, Guillelmes de Gomeignies , &
Drues de Belraim. Et en allerent bien enſemble en celle route cinquante
Cheualier , & cuiderent que li remananz n'oſaſt remanoir el pais contre
lor anemis.

Nouuelle
diſcorde en
tre les Frä-
çois.

228   Lors priſtrent conſeil Henris li Baus de l'Empire , & li Baron qui a-
uec lui eſtoient,& fu telx lor conſeil,que il cheuaucheroient per deux iors,
& herbergierent en vne mult bele valée pres d'vn Chaſtel que on appel-
le Moniac , & cil chaſtiaus lor fu renduz , & i ſeiornerent bien par cinq
iors & diſtrent que il iroient Renier de Trit ſecorre,qui ere dedenz le Sta-
nemac aſſis : & i auoit eſté bien treize mois enſerrez dedenz. Enſi remeſt
Henri li Baus de l'Empire,en loſt,& grant partie de ſa gent. Li remananz
alla ſecorre Renier de Trit a le Stanemac.Et ſachiez que mult allerent pe-
rilleuſement cil qui allerent:que on a pou veu de ſi perilloſes reſconſes: &
cheuauchierent trois iours par mi la terre a lor anemis. En celle reſcolſe
alla Cœnes de Betune , & IOFFROIS DE VILLE-HARDOIN li Ma-
reſchaus de Romenie , & de Champaigne , & Machaires de Saint Mane-
halt,& Miles de Braibanz,& Pierres de Braieeuel , & Paiens d'Orliens , &
Anſials de Kaen,& Tyenis de Los, & Guillelme del Perçoy,& vne batail-
le de Veniciens, dont Andruis Valeres ere Cheuetaine. Et enſi cheuau-
chierent troſque au chaſtel de Stanemac,& aprochierent tant,que il virét
le Stanemac.

229   Reniers de Trit qui ere as bailles des murs , & choiſiſt l'auangarde
que Ioffrois li Mareſchaus faiſoit,& les autres batailles qui venoient apres

I   3

mult ordeneement. Et lors ne fot quex genz ce eftoient. Et ce ne fu mie meruoille,fe il dota,que grant tens auoit que il n'auoit oi nouelles d'als,& cuida que ce fuffent li Gricu qui les veniffent affeoir.Ioffrois liMarefchaus de Romenie,& de Champaigne prinft Turcoples , & arbaleftriers a cheual,fi les enuoia auant por fauoir le conuine del chaftel,que il ne fauoient fi il eftoient mort , ou vif , que grant tens auoit que il n'en auoient oi nouelles.Et quant cil vindrent deuant le chaftel , Reniers de Trit , & fa mefnies,les conurent.Bien le poez fauoir que il orent grant ioie. Lors fen iffirent,& allerent contre lor amis,fi firent grant ioie li vns a lautre , & lors fe herbergierent li Baron en vne mult bone ville , qui eftoit al pié del chaftel,& qui tenoit ades affiegé le chaftel.

Le Barbare l'auoit laiffé à la mercy des oifeaux, apres luy auoir coupé bras & iãbes, à Ternobe.

230   Lors diftrent li Baron que il auoient maintes foiz oi dire,que l'Empereres Baudoins ere morz,en la prifon Iohannis, Mes il ne creoient mie; & Reniers de Trit dift,que pour voir ere morz,& il le crurent.Mult i ot de cels,qui en furent dolent,fe il le peuffent amender. Et enfi virent en la ville;& al matin fen partirent,& guerpirent le Stanemac ; & cheuauchierent per deux iourz.Et al tierz iourz vindrent a loft , où Henri le frere l'Empereor les attendoit fot le chaftel de Moniac qui fiet for le flum d'Arze,où il eftoit herbergiez.Mult fu granz ioie a cels de l'oft de Reniers de Trit, qui

Il auoit efté enfermé, & les fiês treize mois.

ere refcous de prifon,& a bien fu atornez a cels quil emenerent: car il i allerent mult perilleufement.

231   Lors priftrent confeil li Baron, que il iroient en Conftantinople , & que il coroneroi ent Henri le frere l'Empereor Baudoin, & laiffierent le Vernas a toz les Grex de la terre , & a tot quarante Cheualier que Henris li Bals de l'Empire li laiffa.Et enfi fen alla Henris li Bauls de l'Empire , & li autre Baron en Conftantinople, & cheuauchierent par lor iornées tát qui il vindrent en Conftantinople,où il furent voluntiers veuz. Lors coronerent a Empereor Henri le frere l'Empereor Baudoin, le Diemenche apres

Coronemēt de Henry l'Empereur de Conftãtinople. M. C C VI. *Le Dimanche que eftoit le iour vingtiefme d' Aouft.*

la fefte Madame Sainte Marie en Aoft à grant ioie,& à grant honor, à Liglife Sainte Sophye. Et ce fu en l'an de l'incarnation noftre Seignor Iefu Chrift mil & deux cens anz,& fix.Et ainfi l'Empereor fu coronez en Conftantinople , fi com vous auez oi , & li Vernas fu remeft en la terre d'Andrenople,& del Dimot.Iohannis Rois de Blakie,& de Bougrie,quant il le fot , fi amaffa de gent quant que il pot.Et le Vernas n'ot mie refermé del Dimot,ce que Iohannis not abatu a fes perieres,& a fes mangonials,& lot pourement garni.Et Iohannis cheualcha al Dimot,fi lo prift,e labbati , & fondi les murs trofque en terre , & cort par tot le pais , & prent homes , & fames,& enfanz,& proiez,& fift grant deftruiment.

132   Lors manderent cil d'Andrenople l'Empereor Henri que il le fecouruft,que le Dimot ere perduz en tel maniere. Lors fe mouft l'Empereor Henri quanque il pot auoir de gent,& iffi de Conftantinople , & cheualcha vers Andrenople par fes iornees. Et Iohannis li Roi de Blakie qui ere en la terre com il oit que il venoit , fi fe traift arrieres vers la foe terre. Et

l'Em

l'Empereres Henri cheualcha tant que il vint à Andrenople, & se logia de
fors en la praéria. Et lors vinrent li Grieu del pais si li diſtrent que Iohan-
nis li Rois de Blakie emmenoit les homes, & les femes, & les proies, & a-
uoit le Dimot deſtruit, & tot le pais entor, & que il ere encore a vne ior-
née de chi. Et li conſels l'Empereor fu telx, que il feroit a lui combatre, ſe
il latendoit, por ſecoure les chaitis & les chaitiues que il emmenoit, &
cheuaucha apres lui, & cil ſen alla deuant ades, & enſi le ſuyt per quatre
iorz. Lors vint a vne cité que on appelloit Veroi, com cil de la cité virent
loſt de l'Empereor Henri venir, ſi ſen fuirent es montaignes, & guerpirét
la cité, & l'Empereres vint a tote loſt, & ſe loia deuant la ville: & la trouua
garnie de blez, & de viandes, & d'autres biens. Enſi ſeiorna iqui par deux
iors, & fiſt ſes gens corre par le pais entor: & gaaingnierent aſſes proiez
de Bues & de vaches, & de Buffles mult grant plente, lors ſe parti de celle
cité a toz ſes gaaiens, & cheuaucha a vne altre cité loing de qui a vne ior-
née, que on apelle Bliſme: & enſi com li autre Gré auoient laiſſie l'autre
cité rauoient cil laiſſie ceſte, & il la troua garnie de toz biens, & ſe herber-
gia deuant.

Autre ſuite
du barbare
Ioannizza.

233   Lors lor vint vne nouelle que a vne vallee a trois lieues del l'oſt, e-
ſtoient li catif, & les catiues, que Iohannis emmenoit a tot lor proies, & a
toz lor chars. Lors atorna l'Empereres Henris que li Greu d'Andrenople,
& cil del Dimot les iroient querre, & leur chargeroit deux batailles de
Cheualier. Enſi com il fu deuiſe, ſi fu fait a lendemain. De l'vne des batail-
les fu Cheuctaine Euthaices le Frere l'Empereor Henry de Conſtantino-
ple, & de lautre, Machaire de Saint Manchalt. Et cheuauchierent entraus,
& les Grieu troſque en la vallee, que on lor ot enſeignie: & trouerent la
gent enſi com len lor ot diſt. Et la gent Iohannis aſſembla alla gent l'Em-
pereor Henri, ſi i ot nauré, & morz homes, & fames, & cheuaus de lune
part, & de lautre. Mais par la vertu de Dieu orent li Franc la force, & tour-
nerent les chaitis, & emmenerent deuant als arriere. Et ſachiez que celle
reſcouſſe ne ſu mie petite, que bien i ot vingt mil que homes, que fames,
que enfanz; & bien trois mil chars cargiez de lor robes, & de lor hernois,
ſanz les autres proiez dont il auoit aſſez: Et bien duroit la route ſi cum il
venoient a loſt deux lieues granz. Et enſi vindrent a loſt la nuit, & en fu
mult liez l'Empereres Henris, & tuit li autre Baron; & les fiſt herbergier
d'vne part, ſi que onc ne perdirent vaillant vn dener de rien qui auſſient.

Autre ad
mirable vi-
ctoire des
François
contre Ioã-
nizza, avec
vne reſcouſ-
ſe incroya-
ble.

234   Lendemain ſeiorna l'Empereres Henris pour le pueple que il ot reſ-
cous, à l'autre iour ſe parti del pais, & cheuaucha tant per ſes iornees que il
vint a Andrenople. Lors dona congie as homes, & as fames que il ot reſ-
cous, & chaſcuns ſen alla là où il vot en la terre dont il ere nez, o d'autre
part. Et les autres proiez dont il auont mult grant plente furent departi a
cels de l'oſt, ſi com il dcut. Lors ſeiourna l'Empereres Héri par cinq iourz,
& puis cheuaucha troſque a la cité del Dimot, por ſauoir coment elle ere
abatue, & ſe on le porroit refermer, & ſe logia deuant la ville, & vit, & il, &

ſi Baron

ſi Baron que il n'eſtoit mie leus de fermer en tel point.

235 Lors vint en loſt vns Bers le Marchis Bonifaces de Monferrat en meſſages, qui Othes de la Roche auoit nom, & parla d'vn mariage qui deuant auoit eſté por parlé, de la file Boniface le Marchis de Monferrat, e de l'Empereor Héri, & apporta les nouelles, que la Dame ere venue de Lombardie, & que ſes peres i auoit enuoie querre: & quelle ert a Salenique. Et fu aſſeurez le mariage d'vne parte, & d'autre. Enſi ſen ralla li meſſage a Salenique, Othes de la Roche, & l'Empereres i ot aſſemblee ſes genz qui orét a gariſon menez lor gaanz de Viſoi qu'il auoient fait en loſt. Et cheuaucha par deuant Andrenople, par ſes iournees tant que il vint en la terre Iohannis le Roi de Blaquie, & de Bougrie, & vindrent a vne cite qu'on appelloit la Ferme, & la priſtrent, & entrerent enz, & i firent mult grát gaain. Et ſeiournerent par trois iourz, & corrurent per tot le pais, & gaaignierét granz gaaienz, & deſtruirent vne cité que auoit nom l'Aquile. Al quars iorz, ſe partirent de la Ferme qui mult ere belle, & bien ſeant (& y ſourdoiant li Baing chaut li plus bel, de tot le monde) & la fiſt l'Emperere deſtruire, & ardoir: & emmenerent les gaaiens mult granz de proies, & d'autres auoirs, & cheuauchierent par lor iournees tant que vindrent a la cité d'Andrenople; & ſeiournerent el pais troſque a la feſte Tot Sainz, que il ne porroient plus guerroier pour liuer. Et lors ſen retourna l'Empereres Henris, & tuit li Baron vers Conſtantinople, qui mult furent laſſé doſtoier: & ot laiſſie Andrenople entre les Grex, vn ſuen home qui ot nom Pierre de Radingeam, à tot vingt Cheualier.

236 En cel termine, Toldres Laſcres qui tenoit la terre dautre part del Braz auoit triues a l'Empereor Henri, & ne li ot mie bien tenues, ainz li ot tauſſees, & briſies. Et lors priſt conſeil l'Empereor, & enuoia oltre le Braz a la cité de leſpigal Pierre de Braiecuel, cui ſa terre ere deuiſee en iceles parties, & Paiens d'Orliens, & Anſiaus de Chaeu, & Euthaices ſes freres, & grant part de ſes bones gens, troſque a ſept vingts Cheualiers. Et cil comencierent la guerre côtre Toldre Laſcre mult grát, & mult fiere, & fiſent grant domage en ſa terre, & cheuauchierent troſque a vne terre qui Equiſe eſt appellee, que la mer clooit tote fors que vne part: & a l'entree par ou on entroit, auoit eu anciennement fortereſce de murs, de tors, de foſſez: & eſtoient auques de cheu, & enqui dedenz entra l'oſt des François, & Pierres de Braiecuel, cui la terre ere diuiſée les comença a refermer, & a faire deux chaſtiaux en deux entrées: Et de qui comencierent a corre en la terre Laſcré, & gaaignierent grans gaaing, & grans proiez, & amenerent dedenz lor iſle les gaaiens, & les proiez: & Toldres Laſcres reuenoit ſouent en Equiſe. Et i ot maintes foiz aſſemblees, & i perdoient li vn, & li autre. Et iqui ere la guerre granz & perilleuſe.

237 Or lairons de ces, ſi dirons de Tyerri de Loz, qui Seneſchaus ere, cui Nichomie deuoit eſtre, & ere à vne iournée de Nique la grant, qui ere li_lhies de la terre Toldres Laſcré, & s'y ſen ralla, a grant partie de la gent

l'Empe

l'Empereor Henri,& troua que le chaftel ere abatus,& ferma, & horda le
Moutier Sainte Sophye,qui mult ere hals, & biels, & retint i qui en droit
la guerre.

238   En icel termine li Marchis Bonifaces de Monferrat venue de Sale-
nique,fi fen alla à la Serre que Iohannis li auoit abatue,fi la referma,&
ferma apres vne autre qui a nom Dramine en la val de Phelippe.Et tote la
terre entor fe rendi a lui & obei,& ruina el pais.

239   Endementiers fu tant del tens paffe, que li Noel fu paffé. Lors vin- *Noel,*
drent li meffage le Marchis a l'Empereor en Conftantinople,& li diftrent *M.CCVI*
de par le Marchis,que il auoit enuoie fa file en galies a la cite d'Auies. Et
lors enuoia l'Empereres Henri Ioffroi li Marefchaus de Romenie,& de
Champaigne,& Milon de Braibáz,pour querre la Dame, & cheuauchie-
rent par lor iournees tant,que il vindrent a la cite d'Auies,& trouerent la
Dame,qui mult ere,& bone,& belle,& la faluerét de par lor Seignor:& la
menerent de par lor Seignor à grant honor en Conftantinople,& l'efpofa
l'Empereres Henri au Moftier Sainte Sophye, le Dimenche apres la fefte *Mariage*
Madame Sainte Marie Chandellor,à grant ioie,& à grant honor ; & por- *de l'Empe-*
terent corone ambedux,& furent les noces haltes,& planieres el palais de *reur Henri,*
Bokelió. Enfi fu fait le mariage de l'Empereor,& de la file le Marchis Bo- *auec Agnes*
niface qui Agnes l'Empereris auoit nom,com vos auez oi. *fille du*
Marquis
de Mont-
240   Toldres Lafcres qui guerroia l'Empereor Henri,prift fes meffages, *ferrat.*
fi les enuoia à Iohannis le Roi de Blaquie,& de Bougrie. Si li manda que *La Chan-*
totes les genz l'Empereor Henri eftoient deuers lui , qui le guerroient *delleur.*
d'autre part del Braz deuers la Turchie : Et que l'Empereres ere en Con- *M.CC.VII.*
ftantinople a pou de gent : Et or fe porroit vengier, que il feroit da vne
part,& il venift d'autre.Et que l'Empereres auoit fi pou de gent, que il ne
fe porroit d'audeus defendre. Iohannis ere porchaciez de grant hoft de *Brigue nou*
Blas,& de Bougres,fi grant cum il onques pot.Et del tems fu ia tant paffé, *uelle & affo*
que li quarefmes entra. Machaire de Saint Manehalt auoit comencié a *ciation en-*
fermer vn chaftel al Caracàs, qui fiet for vn goffre de mer a fix lieues de *tre Theod.*
Nichomie deuers Conftantinople.Et Guillelmes de Sains,encomenca vn *Lafcaris,*
autres a fermer li Chiuetot qui fiet for le goffre de Nichomie,d'autre part *& Iohan-*
deuers Nike. Et fachiez que mult ot a faires l'Empereres Henris endroit *nizza.*
Conftantinople, & li Baron qui erent el pais. Et bien TESMOIGNE
IOFFROIS DE VILLE-HARDOIN li Marefchaus de Romenie &
de Chápaigne que onc en nul termene ne furent gent fi chargie de guer-
re,porce que il eftoient efpars en tant de lieus.

241   Lors enfi Iohannis de Blakie à totes fes hoz, & a grant oft de Cu- *Siege d'An-*
mains,qui venu li erent,& entra en la Romenie, & courrurent li Cómain *drenople*
trofque as portes de Conftantinople, & il aflift Andrenople. Et i dreça *par Ioan-*
trente trois perieres granz,qui getoient as murs,& as tors. Et dedenz An- *nizza, def-*
drenople n'auoit fe les Grex nom , & Pierron de Randingheam, qui de *fendu tres-*
par l'Empereor auoit dix Cheualier.Et lors manderent li Grieu,& li Latin *vertueufe-*
ment.

enſemble, l'Empereor Henri que enſi les auoit Iohannis aſſiſt, & que il le
ſecoruſt. Mult fu deſtroiz l'Empereres quant il oi que ſes genz eſtoient
departies d'oltre le Braz en tant de lieus: Et l'Empereres ere en Conſtanti-
nople a pou de gent, & fu tels ſes conſeils, quil empriſt a enſi de Conſtan-
tinople a tant de gent com il poroit auoir a la quinzaine de Paſque. Et
manda en Equiſe, où li plus de ſa gent ere, que il ſen veniſſent a lui. Et il
ſen comencierent a venir par mer, Euſtaices le frere l'Empereor Henri, &
Anſials de Kaen, & de lor gent le plus, & dont remeſt Pierres de Braiecuel
a poi de gent en Equiſe.

242 Quant Toldres Laſcres oi la nouuelle, que Andrenople ere aſſiſe,
& que l'Empereres Henris par eſtouoir mandoit ſes genz, & que il ne
ſauoit auquel corre, où deça, où de la, ſi ere chargiez de la guerre. Lors ſi
manda puis esforciement quanque il pot de gent: & fiſt tendre ſes tres, &
ſes paueillons deuant les portes d'Equiſe. Et i ot aſſemble maintes fois,
perdu, & gaaignie. Et quant Toldres Laſcres veoit que il auoient pou de
gent la ient ſi priſt vne grant partie de s'oſt, & de vaiſſials, ce que il en pot
auoir par mer, ſi les enuoia al chaſtel de Chiuetot que Guillelme de S. inz
fermoit, ſi la ſiſtrent par mer, & par terre, le Semadi de mi quareſme. La iéz

M. CC.VII. auoit quarante Cheualier de mult bone gent; & Machaires de Sainte Ma-
nehalt en ere Cheuetaines; & lor chaſtials eſtoit encor pou fermez, ſi que
cil pooient auenir a els, as eſpees, & as lances: Et les aſſaillirent par mer, &
par terre mult durement; & cil aſſaus ſi dura le Samedi tote iour, & cil ſe
defandirent mult bien. Et bien teſmoigne li liures que onques a plus grát
meſchief ne ſe deffendirent quarante Cheualiers a tant de gent, & bien i

Merueillen
ſe proüeſſe
d'vne poi-
gnee de
François. parut, que il ne nj ot mie cinq qui ne fuſſent nauré de toz les Cheualiers
qui i eſtoient, & ſen i ot vn mort qui niers ere Milon le Braibant, qui auoit
nom Giles.

243 Ençois que cil aſſaut començaſt le Semadi matin, ſen viat vn mes
batant en Conſtantinople, & troua l'Empereie Henri el palais de Blakerne,
ne, ſeant al mengier, & li diſt. Sire, ſachiez que cil de Chiuetoth ſunt aſſis
par mer & par terre, & ſe vous ne les ſecourez haſtiuement, il ſunt pris &
mors. Auec l'Empereres ere Coenes de Betune, & Ioffrois li Mareſchaus
de Champaigne, & Miles de Braibanz, & pou de gens. Et li conſeils ſi fu
cors que l'Empereres ſen vient al riuage, & ſen entré en vn Galion, &
chaſcuns en tel vaiſel com il pot auoir. Et lors fait crier par toute la ville,
que il le ſieuent a tel beſoing com par ſecoure ſes homes, que il les a per-
duz, ſe il ne le ſecourut. Lors veiſſiez la cité de Conſtantinople mult effor-
mier des Venitiens, & de Piſans, & dautres gens, qui de mer ſauoient: &
corent as vaſiaus, qui ainz, ainz, qui mielx, mielx. Auec als entroient li
Cheualier a tote lor armes; & qui ançois pooit, ançois ſe partoit del port,
pour ſuyure l'Empereor. Enſi allerent a force de rames toute la veſprée, tát
com iour lor dura, & toute la nuit troſque a lendemain al iour. Et quant
vint a vne piece, apres le Soleil leuant, ſi ot tant eſploitie l'Empereres Hen-
ris,

ris, que il vit li Chiuetot, & lost qui ere entor, & par mer, & par terre: Et cil
dedenz norent mie dormi la nuit, ainz se furent tote nuit horde, si mala-
de, & si nauré, com il estoient, & com cil qui n'atendoient se la mort non.
Et quant l'Empereres vit que il estoient si pres, que il voloient assaillir, &
il n'auoit encor de sa gent se pou non, car auec lui n'ere fors que Ioffroi le
Mareschal en vn autre vaissel, & Miles le Braibanz, & vn Pisan, & vn au-
tre Cheualier, & tant que il auoient entre granz, & petit, de vaisials dix-
sept, & cil en auoient bien soixante, & virent que se il attendoient lor géz,
& soffroient que cil assaillissent cels de Chiuetot que il seroient morz, ou
pris. Si fu tels lor conseils, que il siroiét combatre a cls de la mer, & vogue-
rent celle part tuit d'vn front, & furent tuit armé as vaissials, les heaulmes
laciez. Et quant cil les virent venir qui estoient appareillié d'assaillir, si co-
nurent bien que ce ere secours, si se partirent del chastel, & vindrent en-
contre als, & tote lor ost se logia sour le riuage de grant genz que il auoiét
a pie, & a cheual. Et quant il virent que l'Empereor, & la soe gent venroiét
totes voiez sor als, si resor lor genz qui estoient sour le riuage, si que cil lor
pooient aidier de traire, & de lancier: Ensi les tint l'Empereres assis a ses
dix sept vaissiaus, tant que li cris vint qui ere meuz de Constantinople, &
ançois que la nuit venist, on i ot tant venu, que il orent la force en la mer
par tot, & furent tote nuit armé, & a ancrez lor vaissiaus. Et fu lor conseils
telx, que si tost que il verroient le iour, que il s'iroient combatre a els el ri-
uage, & pour tollir lor vaissials. Et quant vint endroit la mie nuit, si trai-
strent li Grieu toz lor vaissials a terre, si botterent le feu dedenz, & les ar-
drent toz, & se deslogierent, & sen allerent fuiant.

*Lasche fui-
te de Las-
charis &
de ses gens,
apres auoir
bruslé leurs
vaissaus.*

244   L'Empereres Henri, & sa gent, furent mult lie de la victoire que
Dieus lor ot donée, & de ce que il orent secouru lor gent. Et quant vint al
maitin, l'Empereres & tuit li autres s'en vont al chastel del Chiuetot, &
trouerent lor gent mult malades, & mult naurées les plusorz. Et le Chastel
esgarda l'Empereres, & sa genz, & virent que il ere si febles, que il ne fai-
soit à tenir. Si recuillierent toz lor genz es vaissiaus, & guerpirent li cha-
stel, & laissierent. Iohannis li Rois de Blaquie ne repousa mie, qu'il auoit
Andrenople assise, ainz giterent ses perieres as murs, & aus tors dont il a-
uoit assez, & empirierent mult les murs, & les tors, & mist ses trencheors as
murs, & firent maintes foiz assailliez, & mult se contindrent bien cil qui
dedenz estoient li Grieu, & li Latin. Et manderent mult souent l'Empe-
reor Henri que il le secourust; & seust, que se il ne secouroit, que il estoient
pardu sanz nulle fin. Et l'Empereres ere mult destroit, que quant il voloit
ses gens secoure d'vne part, Toldres Lascre li tenoit si destroiz dautre part
si que par estouoir le conuenoit a retorner. Et issi fu Iohannis le mois d'A-
uril deuant Andrenople, & la procha si de prendre, qu'il approcha, & ab-
bati des murs, & des torz en deux lieus, trosque en terre, & si que il pooiét
venir main à main as aspees & à lances à cels dedenz. Ensinques i fist de
mult granz assaus: Et cil se defendirent bien: & i ot mult des mors, & des

*Grande de-
stresse de
l'Empereur
& de ses
gens*

naurez d'vne part, & d'autre. Enſi com Dieus vielt les auentures auenir, li Commain qu'il i ot enuoié par la terre orent gaaigné, & furent reuenu à veue de Conſtantinople à l'oſt à Andrenople à toz lor gaaienz; & diſtrent que il ni remanroient plus à Iohannis, ainz ſen voloient aller en lor terre.

Iſſi ſe partirent li Commain de Iohannis. Et com il vit ce, ſi n'oſa remanoir ſanz als, deuant Andrenople. Enſi que ſen parti de deuant la ville, & la guerpi. Et ſachiez que on le tint a grant miracle, de ville qui ere aprochie de prendre com ere ceſte, que il le laiſſa, qui hom ſi poeteis ere. Enſi com Dieus vielt le choſes, ſi les conuient auenir. Cil d'Andrenople, ne tarderẽt mie de mander l'Empereor, que il veniſt toſt por Dieu, que ſeuſt de voir, que ſe Iohannis le Rois de Blaquie retornoit, que il eſtoient mors, ou pris.

245 L'Empereres a tant de gent com il auoit, fu atornez d'aller à Andrenople: & lors li vint vne nouelle que mult fu grief, que Eſturions, qui ere Amirals des Galies Toldres Laſcre, ere entrez a dix ſept galies en Boche d'Auie, & Braz Sain George, & fu venuz en Equiſe, ou Pierre Braiecuel e-

ſtoit, & Paiens d'Orliens, & les aſſiſt par deuers mer, & Laſcres par deuers terre. Et la gens de la terre d'Equiſe furent reuelle contre Perron de Braie-cuel, & cil de Marmora, qui ſuens eſtoient, & li orent fait omages, & morz de ſes hommes aſſez. Et quant ceſte nouelle vint en Conſtantinople, ſi fu-rent mult effree.

246 Lors priſt conſeil l'Empereres Henris a ſes homes, & a ſes Barons, & as Venitiens enſemble, & diſtrent que ſe il ne ſecoroient Perron de Bra-iecuel, & Paiens d'Orleans, que il eſtoient mort, & que il auoient la terre perdue. Si armerent mult iſnellement quatorze Galies, & les garnirent, & des plus haltes gens des Venitiens, & de tot les Barons l'Empereor. En vne entra Coenes de Betune, & ſa gent. Et en l'autre Ioffrois de ville-Hardoin li Mareſchaus, & la ſoe gent. Et en la tierce, Machaires de Sainte Manealt, & la ſoe gent. En la quarte, Miles de Braibanz. Et en la quinte. Anſials de Kaeu. Et en la ſixte Tyerris de Los qui ere Seneſchaus. Et en la ſepticme Guillielme del Perchoi. Et en la huitieſme Euſtaces le freres l'Empereres. Et enſi miſt per totes galies ſa meillor gent l'Empereres Henris. Quant elles partirent del port de Conſtantinople, bien diſtrent totes les gens qui les virent, que onques mais galies ne furent mielz armees, ne de meillor genz, & enſi fu reſpoitiez li allers d'Andrenople a cele foiz, & cil des Ga-lies ſen allerent contre Val le Braz vers Eſquiſe droit. Ne ſçay comment

Eſturions le ſot li Ammiraus des Galies, de Toldres Laſcres ſi ſen parti d'Equiſe, & ſen alla, & ſen fui contre val le braz, & cil le chacierent deux iourz & deux nuiz, troſque fors de Boche d'Auie bien quarante miles. Et quant il virent que il ne porroient atteindre, ſi tornerent arriere, & reuin-drent en Eſquiſe, & trouerent Perron de Braiecuel, & Paiens d'Orleans. Et Toldres Laſcres ſe fu deſlogiez de deuant, & fu repairiez arriere en ſa ter-re. Enſi fu ſecorue Equiſe com vos ocz. Et cil des Galies ſen tornerent ar-rieres en Conſtantinople, & ratornerent lor oure vers Andrenople.

247 Tol

247   Toldres Lafcres enuoia le plus de fa gent, à tote fa force en la terre de Nichomie. Et la gent Tyerris de Los qui auoiẽt ferme le Moftier Sainte Sophie, & cil qui eftoient dedenz manderent à lor Seignor, & l'Empereor, que il le fecoruft, que fe il n'auroient fecors, il ne fe porroient tenir. Et enfor que tot, fi n'auoient point de viande. Par fine deftrece, conuint l'Empereor Henri, & fa gent, que il laiffa la voie d'aller à Andrenople, & que il paffaft le Braz Sain George deuers la Turquie, à tant de gent com il pot auoir por fecore Nichomie. Et quant la gent Toldre Lafcres loirent que il venoit, fi reuindrent la terre, fi fe traiftrent arriere vers Nike la grãt. Et quant l'Empereres le fot, fi prift fon confeil, & fu li cõfeil tels, que Tyerris de Los li Senefchaus de Romenie, remanroit à Nichomie, à toz fes Cheualiers, & à toz fes Serianz por garder la terre. Et Machaires de Sainte Manehalt, al Caracas. Et Guillelme del Perchoi en Efquille, & cil deffendroient la terre endroit als.

Nouueaux affaires de l'Empereur les vns fur les autres.

248   Lors fen ralla l'Empereres Henri en Conftantinople, al remainant de fa gent, & ot empris de rechief d'aller à mouoir por raller vers Andrenople, & en demétiers qu'il atorna fon oirre, Tyerris de Los le Senefchaus qui ere à Nichomie, & Guillelme del Perchoi, à totes lor genz allerent forer vn iour. Et la gent Toldre Lafcres le forent, fi les forpriftrent, & lor corurent fus. Si furent mult grant gent, & cil furent pou. Si comença li eftors, & la mellee: ne demora mie longuement, que li pou, ne porent endurer le trop. Mult le fift bien Tyerris de Los, & fa gent, & fu abatuz deux foiz, & par force le remonterent fa gent. Et Guillelmes del Perchoi fu abatuz, & remontez, & fu refcous. Ne porent cele fole foffrir, fi furent defconfiz li Franc. Là fu pris Tyerris de Los, & naurez par mi le vis, en auenture de mort. Là fu pris de fua gent auec lui que pou en efchapa. Et Guillelme del Perchoi en efchapa for vn roncin naurez en la main. Et enfi fe recuillerent el moftier Sainte Sophye, cil qui en efchaperent de la defconfiture. Cil qui cefte hiftoire traicta, ne fçeut s'il fu à torz ou à droit, mes il en oi vn Cheualier blafmer qui auoit a nom Anfols de Remi, qui ere hom lige Tyerri de Los le Senefchal, & Cheuetaine de fa gent, & le guerpi, & lors priftrent vn meffage cil, & fu à Nichomie, au moftier Sainte Sophye retorne Guillelmes del Perchoi, & Anfols de Remi. Et len enuoierent batant en Conftantinople à l'Empereor Henri, & li manderent, quenfi ere auenu que pris ere le Senefchaus, & fa gent : & il eftoient affis au Moftier Sainte Sophye à Nichomie : Et nauoient mie viande à plus de cinq iorz, & feuft de voir, que fe il ne fecoroit, que il eftoient & morz, & pris.

Les Grecs feruoyent d'efpions contre les François.

Merueilleu- fes peines & angoiffes de l'Empereur Henry.

249   L'Empereres autre cum acri paffe le Braz fain George il, & fa gent, qui ainz, ainz, qui mielz, mielz, & pour fecoure cels de Nichomie. Et enfi fu remeffe la voie d'Andrenople à cele foiz. Et quant l'Empereres ot paffe le Braz Sain George, fi ordena fes batailles, & cheuaucha par fes iornees tant, que il vint à Nichomie. Quant la gent Toldres Lafcres & fi Frere loirent, qui tenoient loft, fi fe traiftrent arriers, & pafferent la montaigne

d'autre part deuers Nike , Et l'Empereres se logia d'autre part deuers Ni-
chomie, en vne mult bele praerie, sor vn flum per deuers la montaigne, &
fist tendre ses tres, & ses paueillons, & fist corre sa gent par le pais, quar il
se reuelerent, quant Tyerris de Los le Seneschaus de Romenie ere pris, &
pristrent proies assez, & prisons. Et ensi seiorna l'Empereres Henris par
cinq iorz, & en la praerie, & dedéz cel seior, Toldres Lascres prist ses mes-
sages, si les enuoia à lui , & si le requist quil prendroit triue à deux ans, per
tel conuent, que il li laissast abatre Equise. Et la forteresse del mostier Sain-
te Sophye, & il li rendroit toz ses prisons , qui auoient esté pris à celle des-
confiture, & als autres leus, dont il auoit assez en sa terre.

250　　Or prist l'Emperere conseil a ses homes, & distrent, que il ne pooiét
les deux guerres souffrir ensemble, & que mielz valoit cil damages a souf-
frir, que la part d'Andrenople, ne de lautre terre, & si auroient parti lor a-
nemis, Iohannis le Rois de Blaquie, & de Bougrie, & Toldres Lascres , qui
estoient amis, qui s'entreaidoient de la guerre. Ensi fu la chose creantee, &
otroie. Et lors manda l'Empereres Henris Pierron de Braiccuel en Equise;
& il vint , & fist tant l'Empereres Henris vers lui , que il deliura Equise à
Toldres Lascres, por abatre, & le mostier de Nichomie. Ensi fu ceste trie-
ue asseurce, & ces forteresces abatues. Tyerris de Los fu deliures, & les au-
tres prison tuit.

251　　Lors sen repaira l'Empereres Henris en Constantinoble, & emprist
à allers vers Andrenople à tant com il porroit de gent auoir. Et assembla
s'ost à Salembrie : Et fu ia tant del tens passé , que il fu apres la feste Sain
Iohan en Iuignet. Et cheuaucha tant que il vint à Andrenople , & se her-
beria esprees deuant la ville. Et cil de la cité qui mult lauoient desiré, issi-
rent fors à procession, si le virent mult volentiers, & tuit li Grieu de la ter-
re furent venu. Il ne seiorna que vn iour deuant la ville, tant quil ot veu li
domage que Iohannis i auoit fait, a ses trécheors, & a ses perieres as murs,
& as tors, qui mult auoit la ville empirie. Et lendemain si mut, & cheuau-
C'est le mõt
Hiemus.cha vers la terre Iohannis, & cheuaucha per quatres iourz. Et al cinquies-
me iour, si vint al pie de la montaigne de Blaquie, à vne cité qui auoit nõ
Eului, que Iohannis auoit nouellement repoplee de gent. Et quant la gent
de la terre virent l'ost venir , si guerpirent la cité , & fuirent es mon-
taignes.

252　　L'Empereres Henri se loia deuant la ville, & li courreor corrurent
par mi la terre, & gaaingnierent bues, & vaches, & busles à grant plente, &
autres bestes. Et cil d'Andrenoples qui auoient lor chars mené auec aus, &
erent poures, & diseteux de la viande, le cargierent de forment , & d'altre
blé , & il trouerent grant plente de la viande. Et les autres chars , qu'il a-
uoient gaaingnie chargierent à mult grant plente. Ensi seiourna lost par
trois iourz: & chascun iour alloient gaaingnier li courreor par mi la terre.
Et la terre si ere de montaignes, & de fors destroiz. Si i perdoiét cil de lost
de lor Courreors qui alloient folement.

253　Au

253   Au darraien enuoia l'Empereres Henris, Anſials de Kacu por garder les courreors, Euſtaices ſon frere ; & Tierris de Flandres ſon nepueu, & & Gautier de Eſcornai, & Iohan de Bliant. Ices quatres batailles allerent garder les Courreors:Et entrerent dedenz mult forz montaignes. Et quát lor gent orent coru par la terre, & il ſen vourent reuenir, ſi trouerent les deſtroiz mult forz.Et li Blac del pais ſe furent aſſemblé, & aſſemblerent as aus.Et lor firent mult grant domage, & d'hommes, & de cheuaus, & furét mult pres d'eſtre deſconfiz, ſi que par viue force conuint les Cheualiers deſcendre à pie, & par laide de Dieu ſen reuindrent tote voie à loſt. Mais grant domage orent receu.Et lendemain ſen parti l'Empereres Henris, & l'oſt des François: & cheuauchierent par lor iournees arrieres, tant que il vindrent a la cité d'Andrenople, & i miſtrent la garniſon qu'il amenerent de blez, & d'autre viande. Et ſeiourna l'Empereres en la praerie de forz la ville bien quinze iourz.

254   En cel termine Bonifaces li Marchis de Monferrat, qui ere à la Serre que il auoit refermee, fu cheuauchiez troſque à Meſſinople, & la terre ſe rendi à ſon commendement.Lors priſt ſes meſſages,ſi les enuoia à l'Empereor Henri, & li manda que il parleroit à lui ſor le flum qui cort ſoz la Capeſale, & il n'auoient mais en pooir de parler enſemble, troſque la terre fu conquiſe, que il auoit tant de lor anemis intre als, que il ne pooient venir as autres.Et quant l'Empereres, & ſon conſeils oi,que li Marchis Bonifaces ere à Meſſinople,ſi en furent mult lie,& li manda par ſes meſſages arriers,que il iroit parler à lui,al iour que il i auoit mis. Enſi ſen alla l'Empereres vers cele part,& laiſſa Cœnó de Betune pour garder la terre d'An-drenople à tot cent Cheualiers : & vindrent là où li iourz fu pris , en vne mult bele praërie pres de la cité de la Capeſale , & vint l'Empereres d'vne part,& li Marchis d'autre , & ſaſemblerent à mult grant ioie , & ne fu mie meruoille,que il ne s'erent mie pieça veu. Et li Marchis demanda nouel-les de ſa file l'Empereris Agnes:Et on li diſt,que ele ere groſſe d'enfant, & & il en fu mult liez,& ioiant.

255   Lors deuint li Marchis hom de l'Empereor Henri, & tint de lui ſa terre, enſi com il auoit eſte l'Empereor Baudoin ſon frere. Lors dona li Marchis Boniface,à Geoffroi de ville-Hardoin le Mareſchal de Romenie, & de Champaigne,la cité de Meſſinople,à totes ſes appertenances,où celi de la Serre,laquelle que il ameroit mielz, & cil en fu ſes hom Liges, ſauue la fealte l'Empereor de Conſtantinople. Et enſi ſeiournerent par deux iourz en cele praerie, à mult grant ioie, & diſtrent, depuis que Diex lor auoit done,que il pooient venir enſemble, que encor porroient il greuer lor anemis.Et en priſtrent vn parlement, que il ſeroient à linſue del mois d'Octubre,à tot lor pooir,en la praerie de la cité d'Andrenople, pour ho-ſtoier ſor le Roi de Blacquie. Et enſi departirent mult lié, & mult haitie. Li Marchis ſen alla à Meſſinople , & l'Empereres Henris vers Conſtan-rinople.

256 Quant li Marchis fu à Meſlinople, ne tarda mie plus de cinq iourz
que il fiſt vne cheuauchie par le conſeil as Greu de la terre, en la montai-
gne de Meſlinople, plus d'vne grant iournee loing, & com il ot eſté en la
terre, & vint al partir, li Boùgres de la terre ſe furent aſſemblés, & virent
que li Marchis furent à pou de gent, & vienent de totes parz, ſi s'aſſem-
blerent as l'arriere garde. Et quant li Marchis oi li cri, ſi ſailli en vn cheual
toz deſarmez, vn glaiue en ſa main. Et com il vint là où il eſtoient aſſem-
blé as l'arriere garde, ſi lor corrut ſus, & les chaça vne grant piece arriere.
La fu feruz le Marchis Boniface de Monferrat par mi le gros del Braz, de
ſoz les paules mortelement, ſi que il comenca à eſpandre del ſanc. Et quát
ſa gent virent ce, ſi ſe comencierent à eſmaier, & à deſconforter, & à ma-
uaiſement maintenir. Et cil qui furent entor le Marchis le ſoſtindrent, &
i perdi mult del ſanc, ſi ſe comença à ſpaſmeir. Et quant ſes genz virent
que il n'auroient nulle aie de lui, ſi ſeſcomencierent a eſmaier, & le comé-
cent à laiſſier. Enſi ſi furent deſconfiz per meſauenture. Et cil qui reme-
ſtrent auec lui furent morz, & li Marchis Boniface de Móferrat ot la teſte
colpee. Et la gent de la terre enuoierent à Iohannis la teſte: & ce fu vne de
grant ioies que il auſt onques.

257 Ha?las com dolorous domage ci ot à l'Empereor Henri, & a toz les
Latins de la terre de Romenie, de tel homme perdre per tel meſauenture,
vns des meillors Barons, & des plus larges, & des meillors Cheualiers
qui fuſt el remanant du monde. Et ceſte meſauenture auint
en lan de l'incarnation de IESVS CHRIST,
Mil deux cens & ſept ans.

⁎

TABLE

TABLE
ALPHABETIQVE DES
NOMS PROPRES CONTENVS EN
LA PRESENTE HISTOIRE.

***

L

TABLE.

TABLE DES CHOSES

ET MATIERES CONTENVES EN LA

PRESENTE HISTOIRE DV SIEVR
DE VILLEHARDOIN.

***

EXTRAICT

DES ANNALES

DE NICETE CONIATES,
HISTORIEN GREC, ET
CHANCELIER DES
Empereurs de Con-
stantinople:

OV BIEN,

LE TROISIESME LIVRE

DE L'EMPIRE D'ALEXIVS AN-
GELVS COMNENVS, DE LA PRINSE DE
CONSTANTINOPLE, ET RESTITVTION
d'Isaac Angelus son frere, & de son fils
Alexius le ieune.

*Ensemble de l'Empire de Baudoin, Comte de Flandre, & Henaut, & de Henry
son frere Empereurs de Constantinople, depuis la prinse de la Cité,
iusques à la translation de l'Empire des
Grecs aux Latins,*

L'an de nostre Seigneur Iesus Christ, M.C C.IIII.

A LYON,

PAR LES HERITIERS DE GVILLAVME ROVILLE.

·M. D. CI.

AV LECTEVR.

I'A y pensé, benin lecteur, qu'il vous feroit vtile & aggreable fi apres l'hiftoire de Ville-Harduin vous pouuiez lire la prife de Conftantinople defcritte au troifiefme liure del'Empire d'Alexe Comnene par Nicete Coniates hiftoriē Grec, fort renommé & bien approuué de fon temps, & qui viuoit außi du mefme temps de Ville-Harduin: car vne telle lecture apportera beaucoup de lumiere à l'hiftoire d'vn fi vaillant Cheualier François. Nicete (qui veut dire parmy nous autant que Victor ou Vincent) fuft de la maifon Aconiate; c'eft à dire natif de Cona ville de Frigie Prouince de l'Afie mineur. Ceftuy cy, comme nous pouuons voir au cours de fon hiftoire, eftoit d'vne grande bonté & faincteté de vie, de mœurs exemplaires, Chancelier & de grande authorité aupres des Empereurs de Conftantinople, orné (fi lon confidere le fiecle d'alors) de toute forte de bonnes lettres, & notamment des Sainctes. Il a efcrit vne ample & fort particuliere hiftoire des Empereurs de Conftantinople. Et tout ainfi qu'il prent le commencement d'icelle en l'annee de noftre falut 1118. à Caloian fils d'Alexe Comnene, en la mort duquel Zonare finit fes Annales. Außi il l'a continuee iufques à la prife de Conftantinople lors que les Seigneurs François & Venitiens s'en rendirent les maiftres. Il pourfuit encore l'Empire de Balduin Comte de Flandres, & apres la mort d'iceluy le commencement de l'Empire de Henry fon frere. En laquelle hiftoire il donne pleine cognoiffance de diuers accidents de fortune aduenus à Conftantinople, & autres Citez de ceft Empire au temps des Empereurs Comnenes & Anges durant le cours de 86. annees. Où l'on peut remarquer plufieurs reuolutions & diuins euenemens dignes de memoire, pour la diuerfité des mœurs & couftumes des Empereurs & Tyrans qui dominerent alors. Et pour le changement de l'Empire des Comnenes aux Anges, & apres la prife de Conftantinople tombee és mains des Latins, des Anges au Comte Balduin de Flandres; defcriuant les caufes des guerres, & les bons ou mauuais confeil, des Empereurs, & de ceux qui les confeilloyent auec le fuccez des chofes racomptees. Le tout auec vne merueilleufe diligence, & fur tout beaucoup de prudence, & quelque ornement de langage, felon que le pouuoit porter la condition de fon fiecle. Ce que i'ay bien voulu faire, à fin que le lecteur aye entiere cognoiffance des chofes de ce temps là de la Cité de Conftantinople fi fouuent mentiōnee par Ville-Harduin en fon hiftoire. Lequel comme eftant François, & nouueau au gouuernement de la Cité, il n'eft pas de merueille fi n'eftant bien informé il laiffe en arriere plufieurs noms de la Cité & des villes qui eftoyent fouz l'Empire de Conftantinople: Tout ainfi que des chofes appartenantes au gouuernement de l'Empire, & à la cognoiffance des villes & limites d'iceluy. C'eft pourquoy auec beaucoup de raifon, comme il me femble, i'ay adioufté icy cefte partie de l'œuure de Nicete Coniates, comme vn efclairciffement tres neceffaire à bien entendre le fufdit Ville-Harduin. Car Nicete eftoit homme d'Eftat, & tresbien informé du fuccez de toute cefte guerre, & de la perfonne mefme du fufdit Ville-Harduin duquel il fait mention au commencement de l'Empire de Balduin, comme d'vn homme de grande authorité en l'armee, l'appellant expreffemēt Protoftrator, qui reuient à ce mot de Marefchal parmy nous. Pour toutes ces raifons ie fuis affeuré que Coniate auec fes efcrits donnera grande lumiere à ceux de Ville-Harduin, & feruira comme de commentaire à fon hiftoire en cefte partie où il traicte des affaires des Grecs efclairciffant les chofes qui feront obfcures & incogneues aux lecteurs. Car il fait particuliere mention des villes & prouinces de l'Empire, & poffede tresbien les couftumes du peuple de Conftantinople, les ceremonies de l'Eglife Grecque, les loix, les ordonnances, les dignitez des Empereurs. Il traicte des Palais Royaux, & des Eglifes de toute la Cité, defcrit la fituation

A a 2

de plusieurs lieux auec le nom particulier des mõtaignes, fleuues & ports de la Thrace, & de l'autre partie de l'Asie mineur, qu'il appelle Turquie. Et rend compte auec cela des forces & puissances des Princes voisins, & de leurs haines & inimitiez auec les Empereurs de Constantinople. Et principa-lement de Ioannissa Roy de Valacesie & Bulgarie souuent mentionné dans Ville-Harduin, cõme estãt leur capital ennemy, pource que continuellement il molestoit les villes de l'Empire auec les courses des Tartares. Ces autheurs certainemẽt ont descrit ceste histoire auec beaucoup de verité: l'vn en sa langue ancienne Françoise, & l'autre en la Grecque commune, que i'ay faict traduire auec beaucoup de dili-gence en la moderne Françoise, à fin que les beaux esprits informez par vne si recommandable lectu-re n'ayent rien plus à desirer sur ce propos. Et non content de cela, i'ay bien voulu y adiouster encore les pourtraicts de l'Empereur Michaël & de Theodore sa femme, auec leurs paremens Imperiaux, apportez à Venise en l'an 1559. par l'illustrißime Marni de Caualli (grand Senateur d'icelle Republique, & ayeul de l'Illustrißime Marni de Caualli, à present resident Ambassadeur aupres du Roy, auec beaucoup de splendeur & gloire de sa patrie, & autant de satisfaction de sa Maiesté.) Alors qu'iceluy reuint de sa charge de Baile de Cõstãtinople, & de mesme suitte i'y ay adiousté le pourtraict aussi de leur fils Constantin, qui deuoit succeder à l'Empire, que les Grecs appellent Porphirogenitus, c'est à dire destiné à l'Empire, comme nous voyons en France les Dauphins estre appellez à la Corõne. Vous benins lecteurs, aurez à gré s'il vous plaist mõ labeur tel qu'il est, croyant pour certain que si en ceste sorte de lecture i'eusse peu vous representer quel-que chose de plus, ie n'eusse permis que vous y eußiez desiré rien d'auantage. De Lyon, ce treziesme de Iuin, 1 6 0 1.

***

NICETE

NICETE CONIATES,
DE LA PRINSE ET DE-
STRVCTION DE LA VILLE DE
CONSTANTINOPLE,

Sous l'Empire d'Alexius Angelus Comnenus Em-
pereur Constantinopolitin.

VSQVES icy n'a esté difficile le cours de nostre histoire, & en a esté le suiet assés doux : mais en ce qui reste, ie ne sçay bonement comme m'y comporter. Et de fait, quelle deliberation peut auoir celuy qui a à deduire les miseres & calamitez, desquelles vniuersellement la ville de Constantinople a esté affligée & vexee sous le regne & Empire de ces Anges terrestres? Ie voudrois bien, s'il estoit possible, discourir & narrer dignement de tous les maux qui y sont aduenus les plus griefs, & les plus fascheux : toutesfois puis qu'il est impossible, ie me contenteray d'y proceder sommairement, tant pource que la posterité en recueillira plus grand proffit, & vtilité, & à fin que l'on ne trouue en ceste nostre histoire vne suite de tant de miseres & malheurs, & aussi moins de douleur & fascherie.

Alexius Empereur de Constantinople eut vn frere, nommé Isaacius, auquel apres auoir creué les yeux, il osta le gouuernement de l'Empire : mais au lieu de le tenir de pres, & s'en donner garde, ne se souuenant que les torts & iniures s'impriment fort auant, & ne se peuuent aisement effacer, mesmes que la vengeance & punition ne sommeille tousiours, mais attend patiemment les changemens & mutations, & tout d'vn coup se trouue aux pieds de ceux qui auront commis quelque enormité, & sans qu'ils s'en puissent donner garde : laissa son frere viure en sa liberté pres les deux Colomnes qui sont au riuage du destroit, sans defendre à personne d'y aller le trouuer. Il estoit permis qui vouloit de s'y faire porter : mais y alloyent specialement quelques Latins, auec lesquels il communiquoit ses conseils secrets, comment il se pourroit venger de l'iniure à luy faite, & quel chemin il tiendroit pour ruiner Alexius son frere. Il en escriuit à Irene sa fille, qui estoit femme de Philippe Roy des Allemens, pour auoir à cest effect secours d'elle : de laquelle il receut response, & par mesme

Alexius creue les yeux à son frere Isaac, & s'asseure de luy.

Vengeance ne sommeille point.

Conseil d'Isaacius pour ruiner son frere Tyu.i. Philippe Sueue Roy des Allemens.

moyen aduertiſſement de ce qu'il auoit à faire. Quelques iours apres
Alexius ſon fils ſortit de priſon, & eut liberté d'aller par tout, meſme
l'Empereur le priſt auec luy en l'expedition qu'il féit contre le Protoſtra-
tor : en laquelle par l'aduis de ſon pere, apres auoir pris reſolution auec
vn certain Piſanus Capitaine d'vn grand naùire, d'abſenter ſa fuite eſpioit

Fuite d'A- l'occaſion propre de faire voile. Laquelle s'eſtant offerte, le grand na-
lexius fils uire fut porté à pleines voiles vers Aulonia de l'Helleſpont, & ſon eſquif
d'Iſaac.
Athyra. aborda à Athyra, pour prédre Alexius. Et pour mieux couurir leur entre-
priſe & n'eſtre deſcouuerts, les matelots chargerent de gros ſable leur
eſquif, comme s'ils fuſſent là venus expres pour prendre contrepoids
leur grand vaiſſeau, qui eſtoit vuide. Alexius eſtant parti de Damocra-
Damocra- nia, & venu audit lieu, monta ſur l'eſquif, & de là fut mené au grand
nia. vaiſſeau. Ceſte departie eſtant deſcouuerte & venue aux oreilles de l'Em-
pereur Alexius, enuoya gens expres pour ſuiure ledict nauire ; mais il ne
leur fut poſſible de ſe ſaiſir de la perſonne d'Alexius le ieune, ny de le
trouüer. Il auoit fait tondre ſes cheueux en rond, & s'eſtoit habillé à la
mode des Latins, s'eſcoulant aiſement par ce moyen parmi la multitude,
ſans qu'ils le peuſſent recognoiſtre. Arriué qu'il fut en Sicile, on en aduer-
Deliberatiõ tiſt ſa ſœur Irene ; laquelle luy enuoya au deuant bône garde. Et apres luy
d'Alexius auoir fait la biévenue, & l'auoir embraſſé, & mené vers Philippe ſon mari,
le ieune a-
uec ſa ſœur le ſupplia employer toutes ſes forces & moyens pour venger le tort & in-
Irene, pour iure fait à ſon pere, que l'Empereur Alexius auoit priué de la lumiere & de
ruiner A- ſon Empire, de ſecourir ſon frere qui eſtoit banni & hors de ſon païs, &
lexius leur
oncle. qui n'auoit aucune aſſeuree demeurance, ains comme les eſtoilles erran-
tes alloit çà & là : & qui plus eſtoit, ne portoit rien auec ſoy que ſon corps.
Mais outre ces choſes cy deſſus deduites, il y en a encores d'autres qui ſont
Cauſe de la à remarquer, & leſquelles il ne me faut point oublier. Car outre ce que les
ruine des freres Angeliques ſe conduiſoyent mal au gouuernement de leur Empi-
freres An-
geliques. re, ainſi que nous auons remonſtré, ils eſtoyent auſſi entachez d'vne mau-
dite auarice, qui faiſoit qu'ils ne ſe ſoucioyent d'acquerir biens & richeſ-
ſes par moyens licites, & ſi ne conſeruoyent ce qu'ils auoyét acquis, mais
le perdoyent & diſſipoyent miſerablemement, non tant à l'entretenemét
d'vne grande ſuite & ſuperflue, ou ſomptuoſité d'habillemens, qu'en pu-
tains & dons immenſes qu'ils faiſoyent à perſonnes, deſquelles le public
Les daces ne receuoit aucun proffit. Pour à quoy ſuppleer ils inuentoyent iournel-
nouuelles& lement nouuelles daces & impoſts, deſquelles enſéble des tributs eſtoient
impoſts cau
ſes de la rui non ſeulement les villes de l'Empire Conſtantinopolitain, & les prouin-
ne des Prin- ces deſtruites & ruinees, mais auſſi les Latins. Et de fait rompant les paſ-
ces. dies & conuentions accordees auec les Venitiens, bien ſouuent les mo-
leſtoyent en argent, & leuoyent tribut ſur leurs nauires. Et quoy ? ne ban-
derent ils tellement les Piſains contre eux, que tantoſt on les voyoit s'at-
taquer au dedans de la ville, maintenant en pleine mer, la victoire tantoſt
demeurant aux vns, tantoſt aux autres ? Qui eſtoit cauſe qu'ils ſe pourſui-

uoyent

uoyent & pilloyent les vns les autres. Et dauantage, les Venitiens reme-
morans l'alliance ancienne qu'ils auoyent auec les Conſtantinopolitains,
& que l'honneur & credit auquel ils pouuoyĕt eſtre en leur endroit, auoit
eſté du tout remis aux Piſains, monſtroyent en eſtre indignez, & cher-
cheoyent les occaſions de nous nuire, & effectuer leurs deſſeins : meſmes
depuis qu'Alexius l'Empereur pouſſé d'auarice, faillit au payement de
deux cens mines d'or qui eſtoyent reſtans de la ſomme de quinze cente-
niers (c'eſt à dire mil cinq cens eſcus d'or) laquelle l'Empereur Manuel a-
pres la confiſcation qu'il auoit faite des biens des Venitiens, leur auoit
promis payer. Et à ce meſcontentement & indignation, les ſtimuloit en-
cor d'auantage H E N R I D A N D V L V S leur Duc, qui combien qu'il fuſt
aueugle & fort vieux, ſi eſt-ce que pour eſtre ennemy iuré des Grecs, &
chercher tous moyens de les endommager, y donnoit grande occaſion:
meſmes à cauſe de ſa grande fineſſe & preſumption, qui faiſoit que ſe
diſant le plus prudent des prudens, il ſurpaſſoit vn chacun en cupidité de
gloire. Il ne s'eſtimoit digne de viure, s'il ne ſe vangeoit des torts & iniu-
res que les Conſtantinopolitains auoyent fait à ſa nation: meſmes ſe ſou-
uenant combien de miſeres & calamitez ſes citoyens auoyent ſouffert
ſous l'Empire des freres Angeliques, & de leurs deuanciers Andronique
& Manuel Empereurs. Mais cognoiſſant que tout le mal retomberoit ſur
luy, ſi luy ſeul auec ſes citoyens entreprenoit quelque choſe contre les
Grecs, ſe delibera de prendre l'ayde & ſecours de quelques autres, & ſe
deſcouurir à ceux qu'il cognoiſſoit eſtre ennemis mortels des Grecs, & qui
eſtoyent marris de leur felicité & grandeur. Et comme il eſtoit en ceſte
deliberation, ſe rencontrerent quelques Barons qui eſtoyent là venus
pour aller recouurer la terre ſaincte en Paleſtine, auec leſquels ayant cō-
muniqué ſes affaires, feit ligue contre les Grecs. Entre leſquels eſtoyent
Boniface Marquis de Montferrat, Baudoin Comte de Flandres, Henry
ſon frere, Hugues Comte de Saint Paul, Loys Comte de Bloys, & pluſieurs
autres braues gend'armes, qui eſtoyent de ſtature auſſi hauts que leurs
lances. Suiuant ceſte entrepriſe par l'eſpace de trois ans les Venitiens ne
feirent que baſtir vaiſſeaux. Tellemĕt que de nauires à voile & pour por-
ter cheuaux, ils en feirent à Veniſe iuſques au nombre de cent & dix ; De
galeres ſoixante ; de galeres rondes, ſeptante ; deſquelles l'vne pour eſtre
d'vne merueilleuſe grandeur & hauteur, fut appellée par eux le Monde.
Dans ces nauires monterent mil cheuaux bandez, & trente mil ſoldats ar-
mez de pluſieurs, & diuerſes ſortes d'armes, entre leſquels toutesfois il y
auoit pluſieurs Zagrotoxotes. L'armee eſtant preſte de partir, & la flotte à
faire voile, vn autre mal ſur ceſtuy-cy ſuruint aux Conſtantinopolitains.
Car Alexius fils d'Iſaacius Angelus aduerti par les lettres d'Innocent troi-
ſieſme de ce nom, Pontife de la ville de Rome, & de Philippe Roy des Al-
lemãs, qui ſe diſoyent grandement redeuables à ceſte nouuelle armée
de mer, ſi par ſon moyen ce ieune ſeigneur pouuoit recouurer ſon Empi-
re, toſt

re, toſt apres vint trouuer l'armee, & fut bien receu comme eſtant perſonne qui pouuoit donner couleur à ce brigandage entreprins par eux contre les Grecs, & l'auancer, meſmes auſſi à aſſouuir leur inſatiable auarice de grandes ſommes de deniers. Ce ieune Seigneur donc, ieune & d'aage & de ſens, eſtant receu par les chefs de ceſte armee, qui eſtoyét fins & ruſez, leur promit & iura mons & vaux, & de donner ce qui luy eſtoit impoſſible d'executer. Car non ſeulement il leur promit grandes ſommes de deniers, mais auſſi ſecours de ſoldats Grecs, & de cinquante galeres pour aller contre les Sarraſins, & qui plus eſt, & plus indecent & abſurde, abiurát la religion ancienne des Grecs, d'embraſſer la meſchante religion des Latins, & de changer & innouer les priuileges du Pape. L'armée ayant cinglé, tira vers la ville Iadara, laquelle par le commandement de Dandulus Duc de Veniſe, fut aſſiegee, pour auoir les citoyens d'icelle (comme il diſoit) rompu autresfois l'accord que les Venitiens auoyent fait auec eux. Alexius Empereur Conſtátinopolitain, ià dés long temps aduerti de ceſte leuée & rebellion des Latins, ne s'en eſtoit aucunement eſmeu, & auſſi n'auoit rien appareillé, ni particulierement pour ſa defence, ni pour la tuitió du bien public. Car l'extreme nonchalance, & le peu de courage ne ſont moins nuiſibles & dommageables, quand il eſt queſtion de faire quelque choſe, que la folie & peu de ſens. Les Eunuques qui eſtoyent gardiens des montaignes remplies de bois, qui ſont baillés aux Empereurs pour s'exercer à la chaſſe, ne permettoyent qu'on y touchaſt non plus qu'à des bois ſacrez, & menaçoyent de mort ceux qui y viendroyent pour coupper du bois à la confection des nauires : & meſmes Michel Stryplinus, qui eſtoit Amiral, & auoit à femme la ſœur de l'Imperatrice, Eufroſine auoit ſi bonne couſtume d'eſchanger à de l'or les clous & ancres des nauires, & meſmes les voiles & cordages, qu'il n'eſtoit demeuré vne ſeule nauire longue dans l'arſenac des Conſtantinopolitains. D'autre coſté, tant s'en faut que l'Empereur chaſtiaſt les meſchans, & la canaille de ſon peuple, qu'au contraire c'eſtoit ceux que plus il fauoriſoit. Et pour ce qu'il ſe plaiſoit fort à ne bouger de ſó palais: maintenát il faiſoit applanir les colines, ores répliſſoit les valees, & en faiſoit des lieux pleins : maintenant apres ſouper par maniere de paſſetemps ſe moquoit de l'armee & entrepriſe des Latins, & cóme ſi c'euſt eſté fable en meſpriſoit les dangers, que pluſieurs ſentoyét deſia, & auoyent quaſi deuant leurs yeux. Toutesfois apres qu'il euſt eſté aduerti par gens dignes de foy, que les Latins auoyent pris par compoſition la ville de Iadara, qu'ils auoyent abordé la ville d'Epidamnus, & que le ieune. Alexius auoit eſté proclamé Empereur par les Epidamiens, ſuiuant ce que l'on dit communément du pecheur qui ſe ſent frappé, il commença à aduiſer à ſoy, & accouſtrer & calfutrer quelque vingtaine deſquifs deſia tous pourris & troüez de vers : & viſitant les murailles de la ville, commanda d'abattre quelques maiſons qui leur eſtoyét par dehors prochaines. L'armee eſtant partie d'Epidamus & arriuee à Corcyra, feit voile

En ce lieu l'autheur il parle cõme les Grecs qui ne tiennent la religion Catholique Romaine.
Iadara en Sclauonie, aſſiegee.
Alexius meſpriſe ſon ennemi, & ſe rend nonchalant. Nonchalãce nuit grãdement.
Michel ſtryplinus Amiral.
Epidamus, auiourd'hui Durace.
Corcyra au iourd'huy Corfou.

voile vers la coſte de Conſtantinople: (Car les Occidentaux ſçauoyent *auiour-*
deſia dés long temps que l'Empire Conſtantinopolitain eſtoit tout conſit *d'huy, Cor-*
& enſeueli en yurongnerie, & que Conſtantinople n'eſtoit autre choſe, *fou.*
que ceſte Sybaris tant celebree pour ſes delices)& ayans le temps bon(car
ils eurent le vent fort doux & en poupe) & ſaiſi la ville quaſi au deſpour- *Calchedoi-*
ueu de tous,eſtás abordez en Calchedoine,les nauires ſoit à force de bras, *ne.*
ſoit ſous la faueur du vent, deſcendirent en vn lieu qui regarde l'Orient,
nommé Peræa,non loing des deux Colomnes, & à vn traiçt d'arc du port *Peræa au-*
ſe teindrent à l'ancre:mais les Brigantins vindrent iuſques au lieu nommé *ioura'huy*
Scutarium.Les Conſtantinopolitains prindrent les lieux hauts, & ſe iectás *Pera.*
ſur le bord de la mer,leur iecterent force fleches:mais penſans d'icelles at- *Scutarium.*
reindre leurs nauires, bien ſouuent demeuroyent à mi-chemin, & tom- *Conſtanti-*
boyent en la mer. D'iceux auſſi y en auoit vne troupe qui eſtoit en garde *nople aſſie-*
vers Damatrys pour empeſcher les courſes des gens de cheual : mais elle *gee,1203.*
ne feit aucune faction. Car tant s'en faut que ceux qui y eſtoyent s'apro- *Damatrys,*
chaſſent de l'ennemi pour l'attaquer, que les vns deux en fuyant furent *lieu aupres*
tuez, les autres ſe trouuerent ſi fort preſſez qu'à grand peine peurent ils ſe *de Conſtan-*
ſauuer,les autres prindrent la fuite,& principalement les chefs,qui eſtoiét *tinople.*
plus timides que cerfs. Et comment euſſent ils oſé ſubſiſter deuant ceux
qu'ils appelloyent Anges rauiſſans ames, & ſtatues d'airain, & au regard
deſquels preſque ils defailloyent?Peu de iours apres, & que les Latins euſ-
ſent veu que aucun ne ſe preſentoit au riuage pour leur dóner empeſche-
ment,ils ſe ioignirent plus pres,& eſtant la cheualerie deſcendue en terre,
s'eſloigna quelque peu de la mer,& la flotte ſe retira au goulfe.Mais com- *Conſtanti-*
me les Latins ſe fuſſent mis & par mer & par terre à aſſieger la fortereſſe, *nople aſſie-*
vers laquelle les Grecs tendent vne bien groſſe chaiſne quand ils craignét *gee par mer*
quelque deſcente de nauires ennemies : vous euſſiez veu les vns apres *& par ter-*
quelque peu de reſiſtance,s'eſfuir:les autres eſtre tuez, ou pris priſonniers: *re.*
les autres ſe iecter par la chaiſne dans noz galeres qui eſtoyét là : les autres *Chaiſne.*
pour auoir failli la chaiſne,ſe precipiter en la mer. La chaiſne eſtant rom-
pue,la flotte ennemie entrà: & de noz galeres les vnes furent ſubitement
priſes:les autres abordees à la ville,apres auoir eſté denuees de leurs mari-
niers & combatans furent briſees & rompues. Le deſaſtre & malheur fut
tel & ſi diuers,qu'il ſeroit bien difficile à l'eſprit de l'homme de le ſpecifier
par le menu,Cecy fut au mois de Iuillet l'an ſix mil ſept cens onze. Les La- *1203. mois*
tins apres auoir repris haleine, & s'eſtre arreſtez audit lieu autant & non *de Iuillet.*
plus qu'il leur eſtoit beſoing,pour ſe reſoudre,& veoir ce qu'il faloit faire,
s'auancerent les vns auec les nauires,& la Cheualerie auec l'infanterie s'a-
chemina vers Coſmidium , ne trouuans que bien peu de reſiſtance des *Coſmidium*
Conſtantinopolitains,vers le pont,& lieu qui s'appelle Pierretrouee,telle- *eſtoit l'Ab-*
ment que toute la flotte de nauires,& de Brigátins y aborda.Le Duc poſa *baye de S.*
là ſon camp,& le circuit de foſſez & répars du coſté de la Coline,laquelle *Coſme, &*
a ſa veuë ſur la partie du palais Blachernia,qui regarde l'occident.Au pied *Damien.*
Blacherniũ
Palais des

B

Empereurs Constantinopolitains.

d'icelle se descouure vn certain portail & entree qui du costé du midy s'e-
stéd iusques au mur que l'Empereur Manuel auoit fait bastir pour la for-
tification du chasteau, & du costé du Septentrion, vers la mer. De la ville
donc se voioyent les tentes du camp, & pouuoyent les soldats de la ville

Gyrolimna.

quasi parlementer auec ceux qui estoyent au tour de Gyrolimna : & n'y
auoit entre ceux-cy & nous aucun rempart ni defensif, ains seulement les
murailles de la ville. Au reste l'Empereur Alexius Tyran, qui long temps
auparauant s'estoit resolu de prendre la fuite, & n'auoit autre intention,
ne se bougea iamais, ni se meit en deuoir d'aller au deuant de l'ennemy:
mais se voulant rendre spectateur de ceste entreprise, monta au dessus du
palais qui porte le nom de la Roine des Alemans. Quant à ceux de sa mai-
son & parens, ils sortoyent tantost l'vn, tantost l'autre auec telle quelle
troupe de cheuallerie, qu'ils pouuoyent auoir, & petit nombre d'infante-
rie, seulement pour faire entendre à l'ennemy, que la ville n'estoit desnuée
de gens : tellement que bien souuent pour se donner à cognoistre, s'atta-

Escarmouches des Latins & Cōstantinopolitins.

quoyent quelques escarmouches d'vne part & d'autre entre les gens de
pied & de cheual: esquelles les nostres se monstroyent quelquesfois vail-
lans & gens de bon cœur, & lors principalement que Theodore Lascaris

Theodore Lascaris, gendre de l'Empereur Alexius Tyran.

gendre de l'Empereur Alexius Tyran conduisoit les troupes. Car luy qui
auoit accoustumé d'aller bien & courageusement à la guerre, donnoit à
entendre aux Latins, qu'entre les Grecs il s'en trouuoit encor de magna-
nimes & vaillans. Quelques troupes aussi de nostre infanterie, estans en-
trées dans ceste entree & clos, dont nous auons parlé cy dessus, attaquoyét
l'escarmouche à l'ennemy. Les palais estoyent demolis par les mangon-
neaux, & machines iettans pierres : & de quelques endroits dés murailles
se iettoyent auec Perrieres, & mangonneaux de grands quartiers de pier-

1202. 17. de Iuilliet.

re qui intimidoyent les ennemis. Le dixseptiesme de Iuillet venu, les en-
nemis se resolurent de dresser vn assaut plus furieux à la ville, & par mer, &
par terre; à fin de paruenir à leur but, ou s'ils ne pouuoyét, pour tirer quel-
que composition & accord. Ce qui se sceut asses par le bruit commun qui
en couroit. Les vns donc apres auoir couuert de cuir de beuf leurs nauires,
pour resister à l'iniure du feu, & dressé quelques eschelles de corde vers

Petrium, lieu de la muraille de Constantinople.

leurs antennes, lesquelles moyennant certaines cordes attachées aux mas,
maintenant s'esleuoyent, ores s'abaissoyent, se tindrent vis à vis du Pe-
trium: les autres apres auoir approché les mangonneaux, de la muraille, &
mis à l'entour des Zagrotoxotes, comme par vne commune resolution
vindrent tous à l'assaut : & la fut le conflit rude & furieux. Car les Latins
qui conduisoyent les mangonneaux ayans abbatu la muraille qui regar-
de du costé de la mer, & s'appelle l'eschelle de l'Empereur, se ietterent de

Pisains auxiliares des Grecs.

furie au dedans: toutesfois furent viuement repoussez par les Pisains auxi-
liaires, & les Barbares qui estoyent armez de haches, & furent plusieurs
d'iceux naurez. Les autres qui estoyent dans les nauires vers le Petrium,
s'estans approchez des murailles, & des eschelles iecté en terre par les es-

quils

quifs les ancres des nauires, attaquerent les Grecs qui eſtoyent aux tours,
leſquels aiſement ils mirent en fuite; d'autant qu'ils combatoient d'éhaut,
& comme eſtans ſur leurs teſtes lanceoyent leurs fleches : pource que les
eſchelles des nauires eſleuees en haut ſurpaſſoyent de beaucoup les mu-
railles. S'eſtans donc faits maiſtres deſdites murailles, & s'eſpandirent ça *Premier feu de Con-*
& là, & bruſlerent toutes les maiſons qui eſtoyent là aupres. Il aduint ceſte *ſtantinople,*
iournée là vn piteux & miſerable ſpectacle, & ſi deplorable, que pour di- *& le ſac d'i-*
gnement le plorer, il faudroit autant de larmes ou plus qu'il en euſt falu *celle.*
pour l'eſtaindre. Car tout le quartier de la ville qui tient depuis la coline
Blachernium iuſques au monaſtere Euergetes, fut bruſlé, de telle façõ que *Coline Bla-*
l'impetuoſité de la flamme paſſa outre le lieu nommé Deuteron. L'Empe- *chernium.*
reur Alexius voyant ce miſerable ſpectacle, & compaſſionné de la deſtreſ- *Euergetes*
ſe de ſon pauure peuple, à toute force prind ſes armes : mais ce fut princi- *Monaſtere.*
palement pour auoir eſté eſmeu de l'indignatiõ de quelques vns, qui pour *Deuteron*
ceſte occaſion meſdiſoyent de luy & le blaſmoyent : diſans que ſa pareſſe *lieu.*
& nonchalance auoit accreu le cœur & le courage aux ennemis, & qu'il
ne donnoit aucun ſecours ni ordre à l'affliction & miſere de la ville: ce qui
n'eſtoit iuſques icy encor aduenu : comme s'il n'y euſt au dedans d'icelle
aucuns combatans, & n'eſtoit plus expedient de preuenir l'ennemy, que
de ſe laiſſer preuenir, & comme ſi c'euſt eſté vn corps affligé d'vne griefue
maladie, & refuſant toute gueriſon. Eſtant donc ſorti de ſon palais, vne
bonne troupe de cheualerie l'accompagna, & ſe leua dans la ville vn aſſés
bon nombre de ieuneſſe, & tel, que les ennemis qui eſtoyent en terre le
voyant, en furent effraiez. Et euſſent les affaires pris aſſés bonne iſſue ſi
l'Empereur eut voulu combattre, ou en donner la charge à Laſcaris ſon
gendre, qui auoit fort bonne enuie de ſe ruer ſur les Latins : mais eſtant
toute ſon intention de fuir, & eſtans ſes gens intimidés, ne ſe peut reſou-
dre: ſi bien que ſe contentant d'auoir dreſſé ſon armee, & fait ceſte belle
leuee de bouclier, par le moyen dequoy il s'eſtoit remis en la bóne grace
de ſes citoyens, cuidás que c'eſtoit pour aller au combat contre l'ennemy,
s'en retourna auec vne grande honte & deshonneur, ayãt meſme par cecy
enuenimé dauantage les Latins, qui donnerent ſur la queüe du camp, &
lancerent ſur les Conſtantinopolitains force dards. Retourné qu'il fut au *Fuite de*
palais, ſe reſolut de prendre la fuite, comme s'il ſe fuſt à ſon eſcient eſtudié *Alexius.*
à la ruine & deſtruction de la ville, qui y inclinoit deſia, & auant ſon téps, *Tyran*
& euſt voulu haſter ſa ruine qui ne luy eſtoit encor prochaine. Ayant
doncques deſcouuert ſon entreprinſe à quelques femmes & ſiens parens,
& à ſa fille Irene, & mis dans vn nauire dix centeniers d'or, auec l'habit *Irene fille*
Imperial, qui eſtoit orné de precieuſes perles, & pierres fort exquiſes, ſur *de l'Empe-*
la premiere vigile de la nuict, prind ſon chemin vers Deueltum, là où il *reur Ale-*
auoit fait appreſter ſa venue. O l'homme craintif, & timide, qui oubliant *xius.*
toute dilection à l'édroit de ſes enfans, & l'amour qu'il deuoit à ſa femme, *C'eſt à dire*
& ſans auoir compaſſion de la miſere d'vne telle ville, par vne ie ne ſçay *mille eſcus.*
Deueltum.

quelle enuie de viure, aima mieux en ceste façon hazarder sa vie, que de
demeurer seigneur & maistre de tant de villes & prouinces, & au milieu
de sa famille. Il regna huict ans, trois mois, & dix iours. Es affaires de guer-
re, il s'est comporté comme nous auons monstré cy dessus: quant aux af-
faires d'estat & police, il y estoit peu entendu, & mesmes en icelles fort
negligent: en autres choses il n'estoit à mespriser. Car il estoit entre tous
doux & bening, donnoit libre accés à vn chacun, & ne se rendoit intraita-
ble ni rigoreux à ceux qui s'addressoyent à luy: il estoit permis indifferem-
ment à vn chacun de l'aller trouuer, & luy faire requestes, & mesmes bien
souuent de luy repliquer en voix intelligible; chassoit d'alentour de soy
tous mesdisans & flateurs. Mais ayant vn remords en sa conscience du
tort qu'il auoit fait à son frere, Isaacius, il craignoit la mort, & redoutoit la
vengeance diuine, qui a tousiours accoustumé de veiller sur les hommes.
Il estoit donc tourmenté en son esprit, & estant dolent de ce tort, viuoit
perpetuellement en crainte & solicitude. Et dauantage, si c'est chose gran-
de & difficile aux Rois, & grands, de ne secoüer les espics eminens, & ne
sauter brutalement dessus ceux desquels ils se sentiront offencez, Alexius
l'Empereur en doit remporter loüange. Car il ne faisoit arracher les yeux
à personne, ny les mutiloit de leurs membres, & si ne se plaisoit en massa-
cres: & ne s'est trouuée matrone durant son regne, qui ait porté le
deuil pour le meurtre de son mary; ny aucun qui ayant
receu iniures ou tort de luy aye perdu ses
biens & facultez.

*
*　*

RESTA

RESTABLISSEMENT
DE L'EMPIRE D'ISAACIVS
ANGELVS, ET DE SON FILS
ALEXIVS LE IEVNE.

AINSI donques s'enfuit Alexius l'Empereur Tyran vers Dueltum, estant de nulli chassé. Au reste la femme n'est seulement de soy chose griefue & fascheuse, & ne proufite point tant le lien de mariage, qu'il nuit, comme a voulu dire vn des anciens se complaignant de la destruction d'vn royaume aduenue par le moyen d'vne femme, mais aussi l'homme mol & effeminé, est chose dangereuse & pernicieuse; auquel ceux qui sont suiets ne peuuent estre à leur aise, ains continuellement en peril & malheur. Ce qui est aduenu aux Constantinopolitains pour estre tombez sous le gouuernement de certains Empereurs lasches, mols & effeminez, qui fuyans la peine & trauail, n'estimoyent qu'il s'y falust en aucune façon que ce soit assuietir. Alexius ayant poursuyui son chemin, & estant arriué au lieu où il auoit deliberé, le peuple aduerti de son depart, s'assembla au palais, & en feit de grandes plaintes, si bien qu'ils en eurent tous l'esprit fort troublé, pour les dangers qu'ils voyoient deuant leurs yeux s'appareiller; estimans qu'aussi tost que les Latins seroyent aduertis de cecy, pour estre proches, & n'auoir personne qui leur feist resistance, se ietteroyent de furie dans la ville. Et partant sans s'amuser aux alliez & familiers d'Alexius, ni à Euphrosyna l'imperatrice, & d'iceux n'en faisans conte non plus que de traistres, ne les appellerent au gouuernement: ayans esgard au grandissime danger auquel les affaires inclinoyent, ietterent leurs yeux sur Isaacius frere d'Alexius (tout ainsi que ceux qui sont en extreme peril sur la mer sur leur ancre sacree & derniere) lequel estoit detenu prisonnier és lieux plus retirez du palais. Constantin donc l'eunuque, qui estoit thresorier, ayant assemblé les porte-haches, & iceux gaigné par bonnes paroles; & la faction, qui auoit desia autresfois souhaitté qu'Isaacius fust remis en l'Empire, s'estant esleuee l'Imperatrice Euphrosyna, ensemble ses alliez furent empoignez: & Isaacius esleu Empereur: & mené par la main pour cause de son aueuglement, & à cause que tout le maniement de l'Empire luy estoit remis, assis au throsne Imperial: lequel par apres enuoya ambassadeurs à son fils Alexius

Le Prince mol & effeminé est chose dangereuse & pernicieuse.

Trouble des Constantinopolitains, à cause du depart d'Alexius.

Isaacius est derechef coroné Empereur.

B 3

le ieune, & aux chefs de l'armee Latine, pour les aduertir du departement

Rudesse des Latins à l'encontre d'Isaacius. secret & fuitte de son frere Alexius. Mais les Latins toutesfois aduertis de ceste nouuelle n'intermirent de faire tout l'acte d'hostilité contre la ville, qu'ils s'estoyent resolus de faire : & si ne voulurent enuoyer Alexius vers son pere, quelque instance qu'il en feist, que premierement Isaacius ne leur eust ratifié, & accordé ce que son fils leur auoit promis & iuré. Les cōditions estoyent telles, ainsi qu'il a esté remonstré cy-dessus, & si fort à l'honneur & aduantage des Latins que rien plus. Car Alexius le ieune qui n'estoit rusé ny entendu aux affaires, n'ayant autre but, ni intention que de remettre son pere en son Empire, pour à iceluy paruenir, ne s'amusa aucunement à l'importance des conuentions par luy accordees, ny à pen-

L'entree d'Alexius le ieune à Constantinople. ser quelle inimitié portoyent les Latins aux Grecs. Ayant donc Alexius sous vn tel mespris de la majesté imperialle, marchandé son entree à la ville, s'assit aupres de son pere, & fut receu au gouuernement de l'Empire auec luy: & vint au palais toute la foule du peuple, pour veoir le pere & le fils ensemble, & leur rendre foy & hommage. Quelques iours apres vin-

Lettres des chefs des Latins a Constantinople, & comme ils y furēt receus. drent aussi au palais les chefs des Latins, & autres gens de qualité d'entre eux: & apres qu'on eust apporté quelques sieges s'asseirent aupres des Empereurs: lesquels furent grandemēt louez & remerciez de leur entreprise, appellez bien-facteurs & conseruateurs, & d'autres tiltres d'honneur decorez: qu'ayans osté l'Empire à Alexius l'ambitieux, que tant il auoit souhaitté, & de luy s'estans vangé, ils auoyent donné secours aux miserables & affligez: & d'auantage on leur fit toutes les caresses qu'il fut possible, & n'oublia on rien à les magnifiquement & somptueusement les traitter & festoyer. Car Isaacius non cōtent de leur auoir relasché tout le thresor qui pouuoit estre caché au palais, de sa part aussi leur donna ce qu'il auoit peu acquerir par la prise de l'Imperatrice Euphrosyna, & de ses alliez & parés. Or n'estant tout cecy assez pour assouuir l'insatiable auarice de ceste nation, ny pour les contenter, eux qui sont les plus auaritieux & rapineux de la terre, & ne les remplissant non plus qu'vne petite goutte eust fait; eux, di-ie, ausquel's les vndes de la mer Tyrrenique ne pourroyent mesmes

L'auarice insatiable des Latins. suffire: encor souillerent ils leurs mains és choses saintes: qui fut la seule cause, selon mon iugement, de la ruine & subuersion de l'Empire. Car ne se trouuant plus d'argent, se ietterent sur le thresor des Eglises. Non seule-

Les choses sainctes exposees à la rapine des Latins. ment on arracha & coupa les images de Christ, & les iecta on à terre sans reuerence aucune, & apres les auoir despouillees de leur ornement, on les mit au feu: mais aussi sans nulle crainte, on prind les sacrez vases és Eglises, & les ayās fondus & reduits en lingots, on les bailla aux ennemis, comme autre or ou argent. L'Empereur oncques ne s'esmeut de ce mal-heureux & damnable sacrilege, & ne se trouua lors personne qui osast librement prendre en main la cause de la Religion: tellement qu'à cause de ce silence ou stupidité plustost, nous demeurasmes tous estourdis. Comme coulpables donc d'auoir violé la Religion, il ne se faut esbahir si nous auōs souf-

fert

fert & veu deuant noz yeux tels & fi grands maux & malheurs, qu'il feroit
bien difficile d'en dire de femblables. Car la populace (qui felon fon natu-
rel & couftume n'enfuit iamais le bon confeil, & n'obeir à qui bien luy
confeille) defia lors que les ennemis fe ietterent fur les prouinces de l'Em-
pire Conftantinopolitain au defpourueu de tous defmolit & mit en pou-
dre les maifons des peuples Occidentaux, qui eftoyent pres de la mer, fás
faire diftinction des amis auec les ennemis. Cefte façon de faire fut trou-
uee mauuaife & eftrange tant aux citoyens Conftantinopolitains, qu'aux
Pifains qui eftoyent là demeurans. Alexius l'Empereur Tyran auparauant
que partir s'eftoit efforcé d'entretenir ces pauures gens en bonne efperá-
ce, & de les appaifer le mieux qu'il pouuoit : mais comme il s'en fut fuy,
Ifaacius ayant recouuert le gouuernement de l'Empire Conftantinopoli-
tain, praticqua à noftre grand dommage, & fans aduifer ce qui en pou-
uoit aduenir, de reconcilier les Pifains auec les Venitiens. Eux donc s'en
allerent vers Peræa, où eftoyent logez les ennemis, & logerent & banque-
terent auec eux, & fi iurerent enfemble & contracterent amitié : qui fut le
19. d'Aouft 1203. indiction fixiefme, de l'an fix mil fept cens vnze. Quel- L'an 6711.
ques vns mefmes des François, qui anciennement s'appelloyét Flamens, à la Grec-
ayans prins auec eux vne troupe de Pifains & Venitiens, s'en allerét pour que, eftoit
piller les biens & facultez des Sarrazins, comme fi c'euft efté proye qui les 1203 à la
attendift. Cefte inouyé troupe de gens eftant arriuee à la ville (car ils ne Latine.
trouuerent perfonne qui les empefchaffent d'aller & venir) entrerent de
force en la Synagogue des Sarrazins, laquelle vulgairemét en leur lan- Synagogue
gue, ils appellent Mitatum, & y pillerent tout ce qu'ils rencontrerent. Les des Sarra-
Sarrazins fe voyans ainfi furpris, & animez du tort qui leur auoit efté fait, zins pillee,
fe mirent en deffenfe, & prindrent les armes: auffi firent les Grecs, lefquels ou pluftoft
ayans entendu le bruit, accoururent à leur fecours. Mais ils ne peurét tant des Iuifs.
auancer comme il falloit, ne s'eftant la troupe fufdite gueres loin retiree:
laquelle fans s'amufer à fe deffendre, n'eftant le premier feu encor efteint,
fe mirent à en allumer vn autre, ayans aprins par experience, que le meil-
leur expedient & le plus bref de fe vanger de la ville, & de la ruiner, eftoit
les bruflemens qu'on y feroit. Dóncques ils mirent le feu en diuers en- Deuxief-
droits de la ville, lequel s'eftant enflammé, & plus qu'on ne penfoit, toute me brufle-
cefte nuict là, le lendemain, & le iour encor apres, iufques fur le foir, em- ment de la
brafa & occupa tout ce quartier là. Ce fpectacle fut fi hideux, qu'il feroit ville de Cõ-
impoffible de l'expliquer : Car combien que la ville aye autrefois bien ftantinople.
fouuent efté affligee du feu, ce dommage neantmoins fut tel, que les au-
tres n'eftoyent eftimez rien en comparaifon. Quelquesfois ce feu eftant
efpars & diuifé, derechef fe ramaffoit, prenant forme du cours d'vn fleu-
ue de feu. Les beaux portiques tomboyent & eftoyent ruynez, les magni-
fiques lieux où fe tenoyent les marchez, les belles colónes euanouiffoyent
à fon ardeur, tout ainfi que farments: & rien n'y auoit qui peuft efchapper
la vehemence de ce feu. Vous euffiez veu quelquesfois des boutees de

feu

feu miraculeufement trauerfer plufieurs maifons, & en aller enuahir d'au-
tres diftantes loin de là , & les brufler fans toucher à celles qui eftoyent
entre deux : lefquelles toutesfois par apres s'en reffentoyent : & ayant le
vent Septentrional en quelques endroits pouffé le feu, bien fouuent on le
voyoit rabbatu par le vent de Midy , & obliquement chaffé fur certains
lieux, qu'on euft eftimé deuoir eftre hors de danger.   La grand Eglife de
faincte Sophie ne peut eftre exempte de ce malheur : bref il ne demeura
rien en tous les quartiers qui tirent vers l'arc de Milius , & font adiacens
és lieux nommez Macron, & Synodi, qui ne fuft entierement ruiné & de-
moli : ny feruans de rien les baftimens de brique , ny autres qui auoyent
bons & affeurez fondemens : d'autant que toutes les maifons & beaux
palais qui y eftoyent, furent confommez du feu, tout ainfi que fi c'euffent
efté meches. Le feu commença de la Synagogue des Sarrazins , laquelle
regarde fur la mer, & eft en la partie Septentrionale de la ville , touchant
au refte le Temple de fainct Irenee vers l'Orient & embrafa tout le cofté

qui s'eftend iufques à la grád Eglife de faincte Sophie, vers l'Occident : il
endómagea tout l'autre quartier iufques à Perama, & de là s'efpandit par
toute laville : voire mefme par vne façon eftráge paffant par deffus icelle,
s'en alla brufler quelques maifons aux fauxbourgs , & miraculeufement
vn nauire qui nauigeoit, quelques charbons eftans tombez dans iceluy.
Le lieu d'où le feigneur oroit, fut reduit en cendre, & les toits doubles qui
auoyent deux chemins, qui commençoyent depuis Milium, defquels l'vn
s'eftend vers Philadelphium, & le marché de Conftantin, & generalemét
toute la cofte du Septentrion , & du Midy : mefmes l'Hippicon fut en-
dommagé, & le cartier d'iceluy qui regarde le couchant fut entierement
bruflé : & ce qui s'eftend vers les lieux nommez Sophias & Bucanon; bref
ce qui eft voifin d'Eleutherium. Eftant la ville ainfi en feu depuis vn cofté
de la mer iufques à l'autre, & ayant le feu fait vn fi horrible degaft, que ce
eftoit comme reduit en vn abyfme, par où paffoit vne riuiere de feu , il
eftoit difficile aux amis de fe vifiter l'vn l'autre, & encores ne fe pouuoit il
faire fans aller par eau : qui fut caufe que plufieurs des habitans de la ville
perdirent beaucoup. Car ayans efté les vns furpris entierement par le feu,
les autres tranfporté quelque peu de leurs biens cuidans les fauuer , enua-
his neantmoins par le feu, qui faifoit par la ville plufieurs tours & retours,
perdirent tout, ainfi que les autres. Helas , que de fuperbes & fomptueux
edifices perirent, lefquels eftoyent remplis de toute beauté & richeffe , &
renommez par tout. L'Empereur Ifaacius aduerty de toutes ces miferes &
calamitez, en fut vrayement bien marry & dolent , mais non toutefois
tant qu'il euft efté requis. Quant à Alexius fon fils, tant s'en faut qu'il s'en
fafchaft, qu'au contraire il euft fouhaitté que tout le refte de la ville euft
efté acheué : Miferable ieune homme à la face de feu, tifon ardent de fon
païs, & reffemblant à ceft Ange peruers & incendiaire, duquel font men-
tion les fainctes Efcritures. Le feu n'eftant encor efteint, on fe mit à
recher

rechercher plus fort qu'au parauant les choses sacrees, & à les fondre. Les Latins reduisoyent à leur vsage cest or & argent, comme si c'eust esté vne matiere prophane, & publiquement en faisoyent trafic: & d'autant qu'ils ne pouuoyent ignorer d'où il auoit esté pris, pour leur excuse, disoyent, que c'estoit payement de chose deuë: signifians toutefois qu'aux Grecs la vengeance de Dieu estoit prochaine, pour n'auoir esté gueres soigneux des choses sacrees, & auoir mieux aimé les laisser prophaner, que les leurs propres. Nous auons cy dessus monstré comme les Latins estoyent tenus de secourir Alexius le ieune, & luy aider : (ie le dy d'autant que son oncle Alexius iadis Empereur & tyran ayāt laissé Debeltú, s'estoit saisi d'Adrianopolis, & là amassoit forces pour recouurer, s'il eust peu, l'Empire : que si miserablement il auoit delaissé & quitté à ses insensez amateurs) mais onc ne voulut le Marquis Boniface suruiure Alexius, que premierement il ne luy eust promis bailler seize centeniers d'or. Estant donc sorty Alexius le ieune, il chassa son oncle bien viste, & plus loin beaucoup qu'auparauant, & trauersant le pays de Thrace, il rangea toutes les villes à son obeyssance, & se les asseura: mais (peux-ie aussi bien dire) les ruina & mangea. Car l'armee qu'il menoit auec luy, demandoit souuent à boire au fleuue d'or, en estant incessamment alteree, comme ceux qui sont mords des serpens nommez Dipsades. Ayant auancé chemin iusques à Cypsella, il s'en retourna au palais Imperial, & de là en auant s'amusa à rechercher ceux qui auoyent esté de la conspiration auec Alexius son oncle, contre son pere. Ce que ne voulant endurer Isaacius, d'autant que desia dés long temps il y auoit pourpensé, & s'estoit reserué ceste recherche: ne cessoit de blasmer son fils: mesme considerant que par son moyen son authorité commençoit à diminuer & s'euanoüir, & qu'il n'y en auoit que pour son fils. Il estoit aussi indigné du changement aduenu és proclamations, & que l'on mettoit son fils le premier, & luy en voix plus basse suyuoit, cōme si c'eust esté vn Echo. Et d'autant qu'il luy estoit impossible d'y mettre ordre, seulement il en murmuroit, & secrettement le disoit à ceux ausquels il auoit accoustumé se descouurir, & en accusoit son fils. Au reste, que c'estoit vn ieune homme sans vertu, de mauuaises mœurs, addonné à tout vice, & qui hantoit & s'accostoit d'vne meschante canaille. Et de fait, ce qu'il disoit estoit bien veritable. Car l'on voyoit ordinairement qu'Alexius par plusieurs actes deshonnestes & mal seans, faisoit des-honneur & vitupere à la maiesté de l'Empire Constantinopolitain: s'en alloit mal suiuy aux tentes des Barbares, employoit là tout le iour à yurongner & iouër auec eux. Ceux qui iouyent auec luy, bien souuent luy ostoyent le diademe de dessus la teste, le mettoyent sur la leur, & luy donnoyent au lieu d'iceluy, vn certain bonnet de laine velu. Or non seulement Alexius estoit, à cause de ses vices en haine, & mal voulu entre les plus honorables des Latins, & plus gens de bien des Grecs, mais aussi Isaacius son pere, à cause de ses meschantes & mal-heureuses opinions & fantasies, & qu'il s'estoit plus

C

vilainement que iamais addonné aux diuinations & predictions. Car au-
parauant il s'estoit imaginé d'estre Monarque, & impudemment se glori-
fioit, qu'il seroit celuy qui ioindroit l'Occident auec l'Orient, & qui do-
mineroit sur tout le monde : mais maintenant il songeoit qu'il recouure-
roit la veuë, qu'il laisseroit sa goute, comme le serpent fait sa peau, & qu'il
seroit transfiguré en homme semblable à Dieu. Dauantage certains Moi-
nes abominables, ayans longues barbes, hommes meschans & malheu-
reux, & qui sont assez cognus par leur habit & ignominie, hantoyent la
table de l'Empereur, lesquels baaillans apres les bons & gras poissons,
mangeoyent & beuuoyent ordinairement auec luy, & souuét ayans bien
beu, le paissoyent de belles parolles, & l'asseuroyent de la Monarchie.
Quelquefois luy plians les mains gouteuses, & les luy approchans des
yeux, luy predisoient vn téps prochain, auquel changement aduiendroit,
& il seroit remis. Il se plaisoit merueilleusement à ces flatteries, & y adiou-
stoit foy, comme si c'eussent esté diuins oracles. Il escoutoit fort volótiers
les Astrologues, & leur obeissoit en ce qu'ils luy disoient : mesmes suiuant
leur aduis, il fit venir en son palais le Sanglier Calydonius, lequel se bou-
geoit si furieusement dans l'Hippicon : pensans par ce moyen ranger la
rage du peuple, qui n'est differente du Sanglier.   Quelques vns aussi des
estrangers s'estans assemblez, & apres auoir bien beu, s'addresserent à la
statue de Minerue, qui estoit sur vne colomne au marché de Constantin,
auec deliberation de la mettre en pieces : d'autant que ceste insensee po-
pulace cuidoit qu'elle eust esté mise là pour les armees Occidentales. Elle
auoit trente pieds de hauteur, & estoit reuestue d'vne robbe d'airain (de-
quoy estoit aussi toute la masse) qui luy venoit iusques aux pieds, & estoit
plissee en plusieurs endroits, à fin que rien n'apparust de ce que nature
veut estre caché : elle estoit ceinte d'vn baudrier sur les reins. Sur sa poitri-
ne, qui estoit de belles & droites mammelles ornee : elle portoit son Ægis,
ayant la teste de Gorgo, qui luy pendoit derriere les espaules. Elle auoit
le col nud & long, tellement que c'estoit chose belle à voir. Car l'airin la
representoit si bien, & tant au vif, qu'on eust iugé que ses leures eussent
deu parler. Les veines se descouuroient, & tout le corps, où il estoit besoin
obeissoit : & combien que ce fust vn corps sans ame, si auoit-il representa-
tion de corps ayant ame, tant belle & plaisante elle estoit. Sur sa teste elle
auoit vne queuë de cheual qui la rendoit hideuse ; sa perruque luy descé-
doit du front, laquelle estoit noüee & attachee par derriere. Elle auoit les
yeux fort delicats & beaux à veoir, sa creste n'estoit entierement couuer-
te, ains d'vn costé esleuee. Sa main gauche tenoit les plis de sa robbe, la
droite s'estendant vers le midi, seruoit de soustenir la teste, qui estoit vn
peu courbee. Le regard des yeux tendoit en vn mesme lieu : tellemét qu'il
sembloit à ceux qui ne sçauoient les parties & cartiers du monde, que ce-
ste statue regardast l'occident, & cóme faisant signe de la main, appellast
les armees Occidétales. Mais c'estoit mal iuger, & se laisser trop deceuoir

à ses

à ſes yeux. Qui fut cauſe que ceux-cy ſuiuans ceſte opinion erronee, ab-
batirent ceſte ſtatue de Minerue:ou bien pluſtoſt allans de mal en pis, &
s'armans contre eux meſmes, d'autant qu'il leur eſtoit impoſſible de ſouf-
frir parmy eux la Deeſſe de force & prudence, non pas meſme ſa ſtatue.
Au reſte toute l'eſtude & occupation des Empereurs eſtoit à amaſſer ar-
gent, par ce que les Latins ne ſe ſouloient d'en receuoir : & plus on leur *des Latins*
donnoit d'or & d'argent, plus croiſſoit l'enuie d'en receuoir:tellement que *inſatiable.*
les Empereurs euſſent quaſi voulu,pour y ſatisfaire,faire quelque leuee de
deniers ſur les citoyens. Mais cognoiſſans que les affaires n'en iroyent pas
bien(car le peuple eſtant faſché & indigné de tant de demandes,qui auſſi
de ſoy eſt aiſé à eſmouuoir,& auſſi facile à agiter que la mer par les vents,
ſembloit deſia ſe vouloir reuolter) ils prindrent autre deliberation, & ſe
ruans ſur les riches, extorquoyent d'eux outre meſure tout ce qu'ils pou-
uoyent : n'ayans autre intention que d'aſſouuir l'immenſe auarice des La-
tins.A ceſt effet l'on fondoit les reliques d'or qui eſtoyent dediees pour le
ſeruice de l'Egliſe de ſaincte Sophie,& eſtoyent de grand pris, enſemble
les chandeliers d'argent, & les expoſoit-on entierement aux chiens : bref
ſe faiſoit vn meſlage des choſes ſacrees auec les polues.Et cependant auec
tout cecy on n'aduançoit rien.Car ſes inſatiables exacteurs,abuſans de la
ſimplicité des Grecs, & ſe moquans de la beſtiſe & ſtupidité des Empe-
reurs,tantoſt vouloiet que la matiere precieuſe ſe deſchargeaſt chez eux,
maintenant que ſuruinſſent des porte-faix tous chargez, tátoſt qu'il vint
des crocheteurs auec de l'or,cependant que d'autres s'appreſteroiet pour
y aller:bref euſſent ſouhaitté que ſans ceſſe on y euſt vacqué. Qui fut cau- *Pillerie &*
ſe auſſi que les chefs des ennemis, pouſſez les vns par les autres,allerent és *rauage des*
lieux de plaiſance autour de Conſtantinople,és Egliſes ſacrees de la Pro- *Latins ſur*
pontide,& autres magnifiques palais des Empereurs,& pilleret l'vn apres *les Cõſtãti-*
l'autre tout ce qu'ils y trouuerent,& puis les bruſlerent : n'eſpargnans par *nopolitains*
ce moyen aucun edifice maritime. Se monſtrans par là eſtre vrais barba-
res,ennemis de toute gentilleſſe,& nez pour ruiner les hommes.Pluſieurs
auſſi d'entre eux coſtoians le riuage de la mer, prouoquoient au combat
les Conſtantinopolitains,auſquels quelquefois,auſſi bien qu'à eux, la vi-
ctoire ſe rendoit fauorable:ſi bien que les habitans de Conſtátinople re- *Alexius le*
prenans courage, prierent l'Empereur qu'il luy pleuſt leur dóner ſecours *ieunecõſeil-*
contre l'ennemy,à eux di-ie,qui eſtoient ſon peuple, & luy eſtoient fide- *lé de faire*
les & obeiſſans:ſinon que de bouche il leur fuſt ſeulemét fauorable, mais *la ſourde o-*
d'effet aux Latins.Mais ces prieres ne profiterent de rien,d'autant qu'Ale- *reille à la*
xius l'Empereur ieune ne fuyoit rien autre choſe : ioint que de ce il n'en *plainte de*
voyoit reüſſir aucun bien.Et puis ſon pere luy conſeilloit de faire la ſour- *ſon peuple.*
de oreille à ce cry inutil de populace,& d'honorer grandement, & cherir
ceux par le moyen deſquels il auoit eſté remis en ſon palais. Et de ce auſſi
eſtoient d'auis les autres ieunes princes,le reſte de la maiſon Imperiale,en
faueur d'Alexius,eſtans de meſme aage que luy : & ſemblablement quel-

C 2

ques autres, leſquels pour la familiarité qu'ils auoyent deſia priſe auec les Latins, ne faiſoient conte des murmures & bruits de leurs citoyens, non plus que de vieilles fables: redoutans plus fort les Latins, que ne fait vne troupe de cerfs le lyon rugiſſant. Entre tous toutefois, il ſe trouua vn certain ſeigneur, nommé Ducas Alexius, (lequel pour auoir les ſourcils conioints, & comme pendans ſur les yeux, fut ſurnommé par ſes compagnós Murzuflus, c'eſt à dire ſourcilleux) qui bruſlant d'enuie de regner, & pour acquerir la bonne grace de ſes concitoyés, oſa bien faire teſte aux Latins: contre leſquels pres la Pierretrouuee, & l'arc voiſin, il combatit valeureuſement. Toutefois perſonne des autres chefs Grecs ne le ſecourant, d'autant que l'Empereur l'auoit defendu, & ſon cheual luy eſtant tombé deſſouz, & tous s'addreſſans contre luy, il euſt eſté pris, s'il ne ſe fuſt trouué ſecouru d'vne troupe de Sagitaires, qui luy ſuruint. La populace donc ne trouuant perſonné qui ſe vouluſt rendre protecteur pour elle contre les Latins, commencea à ſe vouloir departir de l'obeiſſance des Empereurs, & à les blaſmer, monſtrant par effet ce qu'elle auoit autrefois pourpenſé. C'eſtoit ſur le vingtcinquieſme du mois de Ianuier, en l'indiction ſeptieſme, & en l'an ſix mil ſept cens douze. Il ſe fit grande aſſemblee en la grand Egliſe de ſaincte Sophie, où de l'aduis du Senat, du college des Pontifes, & autres principaux hommes de l'Egliſe, qui auſſi eſtoient là venus, il fut reſolu que l'on procederoit à l'election d'vn Empereur. Comme on nous eut demandé noſtre opinion, nous ne fuſmes d'auis qu'il fuſt bon, chaſſant ceux qui eſtoient eſleuz, d'en eſlire vn autre: ſçachans bien pour pluſieurs raiſons, & meſmes que les Latins ne faudroyét à ſupporter Alexius le ieune, que celuy qui ſeroit eſleu n'auroit du meilleur. La populace toutefois, ſelon qu'elle eſt ſimple, & aiſee à eſmouuoir, & n'a autre cóſeil que ſon plaiſir & volonté, diſoit ne vouloir plus eſtre dominee & gouuernee par les Anges, & que de ce lieu elle ne bougeroit, qu'elle n'euſt vn Empereur qui luy fuſt fauorable. Cognoiſſans ceſte opiniaſtreté, nous nous arreſtaſmes vn peu, deplorans noſtre eſtat, & ploràs à chaudes larmes, pour bien preueoir ce que de cecy il aduiendroit. Cependant qu'ils s'obſtinent ainſi à demander vn nouueau Empereur, & meſmes en nomment d'entre les nobles pluſieurs qui leur ſembloyent capables: & comme en fin nous les euſſions declarez indignes, ils prindrét par la main les Magiſtrats plebeens & ſubalternes, & quelques vns d'entre nous, & l'eſpee nue au poing les exhorterent de prendre la coronne. Helas, que nous pouuoit-il aduenir de plus grief & dangereux? quelle choſe moins raiſonnable & plus ridicule, que ceſte façon d'aſſemblee? Car meſme on y procedoit de ceſte façon: Tu as la robbe, ſois noſtre Empereur. A peine trois iours furent paſſez, qu'ils couronnerent Empereur vn certain ieune homme, nommé Nicolas Canabus, contre ſon gré & vouloir. Cecy venu aux oreilles d'Alexius (car Iſaacius lors rendoit quaſi l'ame, & par là ſe monſtroyent friuoles & ridicules en effet les predictions qu'il auoit euës de long temps

regner,

Ducas Alexius, ſurnō-mé le four-cilleux, fait teſte aux Latins.

Reuolte du peuple contre les Empereurs.

25. de Ianuier 1204.

Le 29. iour de Ianuier, 1204. Nicolas Canabus eſleu Empereur.

La mort d'Iſaacius Empereur.

regner,& tout cela n'auoir esté autre chose que songes de febricitans)en-
uoya querir le Marquis Boniface: auquel ayant communiqué de cest af-
faire, il fut resolu que l'on feroit venir dans le palais Imperial les bandes
Latines, pour dechasser ce nouueau Empereur, ensemble le peuple qui
l'auoit esleu. Ceste deliberation estant descouuerte, Murzuflus Ducas
voyant vne occasion fort propice pour effectuer la sedition qu'il auoit
pourpensee,accompagné de plusieurs ses alliez, tire à sa cordelle le thre-
sorier l'Eunuque,homme fort ambitieux,& corruptible.Ayant donc des-
couuert l'entreprise de l'Empereur aux porte-haches,il obtint d'eux qu'ils
feroient ce qu'il voudroit, & qui seroit aggreable aux Constantinopoli-
tains.De là se bastissoit le dechassement de l'Empereur Alexius le ieune.
Ducas donc venant sur la nuict vers l'Empereur,& apres que tout le mon-
de fut retiré, (car il luy parloit fort familierement, pour estre son premier
valet de chambre,& qu'il luy auoit donné les souliers de couleur diuerse)
s'addressant à luy fort piteusemét, luy declara que plusieurs de ses parens
& alliez,ensemble autres gens mechaniques, & premierement les porte-
haches estoyent venus de furie à sa porte, pour, s'il leur estoit possible, le
tuer,indignez de l'alliance & amitié qu'il auoit prise auec les Latins. Luy
bien esbahy & estonné de ceste nouuelle,demande conseil. Lors Ducas
reuestant l'Empereur d'vne robbe large, qui luy pendoit iusques aux
pieds,& le passant par vne fausse porte, le conduit comme s'il l'eust voulu
sauuer,& le mena dans vne chambrette qu'il auoit au palais. L'Empereur
cuidant luy estre grandement redeuable de cecy, se mit à chanter le ver-
set du pseaume de Dauid: Il m'a caché dans son tabernacle au iour de
mon affliction: il m'a couuert au lieu plus secret de son tabernacle. Mais
Ducas repliquoit au contraire: Il a le cœur remply de tromperie,& a pro-
feré meschans propos en son cœur. Ils m'ont amusé par leurs belles paro-
les,& en leur courroux m'ont fait tromperie. Estant toutefois paruenu
Alexius en ce lieu,Ducas incontinét luy mit les fers aux pieds , & puis ce-
pendant l'enserra en vne estroitte & obscure prison. Murzuflus se saisit
des ornemens Imperiaux,& par apres plusieurs s'accostans de luy, le pro-
clamerent Empereur:les autres s'en allerét vers Canabus, qui estoit hom-
me fort humain & entier,& genereux en guerre.Mais pource qu'entre les
Constantinopolitains le pire tousiours emporte(car ie ne veux acquerant
la bonne grace de mes concitoyens,espargner la verité)le party de Ducas
Murzuflus s'accroissoit fort , & augmentoit, & la splendeur de Canabus
alloit en diminuant,comme celle de la Lune,qui va au declin:qui fut cau-
se que peu de temps apres estant Canabus pris par les partisans de Ducas,
il fut enserré,sans que personne luy prestast secours ny aide : car ceux qui
l'auoyent esleu,s'estoient tost apres tous retirez. Au reste Ducas par deux
fois tascha d'empoisonner Alexius:mais n'en pouuant venir à bout,tant à
cause de la force de son aage , qu'à cause des contrepoisons, desquelles il
vsoit en secret,en fin il l'estrangla,ayant iceluy regné 6.mois & 8.iours.

C　3

L'EMPIRE ET GOVVER-
NEMENT D'ALEXIVS DVCAS,
SVRNOMME MVRZVFLVS, OV
LE SOVRCILLEVX.

VCAS s'eſtant emparé de l'Empire, ſans aucun empeſche-ment, ſongeoit à remuer meſnage, & ſe delibera de faire monde nouueau. Car comme il eſtoit homme caut & ſu-perbe, il eſtimoit ſageſſe grande de ſçauoir diſſimuler & prendre patience, dilayant au reſte les recompéſes & bien-faits iuſques à l'aage de Meteon: diſant n'eſtre ſeant à vn Roy d'entrepré-dre quelque choſe ſubitement & à la legere : mais que cela ſe doit faire auec le temps, & auec bonne & meure deliberation. Il eſtoit aſſez de ſon naturel enclin à ce que deſſus, veu meſmement qu'il ſe glorifioit n'igno-rer rien de ce qu'il eſt beſoin ſçauoir, & eſtre né à toutes choſes & affaires: mais d'abondant il eſtoit confirmé en ceſte opinion par l'aide ombra-geuſe de Philocalius ſon beau-pere. Lequel pource qu'il ne pouuoit au-trement auancer au Senat, ſans aucune occaſion qui le peuſt eſmouuoir, nous priua de l'office de controlleur general, & le luy donna. Or ce per-ſonnage icy ne ſe cognoiſſant aucunement, cependant que par ſa trop grande ambition, il ne prend garde au danger qu'il encouroit, pour ap-peter ce qui excedoit ſes forces & moyens, de peur d'eſtre contraint d'e-ſlire au ſiege auec gens d'honneur, il feignit auoir la goutte, & comme ſi auec les pieds il euſt perdu la ceruelle, & fuſt deuenu aliené de ſens, il meſ-priſa ſa charge. Au reſte Ducas eſtant entré au gouuernement, pour ce qu'il ne trouua les threſors de l'Empire ny pleins, ny à moitié pleins, ains au contraire fort eſpuiſez, il moiſſonna où il n'auoit ſemé, & amaſſa où il n'auoit rien eſpars: & recherchant extremement ceux qui auoyent eu les grandes charges & maniemens ſoubz les Anges, & qui eſtoient paruenus iuſques aux degrez de Senaſtocrator & de Ceſars, les rançonna, & l'argent qu'il en peut tirer, il l'employa aux affaires du public. Ayant malfondé les forces des Latins, il ſe reſolut de les combattre, & en cela ſe monſtra le premier. Et à ceſt effet, hauſſa auec des trabs les murailles du coſté de la mer, & appuia les portes du coſté de la terre. Se preſentant donc aux Le-gions ceint d'vne eſpee, & maniant vne maſſe d'armes, apres leur auoir, à ſon exemple donné courage, & exhorté de ſe monſtrer vaillans, il arreſta les courſes de l'ennemy, & attaqua ceux qui deça & dela à l'eſcart alloyét piquorant. Or cecy faiſoit-il ſans aucune charge ny commiſſion, & ſans qu'on l'en requiſt: qui eſtoit cauſe qu'il eſtoit en la bonne grace des Con-ſtantinopolitains, mais entroit par telles factions en ſoupçon & haine à

ſes

L'eſprit de Ducas, ſour-cilleux.

Philocalius beaupere de Ducas, ob-tient l'office de control-leur gene-ral au lieu de Nicetas.

Gr. λογο-θετης erat enim is ra-tiocinator ſeu diſcuſ-ſor rationũ

Ducas, pillant les grãds s'ap-preſte à fai-re la guerre

ſes parens & alliez:leſquels pour auoir eſté nourris en oiſiueté, & entrete-
nus en toutes delices , abhorroyent ceſte façon de viure auſtere & ſobre,
comme les corps malades la temperance : & partant auoyent en horreur
Ducas,& portoient auec telle impatience ſes menaces & reprehenſions,
(car de ſon naturel il auoit vne voix haute,rude,& enroüee)qu'ils euſſent
fait le gouſt du Polypode,& la priſe de l'ellebore,ou le breuuage du ſang
de taureau:& comme quelque bien de Dieu ſouhaittoient ſa ruine.Com-
me doncques l'Empereur fut ſorty en campagne, pour combattre Bal-
duin , comte de Flandres , qui ſaccageoit & pilloit les lieux circonuoiſins
de Philea , & en leuoit tribut, en ceſte expedition s'eſtans attaquez l'vn
l'autre,les Conſtantinopolitains s'intimiderent & prindrent la ſuitte: tel-
lement que Ducas Murzuſlus ſe trouuât tout ſeul,eut fort affaire à ſe ſau-
uer:où l'image Noſtre Dame,que les Empereurs de Conſtantinople ſor-
tàns en expedition auoient accouſtumé touſiours prendre auec eux , fut
priſe par les ennemis.Bien que cecy fuſt grief aux Conſtantinopolitains,
ſi n'eſtoit-ce rien en comparaiſon de ce qu'on pouuoit eſperer. Car dere-
chef ſe fabriquoyent de grandes eſchelles és grands vaiſſeaux , & toutes
autres ſortes d'engins,auec banderolles par deſſus : & à ceux qui monte-
royent deſſus pour combattre leur eſtoient propoſez de grands dons &
preſens par les Latins.Tous dangers donc nous eſtans ou proches,ou non
gueres loin,toute l'eſperance de pacification s'euanoüiſſoit : & ce meſme
par la ſuſcitation de certains enuieux & mal-heureux eſprits, qui rom-
poient les accords & conuentions. Car Henry Dandulus Duc de Veniſe
eſtoit venu auec vne galete iuſques aupres de Coſmidium , pour accor-
der de la paix,où auſſi s'eſtoit transporté l'Empereur. Toutes autres affai-
res poſtpoſez,ils parlerent de la paix.Le Duc de Veniſe & les autres Prin-
ces Latins demandoient ſur le champ qu'on leur deliuraſt cinquante cen-
teniers d'or , enſemble qu'on leur accordaſt quelques autres conditions,
leſquelles eſtoient fort dures,& non ſupportables à gens nourris en liber-
té,& qui auoyent accouſtumé de commander,& non d'eſtre commandé.
Bref qui ſurpaſſoient la rigueur meſme des Lacedemoniens : aſſez douces
toutefois,& non impoſſibles à ceux qui eſtoient en danger d'eſtre ſubiu-
guez,& de ſouffrir vne totale ruine & deſtruction.Cependât qu'on eſtoit
en ce pourparler,la cauallerie de l'ennemy venant d'vn lieu haut, ſe ietta
à bride abbatue & de furie,au lieu où eſtoit l'Empereur Ducas: tellement
qu'à peine ſe peut-il ſauuer:qui fut cauſe que là meſmes demeurerét quel-
ques vns de ſa ſuitte,qui y furent prins. La grande haine qu'ils nous por-
toyent,& la grande diſſimilitude de mœurs & de façon de faire,qui eſtoit
entre eux & nous,cauſoit qu'on ne pouuoit tomber en aucun accord. Les
grandes nauires donc de l'ennemy, eſquelles eſtoyent preparees les eſ-
chelles, & les perrieres, & mangonneaux, & autres engins propres à bat-
tre & prendre les villes.Eſtans tirez du riuage, furent conduits droit aux
murailles de la ville : où eſtans dreſſees l'vne à part de l'autre , ſelon qu'il
                                                                eſtoit

eftoit befoin , ils occuperent tout le quartier qui droitement tient depuis
le monaftere d'Euergetes, iufques au palais Blachernium , qui eftoit tout
ruiné du feu , & piteux à voir. Ducas ayant apperceu cecy, pour faire de
fon cofté autant que l'ennemy, commáda qu'on plantaft le Pauillon Im-
perial en la coline pres le monaftere Pantepopton : d'où les nauires de
l'ennemy fe pouuoient defcouurir , & tout ce qui s'entreprendroit. Le
neufiefme iour d'Auril eftant venu, en la feptiefme indiction, en l'an fix
mil fept cens douze , les nauires s'approcherent des murailles : & là quel-
ques braues foldats s'eftans iettez fur les efchelles , s'emploierent à lancer
fur ceux qui eftoient fur les murailles toutes fortes de fleches & dards : &
dura l'affaut depuis le matin iufques au foir : auquel toutefois les Grecs
demeurerent victorieux. Car les nauires qui portoient les efchelles , & la
cauallerie furent repouffees , fans auoir peu rien faire , & y fut tué grand
nombre des ennemis par les pierres qui fe lançoient de la ville par les
perrieres & mangonneaux. Le lendemain , & le iour d'apres, qui fut vn
Dimanche, l'ennemy fe repofa: mais le iour d'apres, qui fut le douziefme
d'Auril, & le deuxiefme iour de la fixiefme femaine de Carefme, ils reuin-
drent contre la ville : & fufmes les fuperieurs iufques fur le midy , eftant
l'affaut encor plus rude & violent que celuy de l'autre iour. Mais puis qu'il
eftoit neceffaire que la ville qui auoit eu commandement fur tout le mô-
de fouffrit le ioug de feruitude , & que Dieu auoit deliberé de mettre vn
mords & bride fur nos machoires, comme on fait aux cheuaux reuefches
& petulans, d'autát que tous en general, & les gens d'Eglife , & le refte du
peuple auions forfait deuant luy: aduint que deux hommes expofans leur
vie au hazard, & fe defbandans de leur troupe , fe ietterent des efchelles
qui eftoient dreffees pres le Petrium, contre la rroupe de l'Empereur, dans
la tour, & dechafferent la garnifon qui y eftoit : & puis remuans la main,
comme en figne de ioye & courage , accouragerent leurs compagnons.
Sur le mefme inftant, vn certain gend'arme nommé Pierre Plancius géát,
entra par ceft endroit mefme dans la porte , lequel pour eftre de ftature
d'vn geant, & qu'il auoit vn heaume fur fa tefte , reprefentant vne ville
munie de tours, fembloit eftre fuffifant pour mettre toutes les troupes en
fuitte : à l'afpect hideux duquel, & grandeur enorme , eftant intimidee la
nobleffe qui fuiuoit l'Empereur, enfemble tout le refte de l'armee, eftime-
rent, à la mode accouftumee, eftre le plus expedient de s'enfuir: comme fi
tous euffent efté faits à la fuitte , & nez d'vn courage coüard & pufillani-
me. Doncques quittans leurs fortereffes & rempars (car ils eftoyent en
garde és lieux hauts) fe laifferent à miliers pourfuiure par vn feul homme:
& apres eftre fortis du cofté de terre par la porte Aurea, & abbatu la forti-
fication que dernierement ils y auoyent faite , s'enfuirent chacun la part
où la peur les conduifit. Que pleuft à Dieu que ce fuft efté à la mort , &
aux enfers. Alors les ennemis ne trouuans aucune refiftance, s'efpandirent
par tout, & fans faire diftinction d'aage ny de fexe, defgainás leurs efpees,

exerce

exercerent leur furie & cruauté contre tous , & fans garder ordre ny ba-
taille,s'en allerent pefle-mefle par toute la ville, eftant defia tout le mon-
de intimidé.Sur le foir ayans mis le feu au quartier tirát vers l'Orient , par
lequel fut bruflé tout ce qui eftoit depuis le monaftere Euergetes, tirant
du cofté de la mer,iufques à la maifon de Drungarius , & s'en retournans
vers le monaftere de Pandepopto poferent là leur camp, apres auoir pillé
le Tabernacle de l'Empereur , & pris fans aucune refiftance le palais Bla-
chernium,l'Empereur courant tantoft çà,tantoft là, effayoit par menaces
& aduertiffemens, de ramaffer & mettre en ordre le peuple qui fuyoit:
mais eux fe voyans hors d'efpoir,ne s'en efmeurent point , ou ne s'en fou-
cierent. Et pour acheuer ce qui reftoit, la nuict venue , chacun s'amufa à
tranfporter & cacher en terre ce qu'il auoit : les vns auffi à fortir hors la
ville,pour trouuer moyen de fe fauuer. Ducas Murzuflus donc voyant
qu'il n'auançoit rien , & craignant que s'il eftoit prins, il ne fuft comme
viande & mets apprefté à l'ennemy,s'en alla au grand palais, où fe faifif-
fant d'Euphrofyna femme de l'Empereur Alexius tyran , & de fa fille Eu-
docia,de laquelle il eftoit amoureux(car de fon ieune aage il s'eftoit mon-
ftré lafcif,& addonné à la paillardife,& mefme auoit à tort repudié deux
fiennes ieunes femmes) & les ayant mifes dans vn petit brigantin,il fortit
de la ville,apres auoir regné deux mois & feize iours. Apres fon depart,
deux ieunes hommes,modeftes vrayement,& adextres à la guerre,Ducas
& Lafcaris,nommez tous deux Theodores, afpirans à l'Empire , en prin-
drent debat, comme d'vne nauire agitee des vents: confiderans que fi
ce grand & fi celebre Empire de Conftantinople eftoit ainfi fuiet à l'in-
conftance de fortune,& à tant de mutations,& changemens. Eftans donc
entrez en la grande Eglife de faincte Sophie,ils en tomberét en queftion:
car ils eftoyent tous deux efgaux , & ne pouuoit-on dire lequel des deux
eftoit à preferer : auffi ne fe trouua-il perfonne qui en vouluft ordonner.
Lafcaris toutefois eftant choifi par le clergé, ne voulut receuoir l'orne-
ment Imperial,ains s'en allant auec le Patriarche vers le Milium , ne cef-
foit d'exhorter & prier ceux qui fe prefentoyent de luy porter ayde & fa-
ueur,& femblablement fes partifans à prendre les armes , & le defendre:
difant qu'autant leur en prendroit qu'aux Conftantinopolitains , s'il ad-
uenoit que l'Empire fuft transferé à vne autre nation:qu'ils ne receuroyét
d'orefenauant plus grande folde , ny n'auroyent plus l'honneur d'eftre la
garde de l'Empereur,ains feroyent fimplement foldats mercenaires. Or
voyant que perfonne ne bougeoit,que les porte-haches ne vouloient luy
prefter ayde fans argent,lefquels finement & par expres iufques à ceft
extreme danger, auoyent remis le temps de ce trafiq & marchandife, &
que l'ennemy commençoit à fe defcouurir,il partit de là , & fe fauua. Les
ennemis qui penfoient trouuer refiftance, voyás que perfonne ne fe pre-
fentoit en armes, que fans aucune difficulté ils obtenoient ce qu'ils vou-
loient , que les chemins & rues leur eftoient ouuertes & faciles, que les

D

C'eft à dire
de la proui
dé̃ce diuine

Fuitte de
Ducas Ale
xius Mur-
zuflus.

Theodore
Ducas,&
Lafcaris
fruftratoire
ment fe de-
battent de
l'Empire.

Fuite de
Theodore
Lafcaris.

cantons des ruës n'estoient point tenus, qu'ils estoient hors de danger de
guerre,& mesme par vne bône fortune, qu'il se presentoit profit de leurs
ennemis (car tout le peuple s'en alla au deuant d'eux auec les croix, &
images de IESVS CHRIST, comme ils auoyent accoustumé de faire
aux processions & festes) sans changer aucunement de cœur & vouloir,
ny faire semblant de rire:ny mesme adoucir en aucune façon leur fureur
& rage à l'aspect de ce spectacle non attendu,furent si impudens, que cô-
mençans aux chariots,ils s'amuserent tous,l'espee au poing, à piller, non
seulement l'argent des particuliers, mais mesmes les choses sacrees : cou-
urant mesme & retenant auec rondelles leurs cheuaux,qui ne pouuoyent
souffrir le son des trompettes. Par où commenceray-ie, & puis où conti-
nueray-ie? bref, où finiray-ie venant à reciter les actes detestables que ces
mal-heureux ont fait? Helas ! comment foulerent-ils aux pieds les images
des Saincts? Comment ietterent-ils en lieux sales & ords les reliques des
Martyrs? Vous eussiez veu chose qui mesme est horrible à ouyr ; c'est à
sçauoir verser & ietter en terre le precieux corps & sang de Iesus Christ.
Ceux qui prenoyent les receptacles des choses sacrees, les vns ils rôpoient
apres auoir serré en leur sein les ornemens qui y estoient : des autres ils se
seruoient en leur boire & manger : auant-coureurs vrayement de l'Ante-
christ,& annonciateurs & premiers ouuriers de ses meschantes & peruer-
ses actions,que l'on attend. Et certes Iesus Christ estoit deuestu & moqué
par ceste maudite nation,comme il a esté anciennement, voire & iettoiét
le sort sur ses vestemens : seulement ils ne percerent auec vne lance son
costé pour en faire sortir ruisseaux de sang.Quant aux ruines qu'ils firent
au grand temple de saincte Sophie,il seroit impossible de les ouyr racon-
ter.Car la table sacree , laquelle pour estre construite de plusieurs sortes
de matieres precieuses,vnies ensemble au feu , estoit d'vne beauté exqui-
se,merueilleuse,& admirable à tout le monde,fut mise en pieces,& icelles
distribuees entre les soldats : comme aussi toutes les autres choses sacrees,
de grand valeur & beauté. Au reste , voulant l'ennemy faire ses despoüil-
les des vases sacrez,& autres ornemens rares & precieux,ensemble de l'ar-
gent fin , tout doré, qui estoit à l'entour du barreau du thresor , & de sa
summité & fest tant superbe,& les portes,& autres exquis ornemens , fai-
soit à cest effet conduire iusques dans le Sanctuaire du temple les mulets,
& autres bestes ayans basts : les vnes desquelles pour ne pouuoir chemi-
ner ny se tenir,à cause du beau & glissant paué,ils trásperçoient & tuoiét,
à fin de l'infecter & gaster de leur sang & fiente. Voire mesme vne certai-
ne femme toute comblee en peché , ministre des furies , seruante des dia-
bles,toute confite en enchantemens & sorceleries, en derision de Iesus
Christ , s'asseant au throsne du Patriarche, chanta à haute voix vne folle
chanson,& se tournant par plusieurs fois dansa.   Et si ne faut point dire,
qu'en faisant cecy ils laissassent de perpetrer autres mal-heurtez : ou qu'és
vnes ils se portassent plus laschement,és autres plus ardemment: car esga-
                                                                                    lement

lement & d'vn mefme courage ils s'addonnoyent à toutes mefchancetez
& vilenies. Et de fait, comment eft-il poffible que ceux qui contre Dieu
mefme auoyent exercé leur rage & furie, euffent efpargné les matrones
honneftes, les ieunes filles, & vierges confacrees à Dieu? Tout le plus dif-
ficile & fafcheux, c'eftoit d'adoucir & flechir par prieres ces Barbares, &
les rendre mifericordieux & amiables: car ils eftoyent fi farouches, qu'ils
fe courrouçoyent au premier mot qui ne leur venoit à gré, & à toutes
heurtes s'enflammoyent en leur harnois: tellement qu'on fe moquoit de
ceux qui y prenoyent peine, comme de gens infenfez, & trop langars: &
bien fouuent fe iettoient la dague nuë fur celuy qui tant foit peu leur cō-
tredifoit, & n'obeiffoit à ce qu'ils demandoient. Toute la ville donc eftoit
en pleurs & gemiffemens. Vous n'euffiez veu que plaintes aux ruettes,
carrefours, & temples, que pleurs, lamentations & doleances, gemiffeméts
d'hommes, crieries, & debattemens de femmes, violemens & prifes d'hō-
mes, feparation de ceux qui eftoyent conioints, des vns auec les autres:
les nobles aller par la ville auec ignominie, les beaux vieillards en pleurs,
les riches defnuez de leurs biens. Voila comme on en faifoit par les rues,
par les carres, par les temples & cauernes: Car il n'y auoit lieu qui ne fuft
recherché, & qui peuft feruir de refuge: bref tout eftoit remply de mal-
heurtez & miferes. O Dieu eternel, quelle mifere & pauureté! Pourquoy
& comment eft-ce que ces maux enormes ne fe font trouuez predits par
quelque bruit de mer, eclipfe de foleil, par quelque apparition fanglante
de la lune, ou quelque comete? Certainement nous auons veu l'abomina-
tion de la defolation au lieu fainct, chantant en paroles fales & vilaines:
& autres chofes, finon toutes femblables, aumoins entierement contrai-
res à l'honnefteté, & chofes qui fe doiuent obferuer entre les Chreftiens.
Voila entre plufieurs grandes & enormes mefchancetez que les Chre-
ftiens ont fouffert des peuples Occidentaux, lefquels fans auoir vfé d'au-
cune humanité en leur endroit, ils les ont tous defnuez de leurs deniers,
defpouillez de leurs poffeffions & habillemens, & chaffez de leurs mai-
fons, fans leur delaiffer aucune chofe, celles que i'ay eftimé dignes de re-
citer. Mais qui eft caufe de cecy? Eft-ce vn col d'ærin, vn efprit fuperbe, *Plainte cō-*
vn fourcil efleué, vne barbe ieune, vne main fanglante, les nareaux en- *tre les La-*
flammez, l'œil efleué, vne bouche infatiable, vn courage inhumain, vne *tins.*
parole volubile & foudaine, & à peine s'arreftant fur les leures? Nenny
non. Ce font pluftoft ceux qui ont penfé eftre bien aduifez, fages, fideles,
entiers, & amateurs de verité, hayffans le mal, plus religieux que nous
Grecs, plus iuftes, & plus grands obferuateurs des commandemens de Ie-
fus Chrift: (à Dieu ne plaife que ie die cecy en raillerie & moquerie: car
qu'eft-ce qu'à de commun la lumiere auec les tenebres) & qui plus eft, qui
ont porté fa croix fur leurs efpaules, & la prenant, & la parole de Dieu en
tefmoignage, ont protefté, qu'ils pafferoyent par les prouinces des Chre-
ftiens fans offenfer perfonne, & fans fe deftourner ny à dextre, ny à fene-

ſtre : que c'eſtoit ſeulement contre les Sarrazins qu'ils auoyent prinsles armes, & que dans leur ſang ils tremperoyent leurs glaiues, pour ce qu'ils auoyent prins & pillé Ieruſalem, qu'ils s'abſtiendroyent des femmes, ſoit au toucher, ſoit au parler : cependant qu'ils porteroyent la croix ſur leurs eſpaules, comme eſtans conſacrez à Dieu, & voyagers à ſa deuotion. Il appert bien qu'ils n'ont dit cela que de bouche, car cependant qu'ils ont fait ſemblant d'aller vanger le ſainct ſepulchre, appertement ils ont deſployé leur furie contre Ieſus Chriſt : & auec la croix qu'ils portoyent ſur leurs eſpaules, ils ont deſtruit & violé la croix, la iettant à leurs pieds, pour auoir quelque peu d'or & d'argent, qui eſtoit autour. Car tandis qu'ils ont penſé amaſſer vne choſe precieuſe, ils ont foulé aux pieds la perle exquiſe de Ieſus Chriſt, diuiſans à pluſieurs ordes beſtes vne choſe ſi ſaincte. Les Iſmaëlites ne firent pas ainſi, quand ils prindrent Ieruſalem, mais traicterent humainement les patriotes de ceux-cy. Il ne ſe trouuera point qu'ils ayent forcé les matrones des Latins, ny remply de corps morts le ſepulcre de Ieſus Chriſt, ne qu'ils ayent fait que l'entree du ſepulcre de vie fuſt vne deſcente aux enfers, ny fait de la vie la mort, & de la reſurrection vne deſtruction & ruine : car ſe contentans vn chacun d'eux de bien peu d'or, qu'ils prindrent pour rançon, laiſſerent le reſte, qui montoit beaucoup plus à ceux à qui il appartenoit. Ainſi donc ſe ſont comportez enuers les Latins qui tenoyent autre religion, les ennemis de Chriſt, ſans les pourſuiure par glaiue, feu, ny flamme, ny les perſecuter, ny deſnuer ou affliger, & ſans meſme les offenſer par trop, choſe qui procedoit d'vn cœur magnanime. Et neantmoins les Latins, qui ſe diſent amateurs de Ieſus Chriſt, & ſont de meſme religion que nous, ſans eſtre par nous prouoquez, ſe ſont comportez en noſtre endroit, ainſi que nous auons cy deſſus monſtré & deduit.

LAMEN

LAMENTATION SVR LA
VILLE DE CONSTANTINOPLE.

VILLE, ville, œil de toutes les villes, renommee par tout le monde, spectacle qui surpasse le monde, mere des Eglises, Princesse de la foy, Duchesse de la vraye opiniõ, nourrice de l'erudition, retraite de toute beauté, est-ce ainsi que tu as beu de la main de Dieu le calice de son ire? est-ce ainsi que tu as esté la part d'vn plus vehement feu que celuy qui iadis miraculeusement embrasa Pentapolis? Quel tesmoignage donneray-ie de toy? A qui te compareray-ie? La couppe de ton affliction à elle esté augmentee? ainsi que dit le lamentable Hieremie, deplorant la vieille Sion. Qui sont les malins esprits qui t'ont demãdee pour te cribler? Qui sont les furies & demons enuieux & implacables qui ont ietté sur toy l'intemperance de leur yurongnerie? Qui sont les amoureux qui ont esté si fols & insensez, & t'ont voulu tant de mal, que de n'auoir appareillé ta chambre nuptiale, & au lieu d'allumer le flambeau nuptial, ont enflambé des charbons pour la ruine? O mere nourrice de plusieurs enfans, & iadis reuestue de fin lin, & pourpre Imperial, maintenant sale & orde, & desnuee de tes propres enfans. O! qui iadis estois en vn haut throsne assise, & cheminant grauement, & auec visage grasse, & marcher superbe: mais maintenant es vile & abiecte. Tes robbes mignardes sont deschirees: tu as esté despoüillee de tes magnifiques & imperiales coëffures. La splendeur de tes beaux yeux est esuanoüye, à cause de la suye causee du feu: tu es deuenue comme vne vieille ne bougeant du coin de la cheminee: ta face qui pieça estoit belle & plaisante est deuenue toute ridee. Ie ne te veux reciter icy ceux qui desia chantent à la cistre ta ruine, qui iouënt en comœdie ta tragedie, & qui gaignent leur vie à faire recit des moqueries que l'on t'a fait, des soufflets & coups de pied que l'on t'a donnez: bref à raconter le mespris, blesseures & meurtrissemens que l'on te fait tous les iours. Tu as esté deprimee par la permission de Dieu, par vn peuple qui n'a point de sens, voire mesmes par ie ne sçay quelle racaille de peuple amassee de plusieurs endroits: la grande partie desquels, s'ils ne sont sortis de toy, tu as esleuee & engressee. Qui est ce qui te gardera? qui te donnera consolation? qui aura compassion de ton malheur? qui retournera pour demander ta paix (ce sont encores les mots de Ieremie) qui eſt-ce qui t'habillera de ton premier veſtement? Quand viendront de Dieu ces parolles à tes oreilles? Leue toy, leue toy, qui as beu le hanap de ma fureur, & as vuidé le calice de ruine. Prends ta force,& te reueſts de ta gloire : ſecoüant ta poudre, leue toy : oſte les liens de deſſus ton col : eſtends le lieu de ton tabernacle & de tes porches. Ne t'eſtonnes point de ce qu'on ta vituperee,& n'ayes point de honte des iniures & opprobres que l'on t'a fait,& de ce que tous les paſſans ont frappé des mains contre toy,t'ont ſifflee,& hoché de la teſte,& ont dit : Voicy la ville, qui eſtoit la coronne de gloire, & les delices de tout le monde. Comment eſt-il aduenu, que celle ſoit veſue & deſnuee, qui a eſté ſi abõdante en peuple? Comment a eſté rendu tributaire, celle qui a eu tant de prouinces ſoubz ſon gouuernement. Car le Seigneur ton Dieu a dit : Ie t'ay laiſſee pour vn peu de temps,mais i'auray grande compaſſion de toy: durant mon courroux i'ay quelque peu deſtourné mon viaire de toy, mais eternellement ie te ſeray miſericordieux. Tu chanteras donc auec Dauid : Selon la grandeur des douleurs de mon cœur, tes conſolations ont reſiouy mon eſprit. Qui ſera le Moyſe faiſeur de miracles,qui t'aydera? Le Zorobabel, qui te ramenera? Quand te ſera-il permis de r'aſſembler tes enfans des quatre quartiers du monde, où ils ſont eſpars, ainſi que la poulle ſes petits ſoubz ſes aiſles. Car il ne nous eſt maintenant permis de te bien regarder, de te baiſer & accoler comme noſtre mere,& t'abreuuer des larmes que noz yeux iettent tant qu'ils veulent, ou peuuent. Mais nous volons en crainte autour de toy comme petits paſſereaux,auſquels leur mere a eſté priſe, & le nid rompu, miſerablement & piteuſement,bruyans loin de ton plancher,ayans ſoif & faim , & tous roides de ſaleté & froid. Les poux ſouuent nous mangent, à cauſe que noſtre eſprit ſe fond en miſeres : & ne pouuons trouuer le chemin d'aucune ville, en laquelle nous nous puiſſions retirer : bref nous allons deçà & delà, comme pauures oiſeaux vagans,& eſtoilles errantes:ou meſmes eſloignez loin de toy, nous penſons eſtre ioints, & t'embraſſons abſente, comme il aduient à ceux qui ſeparez de corps ſont liez & conioint d'eſprit.Nous auõs compaſſion de ton mal, comme aucunes beſtes,voyans celles de leur ſorte priſes par les veneurs, & enferrees dans certains engins de bois faits à iour,& garnis de verre. Car les voyans par les treillis, & contemplans leur forme , ne peuuent ſe ioindre, ne les toucher : & partant courent pour neant faſchees tout autour,s'eſtonnans neantmoins de les veoir d'vne autre forme & façon qu'elles n'eſtoyent auparauant.Car auſſi bien pouuons nous ietter noſtre veuë ſur toy,& nous en approcher : mais il nous eſt impoſſible de te parler librement , & t'embraſſer hardiment, comme auons autrefois fait : eſtans enfermez dehors par l'armee des Barbares, comme par vne eſpeſſe muraille,& qui eſt plus forte que n'eſt le verre. Pourquoy nous as tu frappez Seigneur, & n'y a perſonne qui nous vueille donner gueriſon? Nous recognoiſſons Seigneur,nos pechez , & les forfaits de nos

peres.

peres. Selon ta misericorde mets fin à nos afflictions. Ne destruits point le
throsne de ta gloire. Chastie nous Seigneur, à fin que nostre esprit ne se
destourne de toy: mais Seigneur, que ce soit en iugement, & non en cour-
roux, de peur que ne soyons reduits à neant. Desploye ta fureur sur les
peuples qui n'ont ta cognoissance, & sur les nations qui ne te reclament
point. Tu es nostre pere, Seigneur: nous sommes la bouë, & tu es nostre
potier: nous tous sommes l'œuure de tes mains. Retourne toy Seigneur,
& contemple l'opprobre que nous souffrons. Nostre heredité & maisons
sont venues és mains des estrangers: si tu nous conuertis, Seigneur, nous
nous conuertirons. Renouuelle nos iours comme iadis. Ie puis vser de ces
parolles de la saincte escriture en temps & lieu, & en semblable occurren-
ce. Mais la parolle me defaut desia, s'en allant auec toy & mourant, qui es
la nourrice de l'eloquence: comme le corps, quand il vient à se separer de
l'ame: & partant il faut par pleurs couuertes, & gemissemens secrets, met-
tre fin à ces grandes lamentations, & icy rompre le cours de nostre histoi-
re. Car qui pourroit de bon cœur faire resonner les Muses en vne terre
qui est estrange d'icelles, & est subiuguee par les Barbares. A Dieu ne plai-
se, que ie m'amuse à celebrer les prouësses des Barbares; ou à reciter les
guerres esquelles les Grecs n'ont eu du meilleur. Car si Hippocrates Coüs,
enuoyé querir par le Roy des Perses soubz grandes promesses de deniers,
à fin qu'il s'employast à nettoyer ses villes de la peste, qui en estoyent in-
fectees, n'en fit conte, & par ce moyen mesprisa les Barbares: pourquoy
employeroy-ie l'histoire, qui est vne si belle chose, & inuétion des Grecs,
à escrire les gestes des Barbares contre les Grecs? Qu'ils demeurent plus-
tost sans aucun honneur, ny louange, comme celuy qui brusla à Ephese le
temple de Diane: & que personne d'entre nous ne s'accoste pour leur
parler, iusqu'a ce que la meschanseté aye passé & fait son cours, & le sei-
gneur ietté son viaire doux & gracieux sur les siens. Car certes Dieu n'est
point tel, qu'à tousiours il nous vueille mettre en oubly, & qui parmy son
courroux ne se souuienne de sa misericorde, ou qui ne vueille plus nous
bien faire. Ains au contraire, apres qu'il a frappé, il dóne la guerison: apres
qu'il a occis, la vie. S'il permet pour vn temps que les bestes exercent la
rage de leurs dents sur la terre: aussi rompt-il les maschoires des lyons, &
brise la teste du dragon. S'il diminue les siens comme le rosier, aussi du
rosier menace-il les bestes. Si ceux-cy se confient en leurs chars & che-
uaux: le cheual ne leur est tousiours asseuré, & Dieu ne se plaist és iambes
des hommes. S'il traitte son peuple rigoureusement, & luy fait boire du
vin d'angoisse: de l'autre costé aussi il luy garnit vne table à la barbe de
ceux qui l'affligent, & luy presente vne tasse pleine de toute bonté & alle-
gresse, & qui pour la bonté du vin enyurant. S'il amene des bouts du mó-
de, & de la mer des personnes pour tourmenter son peuple, & par son
Prophete crie à haute voix, Les Geants viennent, pour accomplir mon
courroux, s'esiouyssans & rians: ils sont sacrez & conduits par moy: aussi il

leur

leur fait de playes beaucoup plus dangereuses, & les tourmente de maux
beaucoup plus fascheux: sans leur sçauoir gré du seruice qu'ils luy ont fait
à la ruine des villes, & quand il a exterminé les habitans d'icelles, de ce
qu'ils s'est seruy d'eux comme de cruels bourreaux des hommes. Luy qui
est medecin des ames, les enuoye comme maladies & medicamens, la ver-
tu & proprieté desquels il sçait trop bien. Car la mauuaise habitude du
corps, le malade estant guery, s'en va: ou bien meurt auec le patient: mais
les medicamens, pour vehemens qu'ils soyent, la maladie s'en estât allee,
sont iettez dehors, ensemble l'humeur malin, & ne seruent plus de rien.
I'estime donc, & croy fermement, que les afflictions desquelles nous som-
mes à present tourmentez, ne sont vn libelle de reiet, lequel Dieu nous
aye enuoyé, ou vne ente parfaite d'vn sauuageon barbare en nostre oliue,
ains plustost vn petit & leger chastiment, que Dieu a accoustumé de faire
sur les siens, sans donner aux tentateurs toute bride, voire mesme en es-
pargnant ceux qui seroyent tentez. Et ce principalement lors que celuy
qui execute, procede en ses meschancetez desbordément, & suiuant sa
meschanceté, s'esleue mesme contre celuy, duquel il a receu le pouuoir de
ce faire: (comme Nabuzardan colonnel du camp, qui apres auoir bruslé
la cité de Dieu, pilla les vases sacrez (comme Balthasar, qui les employa en
ses desbordemens & superfluitez, qui se moqua des autels, & mesprisa les
mysteres sacrez) & au côtraire celuy qui endure, s'accuse en premier lieu
soy-mesme, & demande l'aide & consolation de Dieu, qui est autheur de
ces maux. Parquoy il faut que nous attendions en patience la misericor-
de & bonté de Dieu, & que chantions auec Dauid: Souuienné de nous,
Seigneur, au iour de l'approbation de ton peuple. Visite nous côme Sau-
ueur, à fin que nous voyons la prosperité de tes esleuz: que nous nous es-
iouyssions de la ioye de ton peuple, & que soyons loüez auec ton
heritage. Sçachans que les meschans à la fin seront aban-
donnez & punis: & au contraire que ceux qui au-
ront confiance au Seigneur, apres l'affli-
ction receuront consolation, &
seront remis, & rein-
tegrez.

LIVRE

Exemples de Nabu-zardan, & de Baltha-sar abusans des choses sacrées.

LIVRE DE
NICETAS CONIATES,
DES CHOSES ADVENVES A CONSTAN-
TINOPLE APRES LA PRISE D'ICELLE:
L'AN 1204.

OLON defcendant de Codrus & des plus anciennes & celebres maifons d'Athenes, voyant la tyrannie de Pifi-ftratus peu à peu s'auancer & accroiftre, fouuent les a ftimulez & exhortez à s'y oppofer: fçachant trop mieux qu'il eftoit beaucoup plus aifé de refifter à fes commencemens, & d'empefcher l'accroift d'icelle, que de l'abbatre & s'y oppofer, quand elle fe feroit vne fois auancee & corroboree. Voyant toutefois que perfonne ne l'efcoutoit, & qu'il ne pouuoit rien perfuader, il print les armes au poing, & les mit à l'entree de fa porte emmy la rüe, pour effayer s'il pourroit efmouuoir quelques vns du peuple à faire comme luy. Mais comme il apperceut que perfonne ne bougeoit, & ne fe mettoit en deuoir pour dechaffer le tyran, on tient qu'il dit : qu'il auoit fecouru fon païs felon fon poffible : & par apres qu'eftant retiré chez foy, il compofa quelques vers, par lefquels il redargua les Atheniens de legereté & d'impreuoyáce, les vns defquels le temps n'a mágé, qui ont cefte fignification:

Si maintenant beaucoup vous endurez,
Contre les Dieux pour ce ne murmurez :
Prenez vous en à l'erreur que vous fiftes
En octroyant des armes fatellites
A ceux qui ont auec telle puiffance
Mis fur vos chefs le ioug d'obeyffance.
Chacun de vous en fon affaire à part
Eft aduifé, & fin comme vn renard :
Et tous enfemble eftes groffiers & mouffes
D'entendement : veu qu'aux paroles douces
D'vn homme feint qui vous veut deceuoir,
Vous regardez, fans nul de fes faits voir.

Que fi Solon, qui eftoit defcendu de Codrus, & par tout le monde renommé pour fa grande fageffe, fruftratoirement a vfé de reprehenfions à l'endroit d'vn peuple qui fe laiffoit aucunement perfuader, & n'a de rien

E

aduancé: que pourroit faire en ce temps icy vn homme qui prendroit
foin de la Republique, veu que nos Empereurs dés leur ieune aage ont
efté nourris en pareffe & oifiueté, accouftumez à dormir plus profonde-
ment que n'a fait Endymion, à prendre leur repas de fi bóne heure, qu'ils
fuioyent l'occafion de traicter les affaires: bref, fi mal en toutes chofes en-
tretenus, qu'ils demandoiët en hyuer des fleurs, & du fruict au printemps:
Quant au peuple, foit ceux qui font traficq de marchádife, foit ceux qui
fe meflent de reuendre, tant s'en faut qu'ils foyent faits au fon de la trom-
pette, que mefmes ils ne peuuent s'efueiller aux gazoüillis des oyfeaux,
ayans tous en general apris à dormir doucement, & à ne fçauoir que c'eft
de guerre? Au refte, encores conuenoit-il bien en ce temps là à ceft ex-
cellent Solon de compofer des vers, & reprendre par le moyen d'iceux les
vices, mefmes ayant affaire au peuple Athenien, qui volontiers preftoit
l'oreille aux bons aduertiffemens, & fe laiffoit aller & perfuader au confeil
des gens de vertu: & mefme confideré que les reprehenfions dónent plus
de plaifir aux efprits doux & dociles, que de fafcherie:& que la fouuenan-
ce d'icelles, eftant comme vn foufflet, r'allume dans l'efprit les fcintilles
d'honnefteté, qui y font enfeuelies, comme le feu foubz les cendres, qui
les efueille à fe garder de tomber en femblables fautes. Mais de noftre
temps les admonitions eftoyent aux Conftantinopolitains, & aux autres
prouinciaux comme marques de fouët, & à la populace n'eftoyent les
oreilles troüees vers l'efprit, bref elle n'auoit encor fenty la douceur de la
liberté, & ne fçauoit que c'eftoit, non plus que ceux qui n'ont goufté le
miel, quelle douceur il a. Pource doncques que noftre fiecle eft d'autre
nature que n'eftoit celuy de Solon, voyons de laiffer les reprehéfions, qui
ne pourroient feruir que d'engendrer haine & maluecillance (car il y en a

plufieurs qui portent du foin aux cornes) & de pourfuiure par ordre no-
ftre hiftoire. Et combien qu'ayons dit cy deffus, que ne voulions nous
amufer à efcrire les geftes des Barbares: toutefois d'autant que celuy qui
confond les fages en leur fageffe, a permis que ces hommes hautains tom-
baffent en plufieurs malheurtez, & rempliffant leurs faces d'ignominie, les
a auffi expofez à plus barbares qu'eux, rompât noftre deliberation, il faut
annoncer les œuures miraculeufes de Dieu, lequel a dit: Comme ie vis
eternellement, auffi me vágeray-ie de mes ennemis, & extermineray ceux
qui m'ont eu en haine. Et en vn autre endroit parlant à Abraham: Ie me
vangeray auffi du peuple auquel ils feruiront. En tel eftat doncques eftoit
la ville de Conftantinople, laquelle autrefois auoit efté les delices de tout
le monde, & par tout tant celebree, ayant efté reduite à ce piteux eftat,
bruflee, ruinee, prife, fpoliee de toutes richeffes, tant facrees que propha-
nes, & tant publiques que priuees, par cefte racaille de gens venue d'Oc-
cident: lefquels eftans tous vils & ignobles, comme leur entreprife princi-
pale fuft pour defrober & piller, prenoient pretexte d'eftre venus contre
nous pour remettre Ifaacius Angelus : & à ceft effet difoient amener auec

eux

eux son fils, qui leur estoit fort bien venu à propos, & lequel par vne mau-
uaise destinee il auoit engendré pour la destruction de sa patrie. Car par
la lascheté & nonchalance de ceux qui auoyent le gouuernement, ces bri-
gands ont esté nos iuges, & nous ont chastiez : & toutefois il n'est apppa-
ru aucuns presages de ces malheurs, soit du ciel, soit de la terre, par les-
quels la ville en peust estre aduertie : comme il s'en voyoit anciennemét,
quand la mort des hommes, ou la destruction de quelques villes estoit
prochaine. Du ciel ne sont tombees gouttes de sang, les moissons n'ont
esté sanguinolentes : de la region du feu ne sont tombees aucunes pier-
res de feu : bref il n'est aduenu aucune chose inaccoustumee : mais nous
a la vengeance auec plusieurs mains & pieds tellemét accablez & surpris,
que nous ayant punis à la rigueur, elle nous a rendus les plus miserables
de tout le monde. Le iour que la ville fut prise, les brigands pillerent les
maisons esquelles ils logerent : & ne se contentans de ce qu'ils trouuoiét,
s'enquirent de leurs hostes s'ils n'auoyent autre chose, tantost en les frap-
pant, maintenant auec douces parolles, tantost en les menaçant. Et apres *Rigueur des*
qu'ils leur eurent declaré auoir quelque autre chose, les leur auoir mon- *Latins à l'ē*
stré, les leur auoir apporté, ne receurent aucun bon traictement d'eux, *droit des Cõ*
nulle douceur, nulle benignité, ny ne leur participoient de ce qu'ils leur *stantinopo-*
auoyent baillé, soit en boire soit en manger, ny pour le regard de la de- *litains.*
meurance. Ils vsoient de toute arrogance en leur endroit, toute inhuma-
nité & cruauté, & mesme auec opprobre on chassoit les hostes, & les iet-
toit-on de leurs logis. Qui fut cause qu'estant resolu entre les chefs des
ennemis, qu'à ceux qui voudroyent sortir de la ville, leur seroit permis :
vous eussiez veu les habitans s'en aller à trouppes, affublez de drappeaux,
tous deffaits de maigreur & pasleur, ayans la face comme de morts, les
yeux remplis de sang : d'autant qu'ils ne pleuroyét de larmes, ains de sang.
Car les vns se lamentoient d'auoir perdu leurs biens, les autres n'estimans
ceste perte grand chose, deploroient le rauissement d'vne leur petite fille,
les autres la perte de leur femme, les autres autre chose. Et pour monstrer
ce qu'il m'aduint : Plusieurs de mes amis en ce iour là miserable & pitoia-
ble, se ietterent en ma maison, pource qu'elle estoit assise sur porches, &
auoit son entree fascheuse & ombrageuse (car la belle & superbe maison
que i'auois au Sphoracium auoit esté bruslee par le second feu) ioint que
d'icelle on pouuoit se retirer fort commodément au grand temple de
saincte Sophie, comme en estant prochaine. Mais rien n'estoit caché aux
soldats, & par tout ils entroyent aisément : ny les lieux saincts, ny les lieux
forts ne gardoyét ceux qui s'y retiroient. Quelque part que tu allasses, de
là ils t'arrachoient, te menoient où il leur plaisoit. Ce que voyans, nous *Fidelité*
aduisasmes, selon que le temps permettoit, à ce qu'il nous falloit faire. I'a- *d'vn person*
uois chez moy entre mes domestiques & familiers, vn certain Venitien, *nage Veni-*
qui y viuo , & s'y estoit retiré auec sa femme, & tout ce qu'il auoit : lequel *tien au be-*
pour lors nous fut fort profitable : car s'estant deuestu de son habit de *soin de celuy*
qui l'auoit
retiré.

marchand,& ayant pris les armes,& l’habit de foldat , empefcha pour vn temps que les pillars n’entraffent en ma maifon , feignant qu’il eftoit de leur compagnie,& qu’il auoit occupé le logis premier qu’eux,leur parlant en Venitien,& difant ce qui eftoit befoin de dire.Lequel toutefois voyát qu’ils y venoient en trouppe , & qu’il ne pourroit leur faire refiftance , & fpecialement aux François, lefquels ne reffemblans aucunement aux autres ny en efprit,ny en corps, fe vantoient ne craindre autre chofe , finon que le ciel ne tombaft,nous confeilla de fortir de là,de peur qu’eftans pris par les Barbares,ils nous miffent en prifon,& ne violaffent nos femmes & filles. Cependant que ceft amy & familier bon & fidele dés long temps, mais lors principalement,& en la neceffité coadiuteur & defenfeur , nous

Venitiens bons amis de Nicetas. conduifoit en d’autres maifons où demeuroient des Venitiens, qui nous eftoient amis : nous fortions peu de gens à la fois,luy nous menant par la main,& nous accompagnant,comme fi euffions efté fon butin,fort triftes que nous eftions,& mal habillez. Mais comme nous fufmes neceffitez de vuider de ceft endroit là de la ville , pource qu’il fut donné pour quartier aux François, & ayans efté malheureufement delaiffez par tous nos feruiteurs,qui s’en allerent qui çà,qui là, fufmes contraints en prenant fur nos

Enfans de Nicetas. efpaules nos enfans,qui ne pouuoient encor marcher , & fur nos aiffelles celuy qui tettoit encor, aller en ceft eftat par le milieu des ruës:fi bien que ayans demeuré cinq iours apres la prife de la ville , nous fortifmes vn famedi 17. iour d’Auril.Ce qui femble eftre aduenu par la diuine prouidence, & non par cas fortuit : ioint que c’eftoit en hyuer,& lors que ma fem-

Femme de Nicetas. me eftoit prefte d’accoucher. Tellemét que la prediction de Iefus Chrift, par laquelle il enhorte de prier que noftre fuitte ne foit au iour du Sabbath,ni en hyuer,& en laquelle il dit,malheur à celles qui feront enceintes en ces iours là , femble auoir eu en nous fon effet, comme fi pour nous il l’euft prononcee. Or s’eftans affemblez & prefentez à nous plufieurs de nos parens & familiers,nous nous acheminafmes, paffans à troupe par les ruës comme fourmis : auquel temps nous rencontrafmes des armees non gueres bien equippees, les foldats defquelles laiffoyent pendre leurs grádes efpees aux coftez des cheuaux,& auoyét leurs dagues dans leurs ceintures : les vns qui eftoyent chargez de defpoüille,les autres qui fecoüoyét les prifonniers paffans, pour voir fi foubz leur mefchante robbe ils portoyent point quelque beau habillement : les autres qui contemployent fi affectionnement les belles femmes, qu’on euft dit qu’ils les euffent lors voulu violer. Quoy confiderans, & craignans que l’on ne fift effort aux femmes, les mifmes au milieu de noftre troupe, & commandafmes aux ieunes de fe remplir la face de bouë , comme autrefois elles auoyent fait de fard, & par ce moyé effacer la rougeur de leurs iouës,à fin que la lueur de leur beauté n’attiraft premierement des fpectateurs, comme de nuict le feu efleué les voyagers, par apres des amoureux , & finalement des rauiffeurs , voyant que tout leur eftoit permis. Cependant nous ioignions

les

les mains à Dieu , d'vn cœur contrit frappans nos poictrines, abbreuuans noz yeux de larmes , pour trouuer moyen d'eschapper de ces cruelles be-stes la pudicité de nos femmes immaculee & sauue. Comme nous fusmes au deuant de l'Eglise du sainct martyr Mocius (car il nous falloit sortir par la porte Auree) vn certain malheureux & insolent Barbare, enleua du mi-lieu de nous vne belle ieune fille, comme le loup fait vne brebis : laquelle estoit fille d'vn certain iuge. A ce spectacle toute nostre troupe s'estant esbranlee, s'escria. Le pere de la fille, homme vieux , & qui estoit malade, estant tout sale de la bouë, dans laquelle il estoit tombé, s'attendoit à moy & s'y asseuroit, & neantmoins i'auois peu de moyens , & m'appellant par mon nom, me prioit que ie luy aidasse à recouurer sa fille. M'estant donc retourné, ie poursuis le meschant, criant à haute voix , & la larme à l'œil, que l'on auoit vsé de violence, & implorois à mains iointes l'aide des sol-dats qui passoyent, lesquels n'estoient ignorans de nostre langue : empoi-gnant mesme la main à aucuns. Si bien qu'en ayant à peine induit quel-ques vns à misericorde & compassion , & à vouloir vanger le tort fait par ce malheureux & impudent bouc, ie les menay en la maison où il estoit. Où estans arriuez, cest effeminé se mit sur le sueil de l'huis, apres auoir en-fermé la fille au dedans, pour resister à ceux qui viendroient pour vser de force : Et leur ayant monstré au doigt, ie leur dy, Voicy cestui-cy, qui en plein iour a forfait, & mesprisé les ordonnances de vostre noblesse : Vous auez fait proclamer , que personne n'aye à vser de violence à l'endroit de femme mariee, vierge, ou pucelle consacree à Dieu , ou se soüiller par as-pect impudique, si on s'en pouuoit garder , & les auez iurees auec serment solennel. Cestui-cy au mespris de vostre authorité & ordonnance , & en la presence de plusieurs, n'a point eu honte non plus qu'vn asne lascif , de se ruer desbordément sur de pauures filles vierges. Deffendez nous donc par vos loix & armes, esmeuz par nos pleurs , esquelles Dieu mesme a eu esgard,& lesquelles nature escoule dans nos yeux pour vous inciter à mi-sericorde. Que si mesmes vous auez des enfans, par vos femmes & chers gages ie vous adiure, que vous ayez à nous prester la main : ie vous adiure aussi par le sainct sepulchre, & les commandemens de Christ, qui com-mande que tous Chrestiens facent à autruy ce qu'ils veulent leur estre fait. Leur ayant vsé de ce langage, selon que le temps portoit, i'esmeu leurs cœurs à recouurer ceste fille. Luy du commencement ne faisoit conte de leurs parolles, estant esmeu de courroux & d'amour, qui sont deux affe-ctions fort violentes. Mais comme il veit que ceux-cy tous courroucez le pressoyent, & le menaçoyent de la corde , comme s'estant monstré iniu-rieux & impudique, & qu'ils parloyent à bon escient : à peine gaigné par menaces, nous rendit la fille. Le pere aise de reuoir sa fille , apres auoir sa-crifié ses pleurs à Dieu, pour auoir dechassé ces vilaines nopces, se leua , & derechef chemina auec nous. Apres que nous fusmes sortis de la ville, les vns d'vne sorte rendoyent graces à Dieu, & se lamentoyent de la perte de

Acte gene-
reux de Ni-
cetas , pour
le recouure-
ment d'vne
fille rauie.

Tressaincte
proclama-
tion des Frã-
çois.

leurs biens & facultez : de moy ayant ietté la face en terre, ie me faschois & complaignois contre les murailles, non feulement de ce qu'elles eſtoient demeurees entieres, qu'elles ne pleuroient & n'eſtoient tombees en vn monceau, mais de ce qu'elles eſtoient demeurees debout. Car(ſi,di-ſois-ie) le glaiue & le feu a entierement ruiné les choſes pour raiſon deſquelles vous auez eſté baſties, pourquoy demeurez vous debout? qui couurirez vous & conſeruerez vous? ſinon que vous machiniez ruine & perdition à l'ennemy, au iour de l'ire, quand Dieu s'eſleuera pour rompre ceux qui nous ont ainſi traictez, & foulera aux pieds peut eſtre, comme l'a predit Dauid, l'Occident. Et toy auſſi Royne de villes, ville ample, & gráde, ville du grand Roy, tabernacle du treſ-haut, loüange & renommee de ſes ſeruiteurs, delices des voyagers, Imperatrice des villes qui cõmandent, cantique des cantiques, ſplendeur dés ſplendeurs, & plus rare ſpectacle des choſes rares : qui eſt-ce qui nous à arrachez de toy, comme on fait de la mere chere les chers enfans? Que deuiendrons nous? où irons nous? quelle conſolation trouuerons nous? qui auons eſté arrachez de ton ſein nuds comme du ventre de la mere : qui ſeruons aux gentils de chanſon & prouerbe, apparoiſſans freres des Sirenes, compagnós des oiſeaux, & prenans pour viande la neceſſité, & pour noſtre breuuage la colere. Quand te contemplerons nous, non point en l'eſtat que tu es maintenant, champ de deſolation, valee de pleurs, foulee par les armees, reduite à neant, & reiettee : mais pluſtoſt eſleuee, & en ton entier, adoree de ceux qui t'ont abbaiſſee & irritee, ſucçant le laict des Gentils, & mangeant, comme tu as fait par cy deuant, les richeſſes des Roys. Quand ſera-ce que nous laiſſerons (comme fueilles de figuier, & habillemens fourrez) les veſtemés deſchirez, & qui ne couurent tout le corps? deſquels nous ont reueſtus les Barbares dreſſeurs d'embuſches, comme ſerpens, mauuais voiſins & dangereux : & reprendrons les belles & delicieuſes robbes que nous portions iadis? Sus donc ville treſſaincte, appaiſe Dieu : mets luy deuant au temple les reliques des Martyrs, tes calamitez, la grandeur des afflictions que tu as ſouffert, eſtant expoſee aux meſchans pour bruſler. Il commande que tu l'inuoques au temps de ta neceſſité : pource qu'il te deliurera, & tu luy donneras loüange.

O treſſainct & treſ-grand temple, ne te verray-ie point quelque iour! ciel terreſtre, throſne de la gloire de Dieu, chariot de Cherubins, autre firmament, annonçant la fabrique des œuures de Dieu, ſpectacle & œuure ſingulier, ornement ferme de tout le monde. Qui eſt celuy qui puiſſe promettre, ſinon celuy qui ayant eſté tenté par ſa mort à appris de ſecourir ceux qui ſont tentez? & qui deliure l'indigent de la main du riche, & le pauure & deſnué d'entre les brigands, ſinon celuy qui fait tout & le change touſiours en mieux? Comme nous euſmes dit ces paroles d'vn cœur contrit, nous nous en allions pleurans, & eſpandans, comme de ſemences nos pleurs. Si nous deuós retourner, pour amaſſer les gerbes d'vn meilleur

change

changement:cela viendra de Dieu,lequel donne courage à ceux qui font
de petit cœur,qui les reueft d'vne robbe de falut , & d'vn máteau de ioye.
Au deuant de nous marchoit noftre grand Pafteur Oecumenicus , lequel
ne portoit point de befaces,ny d'or en fa ceinture, point de bafton, ny de
fouliers,n'ayant qu'vn manteau : vray Apoftre de l'Euangile , ou pluftoft
imitateur de Iefus Chrift,en ce qu'il eftoit môté fur vn afne : horfmis qu'il
fortoit de la nouuelle Sion , & non y entroit en triomphe & magnificen-
ce. Arriuez que fufmes à Selybria,nous nous y arreftafmes,fans par la gra-
ce & bonté de Dieu,qu'aucun de ma maifon euft efté offenfé aucunemét,
ny enferré,ou lié de cordes,ne battu à coups de poing,comme il eftoit ad-
uenu à plufieurs des noftres , qui par argent auoient acheté leur iffue : au
refte ayans efté nourris par le moyen de Dieu feul, lequel en temps op-
portun pouruoift de viáde à vn chacun , & raffafie les petits des corbeaux
qui crient apres luy : & fuperbement reueft les lys des champs,qui ne filét
ny fement.Car les païfans fe moquoient plus de nous que ceux de la ville,
appellans mefme folement la mifere de noftre pauureté & nudité, & qua-
lité,ne s'eftans point amendez au mal & mifere de leurs voifins. Auffi fe
trouuerent plufieurs canailles loüans Dieu de cefte infortune qui nous
eftoit aduenue,pource qu'ils s'eftoient enrichis à l'achept des biens & fa-
cultez de leurs concitoyens,qu'ils auoyent eu à bon marché.Ils n'auoyent
encor fenty en leurs maifons la gloutonnie & rage des Latins, & n'auoyét
veu comme auec le vin qu'ils efpandoient,ils defploioyent leur colere, &
faifoient bien peu de conte des Grecs. Voila le piteux eftat auquel nous
eftions reduits , & de tous les gens doctes de mefme qualité & condition
que nous:Car la populace s'enrichiffoit, prophanát les chofes facrees que
les Latins leur auoyent vendues , en les reuendant tout ainfi qu'vne autre
marchandife : comme fi ce qui auois efté pris aux Eglifes ne fuft plus à
Dieu.Quant aux ennemis,ils s'addonnoient à tout defbordement , & de-
lices,& fpecialement aux chofes qui pouuoient tomber à moquerie & de-
rifion aux Grecs.Car prenans,non par neceffité , mais par moquerie , les
ornemens aux cloux larges : C'eftoient habits propres aux Senateurs , có-
me le foulier lunaire : ainfi que l'ornement à petits & eftroits cloux,eftoit
de ceux qui eftoient en moindre dignité. Or eft à noter que ces cloux,
eftoient ornemens, qui auoient forme de cloux, defquels les vns fe cou-
foient auec l'habillement,les autres non,ains fans diftinction eftoyét mis
par deffus, & auec iceux marchoient par les ruës , & mettoient fur la tefte
de leurs cheuaux les mitres de lin : & attachoyent aux machoires des be-
ftes , les bandes blanches que l'on fait pendre fur les efpaules , & de cefte
façon alloyent par la ville : les autres portoyent des plumes à efcrire , des
efcritoires & petits papiers,pour fe moquer de nous,comme d'efcriuains.
La plus grand part apres auoir violé les femmes, les reueftoyent de leurs
voiles , & reduifans leurs cheuaux à vn nœud par derriere , les menoyent
ainfi à cheual. Les autres ornoyent leurs cheuaux des petits bonnets des
                                                      femmes,

femmes, & de leur fauſſe cheuelure, qui eſtoit blanche & creſpuë: & tant
que le iour duroit gourmandoient & yurongnoient. Les autres s'addon-
noient à la friandiſe, les autres à appreſter la viande accouſtumee en leur
païs, qui eſtoit l'eſchine de bœuf bouïllie dans le chauderon, & celle de
pourceau auec farine de feues: comme auſſi la fauſſe aux aulx, & autre
compoſition auec ius acres & mordans. Apres le partage des deſpoüilles,
il ne ſe fit aucune diſtinction des choſes ſacrees auec les prophanes, mais
indifferemment ils emploierent les vnes & les autres en leurs neceſſitez,
ſans monſtrer qu'ils euſſent aucun reſpect à la Deité, ny à la religion: tel-
lement qu'ils ſe ſeruirent pour ſelles & eſcabelles des ſainctes images de
Ieſus Chriſt, & des Saincts. Venans à diuiſer les villes, & prouinces, ils s'y
monſtrerent de ſi peu d'eſprit, ie ne diray pas fols, & d'vn orgueil ſi enflé,
qu'il n'y a celuy qui ne s'en eſmerueillaſt. Car cuidans deſia eſtre Roys des
Roys, & auoir gaigné tout le monde, auec les mains, ils enuoyerét és pro-
uinces Conſtantinopolitaines des perſonnes pour cognoiſtre les reuenus
d'icelles, pour par apres les diſtribuer par ſort: Quant aux autres princi-
pautez de nations & regnes ils ſe les partagerent incótinent. Au ſort tom-
berent Alexandrie, celle renommee ville qui eſt voiſine du Nil: l'Afrique,
ce qui eſt depuis la Lybie iuſques à la Numidie, & colomnes d'Hercules:
les Parthes & les Perſes, les Iberes Orientaux, l'Aſſyrie, l'Hyrcanie, & ce qui
finit vers l'orient, par de grands fleuues: les regions Septentrionnales ne
furent oubliees, ains entrerent au ſort auſſi bien que les autres. Les vns
loüoyent les villes qui leur eſtoyent venues à partage, de ce qu'on en ti-
roit grand tribut, & eſtoyét propres à nourrir cheuaux, & s'en glorifioyét:
les autres, de ce qu'elles eſtoyent abondantes en autres choſes, ne ceſſoyét
de les exalter: les vns ſe debatoyent des partages: les autres faiſoyent eſ-
change de ce qu'il leur eſtoit aduenu auec d'autres: les autres ſe debat-
toyent fort & ferme d'auoir à partage l'Iconium. Les vns enuoyerent auec
pluſieurs nauires les portes de la ville, enſemble vne partie de la chaine
qui fermoit l'arſenac en Syrie à leurs citoyens: & ſi enuoyerent meſſagers
de tous coſtez, que la ville de Conſtantinople eſtoit priſe. Or pource qu'il
falloit eſlire vn Empereur, pour en deliberer ils s'aſſemblerent en l'Egliſe
des ſaincts Apoſtres: & premierement, ſuiuans vne certaine couſtume de
leur païs, ſelon le nombre des competiteurs, ils dreſſerent & mirent qua-
tre calices par ordre, dans l'vn deſquels eſtoit cachee la ſacree hoſtie, les
autres eſtoyent vuides: & les baillerent à autant de preſtres: leſquels à
chacune nomination qui ſe feroit de ceux qui ſeroyent eſleuz, en leue-
royent vn, & le leur bailleroyent. Celuy deuoit eſtre Empereur, auquel ſe
bailleroit le calice dans lequel ſeroit le corps & le ſang de noſtre Seigneur
Ieſus Chriſt. Par apres ayant ſemblé bon à Dandulus Duc des Venitiens,
de faire l'election par ſuffrages, & que des François & Lombards cinq ſei-
gneurs à ceſt effet fuſſent eſleuz, auec autant de Magiſtrats Venitiens: par
la plus grande voix Balduin Comte de Flandres fut proclamé Empereur.

Mais

raison on estime, & en est le bruit par tout tel, que ce fut par la finesse &
astuce du Duc Dandulus: qui se voyant exclus, pour cause de son aueu-
glement du nombre des competiteurs, voulut que le gouuernemét tom-
bast és mains de celuy qui seroit d'vne façon plus ioyeuse, & d'vn esprit
moins ambitieux. Combien qu'à la verité son intention aye plustost esté,
d'aduiser que la principauté particuliere de celuy qui seroit esleu, fust fort
esloignee du païs des Venitiens: à fin que s'il aduenoit qu'ils eussent quel-
que debat auec luy, il ne peust si tost faire venir armee de son païs, ou ai-
sément se saisir du païs des Venitiens, ou le piller & fourrager. Ce qu'il
voyoit bien aisément pouuoir aduenir, si le Marquis Boniface de Mont-
ferrant estoit esleu, pour cause qu'il estoit de la Lombardie, qui est vn païs
icy aupres de la mer, d'où il luy seroit aisé de trauerser aux prouinces Cô-
stantinopolitaines, & qu'a cause du voisinage les Venitiens pourroyent
endurer beaucoup de maux. A ces causes, & raisons, qui ne sont vraye-
ment absurdes, le Duc Dandulus, qui bien qu'il fust aueugle, voyoit tou- *Tressage cô-*
refois des yeux de l'esprit des choses mesme cachees aux bien-voyants, *seil du Duc*
debouta de l'election le Marquis Boniface, luy preferant de l'aduis & *Dandulus,*
opinion des François & Venitiens, Balduin, qui estoit de la basse Gaule, *& naturel*
sçachant bien qu'il n'y auoit moins de distance du païs de la basse Gaule *zele, amour*
à Venise, que de Venise aux prouinces Constantinopolitaines: ioint aussi, *& charité*
que Balduin luy estoit entierement affectionné, & l'honoroit comme son *vers sa pa-*
pere, & si n'estoit pas consommé en affaires, comme le Marquis Boniface. *trie.*
Car Balduin n'auoit encor attaint l'aage de trentedeux ans: & d'autre co- *Loüange de*
sté il estoit homme religieux & modeste, & lequel tout le temps que sa *Balduin Cô-*
femme fut absente, ne regarda onc femme d'vn œil impudique. Il s'estu- *te de Flan-*
dioit volontiers aux loüanges de Dieu, soulageoit les necessiteux, & *dres.*
escoutoit paisiblement ceux qui luy contredisoyent. Et qui plus
est, il faisoit proclamer sur le soir toutes les semaines
deux fois, que nul qui auroit violé la femme
d'autruy, n'eust à coucher en
son palais.

F

DE
L'EMPIRE DE BALDVIN,
COMTE DE FLANDRE
ET D'HENAVT.
₊

BALDVIN estant coronné Empereur, s'en alla és parties Occidentales, non pour les reduire à son obeissance (car il n'estimoit que rien luy deust resister : & mesme superbement, & auec petulance se vantoit, Où iray-ie, & de ma lance esmouueray-ie la terre?) mais pour en passant sur icelles prouinces, comme en païs d'amis, estre salué Empereur de Constantinople par les peuples d'icelles. Et à ceste cause,ne fit estat d'aucun Constantinopolitain , soit pour le fait de la guerre , soit pour le fait du gouuernement, mais les cassa tous : suyuant mesme l'aduis des autres Comtes & capitaines de l'armee. Car les Latins separans la magnanimité de ses voisines vertus , & se l'approprians toute , comme si de nature & nourriture ils y eussent esté faits , ne pouuoyent souffrir aucun compagnon,ny qu'aucune nation leur fust en faits belliqueux accomparee : & pource que les Muses , ny les graces n'auoyent aucun acces à l'endroit de ces Barbares,cela les rendoit d'vn esprit farouche & imployable, & faisoit que la colere surpassoit leur raison. Balduin donc ayant trauersé *L'empereur* les villes de Thrace,mit garnison à Orestiade,Didymothice,& Philippo-*Balduin* polis. Estant venu iusques à Xanthias , ceux du païs souz la conduite d'vn *vient en* certain capitaine nommé Sennacherib, dresserent embusches à son ar-*Thrace,au-* mee : mais apres s'estre vn peu auancez, derechef se cacherent, s'en re-*iourd'huy* tournans auec peur,d'où ils estoyent sortis courageux. De là il s'en alla, *Rome.* sans trouuer rencontre , vers la ville metropolitaine Thessalonica , ayant auec soy le Marquis Boniface,qui menoit auec soy Marie d'Hongrie, qui iadis auoit esté mariee à Isaacius Angelus Empereur , mais apres son decez,& la prise de la ville, luy auoit esté coniointe par mariage legitime. L'Empereur estant venu iusques à Mosynopolis,le Marquis qui auoit esté *Reuolte du* aduerty par plusieurs personnes,que Balduin n'auoit onc pensé , suyuant *Marquisde* l'accord qui en auoit esté fait,de luy quitter l'inclyte Thessalonique,mais *Boniface de* *Motferrat.* qu'expressément il s'estoit mis en chemin, & faisoit lōgues iournees pour s'en saisir,demeura long temps comme tout esperdu. Qui fut cause , que de grand destresse il rebroussa chemin, appellāt l'Empereur Balduin plus

trompeur

que les Grecs, defloyal, leger, & plus fuiet à changement qu'vn d'eux, & fe
faifit de la ville Didymotichum. En laquelle ayant mis bonne garnifon,
courut toutes les villes de Thrace, & les efbranla, horfmis Oreftiade, en
laquelle il ne peut entrer, à caufe de la forte garnifon que Balduin y auoit
laiffee : il impofa des tributs, ramaffa les Grecs, prenant Dieu fouuent à
tefmoin, & iurant fort & ferme, qu'il auoit quitté le party des fiens pour
fe ioindre auec les Grecs. Outre ces atteftations, il trouua encor vne autre
finefle, pour mieux donner couleur à fon dire: car il fit declarer Empereur
de Conftantinople Manuel, fils aifné de Marie d'Hongrie fa femme, &
luy quitta & l'habit & le tiltre. Par cefte finefle il attira grandes trouppes
de Grecs, combien que cela ne fe fift à bon efcient, comme il fe cognut
par apres. Comme Balduin approchoit de Theffalonique, & n'en eftoit
gueres loin, tout le peuple luy vint au deuant, & criant à haute voix &
ioyeux, fe rendirent à luy, enfemble la ville : le prierent toutefois leur faire
cefte faueur de n'entrer en la ville, ou ne permettre que l'armee y entraft:
craignans pour la diuerfité des peuples & chefs dont elle eftoit compofee
que les foldats mefprifaffent fes commandemens, & pillaffent la ville.
Doneques Balduin voyant l'efgard qu'il y auoit en la requefte des Thef-
faloniciens, comme fondee fur raifon, ioint la mauuaife opinion qu'il prit
du depart du Marquis, & la fafcherie qu'il auoit, de ce qu'on difoit de luy,
leur accorda ce qu'ils demanderent, & ratifia en lettres rouges tous leurs
priuileges & couftumes: & ayant efté par l'efpace de quelques iours receu
honorablement, & auec grande magnificence felon fa grädeur par iceux,
hors les murailles de la ville, s'en retourna à Conftantinople.   Car defia
auoit-il efté rappellé par Dandulus Duc de Venife, & autres Comtes, qui
eftoyent demeurez dans la ville. Balduin eftant retourné, on enuoye vers
le Marquis, vn certain Geoffroy, homme de grande authorité & credit en
l'armee des Latins, lequel ils appelloyent Marefchal, & les Grecs Proco-
ftrator, à fin de le faire reuenir. Lequel apres affeurance receuë, que l'on
ne le rechercheroit plus, s'en retourna à Conftantinople, & eftant rentré
en grace auec Balduin, quitta Didymotichum, & s'en alla à Theffaloni-
que : où il fut receu fans aucune difficulté. Eftant entré dans la ville il dif-
fimula la malice de fon efprit, fes leures langardes, & s'accommoda au
temps. Mais toutefois il ne peut long temps fe contenir: car tout ainfi que
le fuif defcouure la belette, ainfi luy cognoiffant que les Theffaloniciens
eftoyent opulens, & riches, les cottifa à certaines fommes de deniers: don-
na auffi à fes gendarmes les belles maifons des habitans d'icelle pour lo-
gis, & en chaffa les proprietaires. Ayant delaiffé en la ville Marie d'Hon-
grie fa femme, auec vne partie de fon armee, & mis fouz fon obeiffance,
fans y penfer, les villes de Serres & Berrhœa voifines, qui font du cofté
des Tempes de Theffalie : (Tempes, font certains lieux en Theffalie, de la
longueur de cinq mil pas, & de fix de largeur, lefquels font fort beaux &
plaifans, pour eftre arroufez par le fleuue Peneus,) fe refolut de fe faifir de

Lariſſa , & paſſant par la Grece d'enuahir le Peloponneſe : eſtimant touſ-
iours que ce qu'il tenoit, eſtoit peu de choſe, & deſirant pour la ſimplicité
des Grecs pouſſer plus auant. Quelques gens de noble maiſon Conſtanti-
nopolitains, le ſuiuoyent, leſquels luy ſeruoyent pour attirer les prouin-
ces, & luy rendre plus facile le chemin : ſouz couleur & pretexte fraudu-
leuſement & ſouz dol inuenté de monſtrer le chemin à Manuel fils aiſné
de Marie, (car tout ainſi que les Thraces auoyét bien receu Manuel auec
l'habit Imperial, auec lequel on le menoit, & accompagné d'heureuſes ſa-
lutations : ainſi en firent ceux de la Macedone, Theſſalie, & autres prouin-
ces de la Grece voiſines) mais à la verité aux Latins, auſquels ils mon-
ſtroyent (traiſtres à leur païs) ce qu'il falloit faire. Ainſi le Marquis gai-
gna, ſans coup ferir ces grands peuples, & occupa ces puiſſantes villes, le
nombre deſquelles, enſemble des habitans, eſtoit tel qu'il excedoit de
beaucoup ſon armee. L'Empereur Balduin de l'autre coſté eſtant arriué à
Conſtantinople, n'eſtoit auſſi en deliberation de s'arreſter là, ne d'y faire
ſeiourner ſon armee, ains de trauerſer en Aſie minor , & d'aſſieger les vil-
les de ce lieu : & ce principalement à la pourſuitte qu'en faiſoyent cer-
tains Latins, qui tenoyent vne ville de l'Helleſpont, nommee Pegas , & les
Troyens Armeniens, leſquels ne ceſſoyent de l'inciter , enſemble les au-
tres Comtes à venir ſaiſir comme proye preſte, les villes Orientales. Donc
ſur le mois d'Octobre Henry, frere de Balduin, & Pierre Plancius, homme
fort genereux, eſtans à Callipolis ville maritime , firent voille en Orient.
Henry s'eſtant ioint à Troye auec le ſecours des Armeniens, traicta hoſti-
lement les villes qui firent reſiſtance, & les pilla , & paſſant par le deſtroit
du mont Ida, s'en alla touſiours vainqueur iuſques à Adramyttium. Pierre
Plancius s'en allant de Pegas à Lopadium, rencontra autour de Pœmani-
num , Theodore Laſcaris , qui menoit de grandes forces de Grecs : mais
comme on vint au combat, ne peurent les Grecs ſouſtenir, & ſe mirent en
fuitte. Plancius donc voyant que perſonne ne luy faiſoit teſte, ains au cô-
traire qu'auec croix, & ſaincts Euangiles on le receuoit par tout, s'en alla à
Lopadium, & pardonna à ceux qui ſe rendirent amiablemét à luy, & ſem-
blablement à ceux qui n'auoyent pris les armes. Combien qu'il ſoit fort
difficile à croire, que les Latins qui vſent d'vn autre lágage que les Grecs,
qui ſont d'vn eſprit auare, ont vn œil impudent, vn ventre inſatiable, qui
ont vn cœur felon & aigre , & qui cherchent touſiours les armes, ſoyent
aiſez à gaigner de paroles. Au reſte, les Latins voulans ſonder ceux de Pru-
ſe , leſquels ne faiſoyent aucun ſigne de ſe vouloir rendre , mais amaſſans
grande quantité de viures pour ſouſtenir vn long ſiege , & s'aſſeurans de
l'aſſiette du lieu, (car Pruſa eſt ſituee ſur vne colline, & enuirónee de bon-
nes & fortes murailles) eſtimoyent ne pouuoir eſtre pris : delaiſſans Lopa-
dium, s'en allerent pour aſſieger Pruſe , & y vindrét du coſté vers l'endroit
où la montagne Olympe ſe deſtourne vn peu de la ville, & où ſe rompt la
colline pierreuſe qui l'enuironne , crians à ceux de la ville qu'ils euſſent à

les

Le marquis
occupe la
Grece auec
fraude.

Expedition
d'Héry fre-
re de l'Em-
pereur , &
de Pierre
Plancius,
en l'Aſie
minor.

Le ſiege de
Pruſe.

les receuoir: leur difans que par ce moyen ils obtiendroyent d'eux ce qu'ils demanderoyent, au refte qu'ils n'attendiffent au lendemain. Car s'ils enduroyent l'affaut,& que les perrieres & mangonneaux donnaffent contre la muraille,qu'ils n'auroyent d'eux telle compofition. Mais comme ils virent que les habitans ne faifoyent aucun femblât d'obeyr : & que mefme quelques nobles de la ville auoyent fait vne fortie, & auec leurs flechcs mis par terre beaucoup de nobles,bref que le lieu ne fe pouuoit fi toft auoir, & qu'il y falloit du temps , ils leuerent le fiege. Les Prufiens voyans que l'ennemy plioit bagage,prenans courage , donnerent auec le plus grand effort de leur armee fur la queuë des Latins : les autres fe faifirent des lieux hauts & montagnes par où il falloit que l'ennemy paffaft. Plufieurs auffi fe reuolterent des Latins, lefquels leur firent autant de mal que ceux qui ne les auoyent voulu receuoir,& en tuerent grand nombre. Si eft-ce toutefois que les Latins ne laifferent d'auoir le deffus : & fi firent plufieurs deffaites,& entre autres vne aupres la ville Cæfarea. Car comme les Grecs eurent occis vn port'enfeigne des Latins, qui marchoit deuant l'armee,& planté l'enfeigne fur vne colline,à la veuë des trouppes qui fuiuoyent, ils les attirerent aifément à eux : lefquelles par apres comme la fraude eut efté defcouuerte, ils repousferent aifément: où ils n'eurent du bon.Theodore Philadelphien s'eftant refolu d'en faire autant, trouuant Henry pres d'Adramyttum,leua les armes contre luy , & par fa venue fubite, & au defpourueu & multitude de foldats l'effraya. Henry voyant qu'il falloit venir aux mains,dreffa fes bataillons de cauallerie,lefquels tenans leurs lances droites,attendoyent le choc.Mais comme il s'apperçeut que les Grecs ne bougeoyent , & ne vouloyent eftre les premiers affaillás, ains fe contenoyent à mode d'vn ferpent , iettans feu auec leurs efquadrons,& pour donner frayeur faifoyent vn cliquetis d'armes , que les aifles de leur bataille s'entr'ouuroyent,& au refte fe comportoyent és efcarmouches affez lafchement: donnant figne aux Latins , & s'auançant le premier,tous la lance à l'arreft , & fuiuant leur couftume , auec vn grand cry & bruit,donnerent à trauers la bataille des Grecs,& les rompirent : & pourfuiuans ceux qui fuioyent,en tuerent grand nombre. Car la cauallerie des Grecs n'ayant peu fouftenir le premier effort de la cauallerie des Latins s'en eftoit enfuye à bride abbatue, & auoit par ce moyen delaiffé l'infanterie defnuee, & à la boucherie & mercy des ennemis. Voila en quel eftat eftoient les affaires en Afie. Le Marquis eftant forty des Tempes de Theffalie par la conduite des Grecs, mena fon armee par lieux plains , auec vne telle celerité, qu'il fe trouua en la campagne de Lariffa, fans le fçeu des Grecs,qui tenoyent auec bonnes gardes les fommets des montagnes,& gardoyent le pas,auquel le canal du fleuue Peneus s'etroiffiffant fort,s'efleue en grands flots , lefquels fe iettans fur le riuage, y menent grand bruit : quant au lieu par où il paffa,le chemin y eftoit fi eftroit & fi difficile à caufe des rochers,& defcente des torrens, qu'à peine quatre

Theodore Philadelphien repouffé par les Grecs.

Ce que le Marquis Boniface de Môtferrat fit en Grece.

foldats y pouuoyent aller de rang. Eſtant party de Lariſſa,il s'auança plus
outre,ſans que perſonne luy oſaſt faire aucune reſiſtance:iuſques à ce que
trop tard , & quaſi à peine Leon Sgurus ſe mit en campagne , & s'en alla
luy dreſſer embuſches aux Thermopyles:lequel toutefois effrayé à la ſeu-
le veuë de la cauallerie des Latins,ſans faire aucun acte genereux , s'enfuit
à Acrocorinthum. Ce Sgurus icy eſtoit natif de la ville nommee Nau-
plium,lequel ayant ſuccedé au gouuernement à ſon pere,le tint quelques
annees,pluſtoſt par force que par la volonté de ſes citoyens,d'autant qu'il
auoit gouuerné auec ſemblable cruauté qu'auoit fait ſon pere. Mais ac-
creu qu'il fut en temps de troubles,comme les torrens par les pluyes,& les
vents par les grandes ondes, de petit qu'il eſtoit, il deuint fort grand. Il
ſurprint par fineſſe la ville d'Argos,& Corinthe en brigandant: & conti-
nuant en ſon brigandage, hazarda la ville d'Athenes auec vne arrmee de
mer,& autres forces qu'il paſſa par le Ithmus : ſe faiſant fort de ſurprendre
aiſément le chaſteau,ou y menant des engins d'intimider la garniſon qui
y eſtoit. Au reſte il entreprenoit choſes,deſquelles il luy eſtoit impoſſible
venir à bout, Car Michel Coniates mon frere (mon frere, dy-ie, car ie me
louë fort d'eſtre de ſa parenté , & me reſiouys de luy attoucher de pres,
combien que ie n'approche en rien de ſa vertu & eloquence) qui eſtoit le
grand paſteur d'Athenes,cognoiſſant que ſon deuoir portoit d'aider à la
republique de conſeil & prieres,ſe delibera , ayant veu le camp de Leon
Sgurus,de parler à luy religieuſement, comme à vne perſonne qui ne luy
eſtoit incognue , & auec lequel ſouuent il auoit deuiſé , pour voir s'il le
pourroit deſtourner de ceſte entrepriſe, Et partant commença à luy ietter
de la ville, comme d'vn haut lieu, des fleches d'aduertiſſemens, & d'vne
fonde paſtoralle des parolles ſacrees : & quelquefois s'eſtudia par mena-
ces diuines,comme par machines & engins d'eſmouuoir & eſbranler ſon
eſprit: luy remonſtrant que ce n'eſtoit à faire à celuy qui ſe diſoit Chre-
ſtien , & qui ſe mettoit du nombre des Grecs de faire la guerre aux Grecs,
ſinon que de bouche il retint ſeulement le nom de Chreſtien, & d'habit
& langage il s'eſtimaſt Grec,mais de penſee il fuſt ennemy des Chreſtiés.
Au reſte que c'eſt qu'il auoit contre les Atheniens,pour les venir aſſieger?
Que la priſe d'Argos eſtoit aucunement excuſable , à cauſe du voiſinage,
pour le regard duquel il pouuoit prendre quelque occaſion de ce faire:
comme auſſi de Corinthe,aux habitans de laquelle il auroit mis en auant
les embuſches à luy ſouuent dreſſees par leur Archeueſque: que d'icelle
ville l'armee des Grecs ſeroit accouruë ſur la ville de Nauplium,& y ſeroit
abordee la flotte ennemie. Que tout ainſi que les Atheniens ſont eſlon-
gnez de lieu de luy, qu'auſſi ils n'ont eu aucun negoce auec luy , ny onc
aucune pique.Que tous les affaires qu'ils ont eu auec le preſtre de la ville,
n'ont eſté que ſaincts,& de la religion,d'autant que iamais il n'a refuſé de
l'appeller pere,& paſteur,& s'eſt monſtré plus friant de la douceur de ſon
parler, que de miel duquel meſme il ſe ſeroit touſiours monſtré affamé:

&

& qu'aufli il l'auroit tenu du nombre de fes enfans fpirituels. Michel s'e-
ftant feruy de cefte forte d'armes à l'encontre de Sgurus, le pria de fe reti-
rer. Leon Sgurus cependant faifoit femblant de pouuoir les forcer, leur
remonftrant la mifere du temps, qui commandoit de ne rien entrepren-
dre outre fes forces, veu que la principale ville du monde eftoit fi affligee:
finalement les preffoit luy liurer à la mort vn certain ieune homme: lequel
combien qu'vn autre euft librement rendu, mefmes à qui ne l'euft point
demandé, comme eftant vne engeance maudite qui auoit efté caufe de la
ruine de plufieurs, & d'effet & confeil machiné chofes mefchantes contre
fa patrie: fi eft-ce qu'il tint du nombre de ceux qu'il aimoit Euangelique-
ment, ceft ennemy couuert de la patrie, & ce violateur & efpieur de la
nourrice de l'Eglife fpirituelle, lequel bien fouuent s'eftoit bandé contre
luy, & fans auoir efgard à la requefte de Sgurus, le retira, & receut comme
fuppliant. Mais comme il veit qu'il ne pouuoit appaifer ce lyon auec bons
& fages aduertiffemens, lequel comme vn afpic, bouchoit fes oreilles, &
faifoit lancer au chafteau toutes fortes de traits: & apres auoir prié Dieu
qu'il luy pleuft de diuertir tout le mal fur ce mefchant homme, qui eftoit
autheur de tous les malheurs qui aduenoyent, pofa les machines & en-
gins de guerre fur les murailles, & les munit d'archers & funditeurs. Et que
n'euft-il fait pour dechaffer l'ennemy: luy, dy-ie, qui eftoit perfonnage
tant remarqué pour fon grand fçauoir és lettres fainctes & prophanes, &
pour fa finguliere eloquence? qui euft peu, s'il euft voulu, faire pleuuoir
feu fur ces mefchans, ou leur enuoyer des froilons, ou bien requerir con-
tre eux d'enhaut quelque autre malheur. Car fi feulement il fe fuft mis à
efleuer fes mains en haut, & à faire prieres à Dieu à ceft effet, Dieu n'euft
beaucoup retardé: mais de cefte penfee, & de l'effet d'icelle le deftourna
celuy qui appaifa les enfans du tonnerre, & les empefcha de tirer le feu du
ciel, en leur difant, Ne fçauez vous pas de quel efprit vous eftes menez?
Sgurus fe voyant hors d'efpoir de pouuoir vaincre ceft ennemy, qui eftoit
fi expert à dreffer les batailles, fi eloquent & tant remply de vertu, & auffi
de prendre le chafteau & forfereffe d'Athenes, defploya fon courroux fur
la ville de laquelle il ne pouuoit s'emparer du chafteau: brufla les bourga-
des, pilla & print tout le beftail: & peu de iours apres leuant le fiege, alla
affieger Thebes: Laquelle ayant pris du premier affaut, paffa outre: telle-
ment que prenant le chemin des Thermopiles, & defcendant par le mont
Oeta, il vint à Lariffa, & là fe ioignit auec l'Empereur Alexius Tyran, le-
quel ayant efté deietté des parties Septentrionnales, & chaffé de Confta-
tinople, s'eftoit retiré aux Tempes de Theffalie, & print à femme fa fille
Eudocia: laquelle defia auparauant auoit efté mariee à Eftienne, Duc des
Triballes, dits Autreffi Bulgares, & depuis par luy repudiee: qui fut caufe
qu'elle retourna à Conftantinople, où apres la prife de la ville, & defola-
tion d'icelle, elle efpoufa Alexius Ducas, furnommé Murzuflus, ou le four-
cilleux, qui dernier enuahit l'Empire: auec lequel, toutefois elle ne de-
                                          meura

meura iufques à fa vieilleffe. Car Alexius l'Empereur, Tyran pere d'Eudo-
cia, fans aucune occafion, à tout le moins que l'on puiffe fçauoir, s'eftant
finement faifi de la perfonne de Ducas Murzuflus luy creua les yeux, fe
monftrant luy fugitif, contre vn autre fugitif fort fafcheux, & ennemy ca-
pital à celuy qui auoit couru mefme fortune que luy, & auoit perdu fon
Royaume : mais quelque temps apres ledit aueuglement, Ducas Murzu-
flus ayant efté furpris par les Latins, fut remené à Conftantinople : où
eftant accufé d'auoir eftranglé l'Empereur Alexius le ieune fon feigneur,
pour fa defenfe, propofa qu'il s'eftoit demonftré traiftre à fa patrie, & par-
tant qu'il auoit efté puny felon fon demerite : au refte que ce n'eftoit luy
feul qui auoit attenté fur l'Empereur, mais fes autres parens auffi & fami-
liers. A quoy fans auoir efgard, & fans l'ouyr en autres faits iuftificatifs,
qu'il vouloit propofer, le condamnerent à vn nouueau fupplice de mort,
& fort cruel : car l'ayant fait conduire & mener fur vne haute colomne,
qui eft au Taurus, le precipiterent en bas. Pour vn peu il eut les pieds con-
tre bas, mais ayant rencontré, la tefte print le deuant : de laquelle finale-
ment il donna contre terre, & mourut miferablement. Sgurus donc apres
auoir efpoufé Eudocia, fçachant que le Marquis Boniface deuoit paffer
en Grece, ainfi que dit a efté cy deffus, s'en alla pour mettre bonne garde
au paffage des Thermopiles, & en la haute montagne voifine, & autres
lieux de la Grece, qui y pouuoyent donner entree : mais nonobftant ce,
le Marquis fe rendit maiftre de ces paffages, par la grande pufillanimité
& coüardife des noftres, qui ne demandoyent qu'à s'introniser à la bonne
grace de ceux qui fe monftroyent les plus forts : mefmes confideré qu'il
n'amenoit grandes forces, & encor non vnies, ny bien d'accord, pour eftre
compofees de gens de diuerfes villes : tellement qu'entrant en la Beotie, il
fut auffi bien & alaigrement receu, que pourroit eftre celuy qui apres vn
long & fafcheux voyage, retourneroit en fa maifon. Paffant plus outre, il
print Athenes, & mit garnifon en la fortereffe. Et combien que le mefme
Archeuefque d'Athenes, euft peu empefcher l'entree au Marquis, & luy
faire refiftance, comme n'agueres il auoit fait à Sgurus : confiderant toute-
fois qu'il n'eftoit temps de fe demonftrer tel, veu la prife de Conftantino-
ple, & que les prouinces tant Orientales, que Occidentales auoyent flechy
fouz les armes des Latins, fans coup ferir, luy rendit la fortereffe : finalemét
les Euboeens, fans penfer à leur liberté, ny à fe defendre, tendirét les mains
au Marquis, & drefferent vn pont au deftroit, pour luy donner moyen de
paffer fon armee, enfemble vne fortereffe, fur laquelle elle vit mettre vne
garnifon, laquelle eftoit pour rembarrer l'inconftance des Euboeens, &
les contenir en obeiffance. Mais pourquoy eft-ce que les Barbares antici-
pent mon propos, auancét le vol du cours de mon hiftoire, & ne trouuent
aucune refiftance ? Car icy n'eft encor fait mention que du fac de Thebes,
de la prinfe d'Athenes, & de leur entree en Euboe : & eux neantmoins,
non comme pietons, ains comme oifeaux volans, allans plus vifte que
mon

*Ducas Murzu-
flus a les
yeux cre-
uez.*

*Mort hon-
teufe & mi-
ferable de
Ducas A-
lexius, fur-
nommé le
fourcilleux
ou Mur-
zuflus.*

*Le Mar-
quis Bonifa-
ce fe rend
maiftre de
la Grece.*

*Euboea pri-
fe par le
Marquis.*

mon hiſtoire, vindrent au Iſthmus, dit le deſtroit de Corinthe , rompent
l'armee des Conſtantinopolitains qui y eſtoit,& prennent d'aſſaut la ville
de Corinthe, iadis eſtimee ſi riche. De là ils paſſerent par Argos, & trauer-
ſans la Laconie, ſe ietterent dans l'Achaie: puis vindrent à Methone , & de
là à Pyle, païs de Neſtor. Ie penſe qu'ils ſuiurốt iuſques au fleuue Alpheus,
& beuuans & ſe lauans en iceluy, voudrốt rafraiſchir la memoire de ceſte
belle ancienne fable : eſtant à craindre, que ſçachans qu'Alpheus fond de
l'amour d'Arethuſe, fontaine de Sicile, laquelle abbreuue les Italiens, & le
dominans, ils ne deſcriuent ſur ſon eau leurs geſtes contre les Grecs , & le
facent meſſager d'icelles vers leurs patriotes. Mais , ô fleuue Alphee , li-
queur qui te rend aimable à boire, meſme courất dans la mer, choſe mer-
ueilleuſe, flamme d'amour, ne vueilles raconter aux barbares Siciliens, les
calamitez des Grecs, ou les choſes que ceux qui ſont venus de là ont faites
contre les Grecs: de peur qu'ils n'en meinent lieſſe, ou facent feux de ioye,
& qu'il ne vienne autre plus grande troupe d'ennemis : attends vn peu, la
fortune de la guerre eſt variable: les affaires du monde ſont fort incon-
ſtans, & tout ainſi que le ieu des dés , ores à ceux-cy, ores à ceux-là la vi-
ctoire fauoriſe. Alexandre le grand n'a eu toutes choſes à ſon ſouhait:& la
fortune de Iules Ceſar ne luy a touſiours eſté fauorable. Ie t'adiure par ton
Arethuſe, par ton amitié , laquelle demeure entiere parmy l'eau ſalee , &
par ta liqueur amoureuſe. Or pour reprendre nos erres , Leon Sgurus ſe
trouuant harraſſé & rompu par tant de defaites , & voyant que la ville de
Argos, & autres villes voiſines auoyent eſté ſaiſies par l'ennemy , ſe retire,
comme vne beſte rouſſe en ſa cauerne, ou le dragon en ſon creux, à Acro-
corinthe, qui eſt le chaſteau & fortereſſe de l'ancienne Corinthe, place aſ-
ſiſe en vn haut precipice,& quaſi inexpugnable. Ayant donc le Marquis
eſté repouſſé d'Acrocorinthe , & cognoiſſant que non ſans grande diffi-
culté Nauplium ſe pourroit prendre , à cauſe des forterefſes deſquelles il
eſtoit enuirốné, & pour eſtre muny de vaillans hốmes, il ſe reſolut de tra-
mer le ſiege de ces deux places, & à ceſt effet fait baſtir vne fortereſſe vis à
vis d'Acrocorinthe, vers l'endroit par lequel plus aiſément elle ſe pouuoit
aſſaillir. Si bien qu'auant que l'an fuſt complet & finy, tout ce que l'Empi-
re Conſtantinopolitain tenoit en l'Aſie minor,& és parties Occidentales
de Thrace ſe fuſt trouué ſaiſi & mis ſouz le ioug des Latins (car deſia Bal-
duin, qui eſtoit creé Empereur, auoit deliberé d'aller poſer le ſiege deuant
les villes de Nicee & Pruſe) ſi noſtre Seigneur, qui renuerſe les entrepriſes
des hommes, & diſſipe les nations belliqueuſes, n'euſt pris noſtre deffenſe
en main: Car l'Empereur Alexius, qui s'en eſtoit fuy, s'eſtant venu preſen-
ter au Marquis, changea auec vn peu de pain & de vin les ornemens de
l'Empire , & fut enuoyé auec ſa femme Euphroſyne en vn lieu nommé
Halmyrum, (ceſt à dire ſalé) bien correſpondant à ſa fortune. Les Grecs,
qui auoyent pris la fuirte auec l'Empereur Alexius, (entre leſquels il y en
auoit pluſieurs de noble lignee, adextres aux armes, & ſortis des villes de

G

Thrace) defiroyent fuiure le Marquis, & luy faire feruice. A quoy luy ne
voulant entendre, difant qu'il n'auoit affaire de foldats Grecs, leur donna
occafion de fe retirer. Tellement que ce attendu, ils s'addrefferent à l'Em-
pereur Balduin, & le prierent de les receuoir. Mais fe voyans de luy par
mefme moyen dechaffez, s'en allerent recourir vers Ioanniza roy de Bla-
chie & de Bulgarie, qui ayant efté nourry & entretenu au mont Hœmus,
diffipoit & gaftoit par courfes & pilleries des Scythes, tout le quartier Oc-
cidental de l'Empire Conftantinopolitain : lequel, pource qu'il redoutoit
les Latins, & craignoit leur lance comme vn dard flamboyant, les receut
tref-volótiers. Auffi lors qu'il enuoya des Ambaffadeurs aux Latins pour
auoir leur amitié, il luy fut enioint de parler à eux par lettres, non comme
amy auec fon amy, mais comme vn vaffal auec fon feigneur : autrement le
menaçoyent de luy dreffer vne guerre, & de courir hoftilemét fur la My-
Myfie au- sie, laquelle contre fon deuoir en ayant dechaffé les Grecs, il auoit occu-
iourd'huy la pee par fedition : bref le reduire à fon premier point. Qui fut caufe que
Valachie. le Roy Ioanniza fit faire commandement à tous les Grecs qui s'eftoyent
retirez vers luy, de s'en retourner en leur païs : & d'empefcher tant qu'il
leur feroit poffible par fecrettes menees les deffeins des Latins, iufques à
ce qu'il euft remis fus leurs affaires. Eftans donc retournez en leur païs,
prattiquent fouz l'aide & fecours des Blaches, les villes de Macedone &
Thrace de fe rendre. Si bien que plufieurs des Latins aufquels lefdites vil-
les eftoyent efcheuës, furent tuez : les autres s'en eftans fuys, retournerent
à Conftantinople. Ceux auffi qui tenoyent Didymothicum, furent occis :
& ceux qui eftoyent à Oreftiade chaffez. Cefte entreprinfe fut caufe que
les Latins quittans l'Orient, vindrent fans que l'on y penfaft vers le quar-
tier Occidental, & que ceux qui auoyent faifi la Grece & la Moree, fe ren-
dirent plus traictables & modeftes. Mais traictons par ordre tout ce qui
eft fur ce fait aduenu. Les Grecs qui tenoyent Adrianopolis & Didymo-
Didymothi- tichum, s'affeurans de l'aide & fecours des Blaches, ne bougeoyent de là :
chum. quant au Roy Ioanniza qui amenoit fes forces & le fecours des Scythes,
auec quafi plus grand nombre, il s'eftudioit de le faire fecrettement, &
La mort de fans que les Latins en peuffent eftre aduertis. Comme Balduin & les au-
Huës, Côte tres trois chefs (car le Comte Huës de fainct Paul eftoit mort, & enterré
de S. Paul. au monaftere Manganien, au tombeau de l'Imperatrice Sclefena) eurent
efté aduertis de cefte reuolte, foudain ils enuoyerent leurs forces vers les
villes, lefquelles s'eftoyent rendues. Où eftans arriuees, Bizya & Tzurulus
tout auffi toft retournerent fouz leur obeiffance. Ils trouuerent defnuee &
vuide Arcadiopolis des plus notables & riches bourgeois : dans laquelle
toutefois quelques vns des Grecs qui en eftoyent fortis, & eftoyent ci-
toyens d'icelle, entrerent de nuict auec du fecours qu'ils y auoyent ame-
Defaite des né pour la garder, lequel ils y logerent. Comme il fut iour, les Latins co-
Grecs vers gnoiffans que les Grecs n'auoyent aucune forme d'armee, qu'ils ne gar-
Arcadio- doyent entre eux aucune difcipline militaire, & mefme qu'ils n'eftoyent
polis.
guerres

gueres bien armez, se retirerent loin des murailles de la ville, & se mirent
en bataille. Les Grecs cuidans que ce que les Latins auoyent fait pour leur
asseurance, ils l'eussent fait de crainte, sortirent pesle-mesle des portes de
la ville, & attaquerent temerairement leur ennemy : qui fut cause que ai-
sément ils furent repoussez & mis en fuitte. Il se dressa ce mesme iour vn
miserable & piteux spectacle: car n'vsans les Latins de misericorde à l'en-
droit de personne, ils tuerent indifferemmét tous ceux qu'ils trouuerent,
les laisserent sur la terre, & l'engraisserent de leur sang. Voila ce que fit
l'armee auant-coureuse. Et n'osa s'auancer plus outre, à cause des courses,
tant des Grecs & Blaches, lesquels ioints auec les Scythes tenoyét la cam-
pagne, que de la retraicte que les vns firent à Adrianopolis. Sur le mois de *Adrianopo*
Mars l'Empereur Balduin se mit en campagne, & le sieur Loys, Comte de *lis assiegee.*
Blois, & vn peu apres Henry Dandulus, Duc de Venise, vn chacun d'eux
accompagné de ses legions, lesquels ayans fait leurs approches loin d'A-
drianopolis du iet d'vne fleche, le lendemain se camperent pres les mu-
railles, & dresserent leurs perrieres & mangonneaux. Ceux de la ville se
confians en la bonté de leurs murailles, se defendoyent vaillamment : si
bien que par plusieurs iours les Latins ne firent autre chose que ietter fle-
ches, & en receuoir. Qui fut cause que se confiás en la multitude de leurs
pionniers, ils s'essayerent à cachette de sapper les murailles de la ville. Les
Grecs d'autre costé faisoyent contr'aprests pour empescher les desseins
des Latins. Quelques iours apres le Roy Ioanniza à fin de descouurir par *Embusches*
ce moyen les entreprises des Latins, enuoya vne partie des troupes Scyti- *de Ioanniza*
ques courir sur les bestes & cheuaux des Latins, qui estoyét à l'herbe pres *Roy de Bla*
leur ost. Mais les Scythes ne se furent plustost descouuerts, que les Latins *chie, & Bul*
se ruerent furieusement contre eux. Si se mirent incontinent en fuitte, & *garie auec*
tournerent le dos, leur ruant des fleches par derriere sans discontinuer *lesComains*
leur fuitte. Les Latins les poursuiuirent viuement, mais ne peurent les at-
teindre, pour auoir affaire à vne infanterie legere: voila comme se passa ce
iour. Le lendemain Ioanniza s'en alla auec ses trouppes vers le destroit, &
se mit en embuscade dans les hautes collines, se donnant expres garde
qu'il ne fust descouuert : & derechef desbáda d'vne trouppe des Scythes,
sur laquelle commandoit Cozas, plusieurs soldats, leur enioignant d'aller
attaquer l'ost des Latins, & de s'en retirer incontinent, comme auoyent
fait ceux qu'il auoit enuoyé vn peu auparauant. Les Latins les ayant ap-
perceuz, soudainement coururent aux armes, & se ruerent plus rudement
sur eux qu'ils n'auoyent fait l'autre fois. Mais comme les Scythes eurent
pris la fuitte, & les eurent auancez, pour la legereté de leurs armes, & vis-
tesse de leurs cheuaux, & qu'ils ne s'amusoient à leur ietter par derriere
aucunes fleches. Les Latins par temeraire legereté s'auançans vn peu trop *Hardiesse*
auant, vindrent iusques au lieu de leurs embusches, & rencontrerent les *trop chau-*
trouppes fraisches des Scythes: par lesquelles, eux & leurs cheuaux se trou- *de des Frã-*
uans harassez du chemin, ils furent incontinent enuironnez. Si bien que *çois.*

venans aux mains, furent mis en routte & rompus, se trouuans plusieurs contre vn, & furent les hommes au col dur contraints d'experimenter & sentir les faulx & laqs. Car les Scythes se ruerent contre eux d'vne telle furie, & auec si grande multitude, qu'il leur euft esté impossible de s'en depestrer & fuir. Doncques la fleur de l'armee Latine y demeura, & ceux qui estoyent les plus adextres aux armes. Le sieur Comte de Blois y fut tué, Balduin pris prisonnier, & vif emmené en Mysie, & de là à Ternobe, où estant constitué prisonnier il fut mis aux liens iusques au col. Mais Dandulus Duc de Venise, le premier autheur de tout le mal, qui menoit l'arriere-garde, estant aduerty de la desroute, se mit à val de route, & s'enfuit au camp. Et comme la nuict fut venue, (car ceste rencontre estoit aduenue sur le soleil couchant) fit allumer des flambeaux aux tentes, & faire plusieurs feux, pour donner crainte aux Grecs, & donner à cognoistre que l'armee Latine n'estoit entierement desconfite, & qu'il ne refuseroit le combat. Toutefois ayant fait plier bagage, il partit de là sur la premiere veille de la nuict, & s'achemina vers la cité maritime de Rhedæstus, où s'estant ioint (auec Henry frere de Balduin, qui n'agueres estoit venu d'Adramyttium, auec les Troiains Armeniens) s'en retourna à Constantinople, ayant les intestins tous rompus, & le boyau fort enflé, pour les grandes cheuauchees qu'il luy auoit conuenu en fuyant continuer. Les Grecs qui estoyent demeurez en Constantinople claquetoient les dents de peur, se remettans encor deuant les yeux les miseres & malheurs que leur auoient donné sans cause aucune les Latins, depuis le depart de l'Empereur Balduin le vingtcinquiesme iour du mois de Mars, Indictió huictiesme, en l'an six mil sept cens treze. Quant à nous qui estions à Selybrie, nous n'en attendions pas moins, nous mettans deuant les yeux les malheurtez & pauuretez qu'auoyent enduré les Daonites nos voisins, & comme si nous eussions desia veu les ennemis dans Selybrie, ayans l'espee au poing, & emportans nos hardes & habillemens. Constantinople donc à esté prise par les Latins le douziesme d'Auril, en l'Indiction septiesme, & en l'an six mil sept cens douze : & les Latins furent desfaits par les Commains le quinziesme du mesme mois, sur la huictiesme Indiction. Mais qu'est-il aduenu de cecy par apres? vne autre maladie plus grieue & plus atroce. Car apres ceste deffaite Ioanniza Roy de Blachie & Bulgarie ennemy des Grecs & leur liberateur, exposa au pillage des Commains les villes des Grecs, lesquelles estoyent tributaires aux Latins : tellement que par ce moyen il aduint vne chose estrange, & non encor ouye, & laquelle surpassoit tout fleau de Dieu : d'autant qu'il se trouua que deux peuples bandez l'vn contre l'autre, tantost ensemble, tantost l'vn apres l'autre, rauagerent vn mesme peuple & vn mesme païs : car les Commains gasterent tout ce qu'ils trouuerent, & ayans prins captifs quelques vns de la ieunesse beaux à perfection, apres les auoir fustigez & pendus, les sacrifierent à leurs Demons : Les Latins d'autre costé, faschez & ennuiez de ce que les

Grecs

Grecs s'eſtoyent departis de leur obeiſſance, & de ce qu'ils auoyent eſté
vaincus par les Scythes, n'en faiſoyent moins que les Scythes. Si bien qu'il
n'y auoit lieu aucun, duquel l'on peuſt eſperer aucun ſecours ny bien : la
terre ferme eſtant remplie de morts cy deſſus ſpecifiez, & la mer pleine de
pirates Latins, qui faiſoient pauure traictement à ceux qui s'y ſauuoyent.
Le Roy Ioanniza donc n'ayant fait long ſeiour en Thrace, s'en vint à
Theſſalonice, en intention de reduire ſouz ſon obeiſſance la prouince, &
pour chaſſer les Latins des villes qu'ils tenoient : tellement qu'eſtant arriué
à Serres il combatit les Latins qui y eſtoient, & obtint la victoire contre
eux, toutefois auec perte grande de ſes gens : car les Latins ſe confians en
leur experience, luy vindrent courageuſement au deuant, & tuerent grã-
de quantité de ſes gens. Depuis toutefois ayans eſté vaincus, & chaſſez iuſ-
ques à Serres, les Blaches & Grecs qui leur donnoient en queuë, ne leur
ayant donné loiſir de fermer leurs portes, entrerent dans la ville peſle-
meſle auec eux. Ainſi la ville fut priſe, laquelle ils bruſlerent & deſmante-
lerent : ceux qui y furent pris furent emmenez priſonniers. Le reſte de l'ar-
mee des Latins ſe ſauua, les vns comme ils peurent, les autres dans la for-
tereſſe de la ville. A l'entour de laquelle le Roy Ioanniza paſſant le lende-
main, leur fit crier, s'ils ſe vouloyent rendre, leur promettant de leur ſau-
uer la vie. Mais eux s'aſſeurans en l'armee du Marquis Boniface, ne luy fi-
rent aucune reſponſe : qui fut cauſe qu'il fit appreſter des eſchelles, &
ayant conduit vne grande machine de guerre ſur vne petite colline, la-
quelle eſtoit vis à vis de la fortereſſe, dreſſa ſa batterie. Les Latins ſe met-
toyent en toute la deffenſe qu'ils pouuoyent : mais quand ils apperceu-
rent qu'ils eſtoient tous enuironnez, & qu'il n'y auoit aucun moyen de
ſortir & eſchapper, ny meſme d'enuoyer aucun eſpion vers le Marquis,
demanderent de parlementer, offrans de rendre la place, ſi on leur vou-
loit promettre de ſortir bagues ſauues. Ce que ne leur ayant eſté accordé,
demanderent qu'il leur fuſt permis de s'en retourner chez eux, & qu'à ceſt
effet on leur donnaſt des commiſſaires iuſques aux limites de la Hongrie.
Soubz ceſte condition la place fut renduë, & ſe retirerent les Latins, ſans
trouuer aucun deſtourbier en leurs païs.   Venons maintenant à voir que
deuint le Marquis, d'autant qu'il ne le faut oublier. Eſtát encor empeſché
au Peloponneſe, & ſur le point qu'il combattoit Sgurus, il fut aduerty par
ſa femme, vefue de l'Empereur Iſaacius, du remuement nouueau qu'a-
uoyent fait les Theſſaloniciens : qu'elle auoit eſté chaſſee de la ville, qu'el-
le s'eſtoit ſauuee en la fortereſſe, & que deſia depuis quelques iours les
Blachiens la tenoyent aſſiegee : que la ville auoit eſté ſaiſie par vn Bla-
chien nommé Ezyiſmenius, auquel le Roy Ioanniza auoit donné la char-
ge du Broſace, & autres lieux circonuoiſins, qu'il auoit reduits ſoubz ſon
obeiſſance. Quoy entendu, le Marquis ſe delibera de l'aller ſecourir, & de
s'en retourner à grand haſte. Eſtant encor aſſez loin de Theſſalonice, il fut
aduerty de la defaite de ſes ennemis, & que la ville eſtoit aſſeuree.   La-

G   3

quelle nouuelle le resiouït grandemēt, si bien qu'en ayant fait part à ceux
de sa suitte, il se resolut de rebrousser chemin vers Scopia, en intention de
se vanger du Roy Ioanniza. Mais à peine se fut-il acheminé, que par au-
tre nouuelle il fut aduerty de la mort de Loys Comte de Blois, & de la pri-
se de l'Empereur Balduin : qui fut cause que reprenant són premier che-
min, il s'en vint à Thessalonice : où ayant sçeu la verité du fait, il acheua de
moissonner dans la ville ce que par les ennemis n'auoit esté enleué, car il
ruina generalement tous les habitans de la ville : les vns, apres les auoir rá-
çonnez & rendus nuds comme vn ver : les autres il fit pendre & estrangler
sans discretion d'ordre, & indifferemment s'addressant aux laics & gens
d'Eglise : & s'estant saisi de la personne du miserable Empereur Alexius,

<table><tr><td>

Exil d'A-
lexius tyrā,
& de sa
femme.

</td><td>

& de sa femme Euphrosyna, les enuoya par mer au prince d'Alemagne.
O chose nouuelle & pitoyable, & non encor ouye ny entendue entre les
Grecs : ô spectacle non encor veu. Depuis ayant esté aduerty comme le
Roy Ioanniza s'estoit ietté dás Serres, & de l'extremité en laquelle estoiét
reduits ses compatriots, leur enuoya quelque secours : lesquels ayans sçeu
en chemin comme les affaires passoient, ne s'en voulurent retourner, ny
euiter le combat, bien qu'ils ne fussent ignorans que l'ennemy estoit le

</td></tr></table>

plus fort, & comme se sentans desia en danger. Estans donc venus aux
mains, ils furent mis en route par les Comains, & quasi comme accablez,
par leur grande multitude. Le Marquis ayant perdu ces deux batailles,
s'enferma dans Thessalonice : le Roy Ioanniza s'en alla sans crainte aucu-
ne vers la Berrœe, où il s'empara des autres villes qui tenoient le party du

Marquis. Les Latins qui estoient à Constantinople, estans aduertis de
toutes ces deffaites, entrerent en deliberation de ce qu'ils auoient à faire,
l'assemblee ayant esté conuoquee par le sieur Henry, frere de l'Empereur
Balduin, & par le sieur Marin Zeno Venitien : car Henry Dandulus, Duc
de Venise estoit decedé. Il y fut deliberé, qu'il falloit faire la guerre, & en-
uoyer l'armee en Thrace, pour reprendre les villes lesquelles s'estoient de-
parties de leur obeissance, cependant que le cœur de plusieurs estoit encor
eschauffé, & que le Roy Ioanniza estoit empesché en autres affaires sepa-
ré d'auec les Grecs, & s'y addonnoit affectionnémét. Ils enuoyerent donc

deuant ceste partie de leur armee, qu'ils appelloient Route, c'est à dire,
tous leurs soldats volontaires, leur donnant pouuoir & puissance de trai-
ter à leur volonté les villes rebelles. Ceste trouppe s'estant auancee, se des-
borda en toute vilenie & meschanceté. Les Venitiens s'estans iettez sur
mer auec galeres, couroient la partie Orientale, & abordez qu'ils furent
à Callipolis & Panium, firent tout acte estrange de Chrestien. Les miseres
donc & calamitez estoient grádes, grieues, & intollerables. Le sieur Hen-
ry aussi se mit en campagne, & ayant laissé Arcadiopolis, comme n'estant
habitable qu'aux vents, entra par force dans Aprum : où ayant commis
plusieurs indignitez, permit vn massacre general : tellement que les habi-
tans d'icelle y furent tuez, non comme hommes Chrestiens, ains comme

troupeaux

troupeaux de beſtes : non comme gens forcez & contraints de ſe rendre
aux Blaches, mais comme ſi volontairement ils euſſent ſuiuy leur party.
Pluſieurs auſſi furent menez liez & garrottez par les bourgs & villages,
pour mendier leur rançon. Pendant lequel pourmenement, ſi quelques
vns d'entre eux venoient à defaillir ou par maladie, ou de la longueur du
chemin, ils ne leur donnoient loiſir de mourir comme Chreſtiens, & n'a-
uoient la patience que la mort naturelle les ſaiſiſt, ains les tuoient & maſ-
ſacroient. Le ſieur Henry ayant poſé ſon camp deuant Oreſtiade, y fit de
grandes tranchees, & s'y amuſa fort : (car les Latins eſtimoient que la pri-
ſe de ceſte ville leur importeroit de beaucoup, & feroit le prix & couron-
nement de leur œuure, & la fin de tous leurs trauaux) ſi bien qu'il fit crier
aux aſſiegez qu'il ne departiroit de là, qu'il n'euſt pris la ville, ou par com-
poſition, ou par force. Ceux de la ville ne faiſans conte des Latins, & meſ-
me ne pouuans ouïr ce mot de compoſition, leur firent reſponſe, qu'il ne
falloit plus parler de faire aucun accord entre les Latins, & Grecs, d'au-
tant qu'ils eſtoient gens de peu de foy, cruels à l'encontre de ceux qui ſe
rendoient à eux, & encores plus contre ceux ſur leſquels ils obtenoient
victoire. Le ſieur Henry ayant ouy leur reſolution, ſe mit à trauailler pour
le ſiege. Il trouua que la ville eſtoit entouree de deux grands & profonds
foſſez : que ſur les tours de la ville il y auoit des hautes machines, leſquel-
les eſtoient couuertes de peaux, pour ſe defendre du feu, & garder les cõ-
batans. Qu'au deſſus auſſi des tours de bois il y auoit des maſts plantez,
eſquels il y auoit matiere propre à allumer le feu, & le laurier loin. L'on
voyoit auſſi par dedans des ſieges pour les combatans, tels que peuuent
eſtre les ſieges de ceux leſquels de deſſus le tillac des nauires ſondent le
fonds de la mer, & peſchent. En aucunes il y auoit des pierres pendues à
groſſes chaines, leſquelles ſe deualoient & montoient, & comme l'occa-
ſion ſe preſentoit, ſe portoient deçà & delà. Dauantage l'on voyoit ſur les
tours de la ville quatorze gros mangõneaux. Henry donc ſe reſolut, auec
ſon armee, de ſaiſir le premier foſſé : & ayant comblé le ſecond, d'appro-
cher ſes machines de guerre de la muraille. Ayant donc prins le premier
foſſé, toute la difficulté fut à combler le ſecond : lequel en partie ſe rem-
pliſſoit de teſtes & corps morts : finalement toutefois ils en vindrent à
bout : & par ainſi approcherent des murailles les eſchelles ayans forme de
tour : l'vne deſquelles comme on la conduiſoit, demeura dans le foſſé,
pource que la terre n'eſtoit encor ferme, & en aucuns lieux n'eſtoit vnie :
l'autre fut preſentee à la muraille, mais auparauant que les pierres fuſſent
lancees, fut briſee & rompue à coups de pierre que les perrieres & man-
gonneaux lançoient, & ſe trouua inutile : tellement que des combattans
qui y eſtoient, pluſieurs furent fort offenſez : & meſmes vn vaillant hom-
me & fort renommé, qui s'appelloit Pierre Plancius, auquel vne pierre en-
dommagea vn peu le teſt de la teſte. Si bien que les Latins ne peurent rien
auancer ce iour là. Le lendemain ils firent les approches deſdites tours par

vn autre coſté de la ville, & dans icelles ſe mirent les gens les plus belli-
queux. Cependant ceux de la ville voyans que tout l'effort de l'ennemy
eſtoit contre les tours,& que l'on apportoit vn pont de main,meſmes que
deſia il eſtoit pres des murailles, firent vne ſortie,portans auec eux tout ce
qu'ils eſtimoient pouuoir ſeruir pour allumer le feu. La meſlee donc fut
grande,qui fut cauſe que les Latins ſans auoir rien auancé, & apres auoir
veu bruſler leurs engins de guerre,furent contraints ſe retirer. Il y a d'a-
uantage , c'eſt que les Blaches & Commains eſtoient inceſſammét à che-
ual pres les tranchees,empeſchans l'apport des viures au camp. Ne ſça-
chans donc plus aucun moyen,& ayans perdu tout courage, firent venir
vn renfort de ſoldats de Conſtantinople : leſquels ſortirent plus par con-
trainte,que de volonté , d'autant que s'ils ne l'euſſent fait , ils eſtoient ex-
communiez par M. Martin, qui eſtoit Cardinal, & M. Thomas, Patriar-
che de Conſtantinople , lequel n'agueres eſtoit venu de Veniſe. Ce M.
Thomas eſtoit habillé à la Venitienne:lequel habit luy ioignoit de ſi pres
que l'on euſt iugé qu'il luy eſtoit couſu par deſſus, ayant les mains & la
poitrine ſeulement deſcouuerts: au reſte és iouës pas vn poil de barbe,
non plus qu'vn ieune enfant.Auparauant toutefois que le ſecours fuſt ar-
riué,la contagion ſe mit en leur camp,tant à cauſe de l'infection que ren-
doient les corps morts non encor enſeuelis, qu'auſſi de ce qu'ils eſtoient
contraints manger viandes non accouſtumees.De nuict donc ils leuerent
le ſiege,& s'eſtans arreſtez à l'entour de Pamphylie , s'y repoſerent , & re-
peurent.Et ne furent ſeuls frappez de ce mal , mais auſſi ceux leſquels ſor-
tans de la ville s'eſtoient enhardis de les venir trouuer,leſquels furét quaſi
tous tuez en chemin par les Commains & Blaches. Voulans donc les La-
tins conſtruire des autres machines de guerre , firent grand amas par les
villes maritimes des maſts des nauires:& s'il leur manquoit quelque autre
matiere,l'enuoierent querir és montagnes de la Propontide , y ayant có-
mis,pour auancer la beſongne,vn ſeigneur expres,nommé Conon,Com-
te de Betune. Ayans fait grand amas de machines de guerre, leſquelles à
l'encontre du feu ils auoient garnies de fer en pluſieurs endroits,ſe reſolu-
rent de tenter encor vne fois la fortune de la guerre (& laiſſans Oreſtiade,
laquelle à leur gráde perte ils auoient cognu eſtre inexpugnable) de met-
tre le ſiege deuant Didymotichum:tellement qu'à ceſt effet ils vindrent y
poſer le camp,& y amenerent perrieres & mangonneaux.Mais auant que
lé ſoleil ſe couchaſt, ſur ceſt effort des Latins , l'air deuint trouble , & le
fleuue Hebrus fort gros,par vne grande pluye qui ſuruint, tellement que
la campagne voiſine en fut toute inondee : qui fut cauſe qu'il ſe perdit du
camp des Latins grande quantité d'armes,cheuaux,& engins de guerre,&
pluſieurs furent ſubmergez.Que ſi cela fuſt aduenu apres ſoleil couché,&
ſur la nuict, il euſt couſté la perte d'vne grande partie de l'armee. De ce-
ſte choſe ſi ſoudaine eſtans les Latins fort eſtonnez, ceux d'entre eux qui
eſtoient les plus gens de bien, & moins ſanguinaires, furent d'auis qu'il

falloit

falloit leuer le siege de là, & le persuaderent aux autres : si bien que toute l'armee effrayee de ce miracle, partit soudain de là, & s'en allerent les vns vers Constantinople, auec le sieur Henry, les autres furent mis en garnison és villes tant mediterranees que maritimes, que les Latins tenoyent. Pour cela toutefois les malheurs ne cesserent point, & si les Grecs ne s'en trouuerent mieux : car l'orgueil des Latins, le soupçon qu'ils auoyent des Grecs, & l'opiniastreté de laquelle ils estoyent pleins, les rendoit tousiours de mesme volonté : car si bien ils ne pouuoyent executer leur mauuais vouloir contre ceux qui s'estoyent departis de leur obeissance, contre lesquels bien souuent ils auoyent aiguisé leurs lances : ils ne s'espargnoyent contre leurs voisins, & grondoient des dents contre eux. Et d'auantage la negligence des Grecs qui estoient és parties Oriétales, à l'endroit de leurs compatriotes affligez, & le grand mespris & oubliance, causoit vne merueilleuse douleur & faschérie : car ils ne secouroyent ny d'argent ny de gens les villes Occidentales.   Car ayans les Latins laissé l'Asie minor, & s'estans arrestez en la Thrace, laquelle seule combatoit pour la liberté des Grecs, nos capitaines, bien qu'ils eussent esté inopinément deliurez de ce mal, ne se souuenoyent de leur deuoir, & ne s'amusoyent à songer chose qui fust pour leur bien, & de leurs compatriotes : ains liurez en vn sens reprouué, & s'esloignans de Dieu pour faire choses deshonnestes, & demeurer sans sentiment, se diuiserent en trouppes & factions, esmeurent les villes, & confondans tout droit de parenté, se firent la guerre les vns aux autres, se diuiserent en lignees, & Israël fut fait Iudas, comme se plaint le Prophete ancien : les vns subissans le ioug de cestui-cy, comme leur Roy & souuerain : les autres suiuans le party d'vn autre. Ce qui estoit trouué fort execrable par les plus sages d'entre eux, comme estát vn moyen pour les desvnir, & rompre l'alliance qu'ils auoyent entre eux. Et combien que finalement ils tomberent en quelque vnion & amitié, si ne furent-ils entierement d'accord, & ne s'addonnerent onc les vns ny les autres à faire quelque ligue & assemblee de gens pour aller secourir les villes Occidentales, & les Thraces, ains employans tout leur temps à l'election de quelque Empereur, à troupes, ainsi qu'oiseaux de l'air, suiuirent les vns le vol de cestui-cy, les autres de cestui-là : les autres aussi briguoyent l'Empire, pour des ronces espineuses. L'orient donc & l'Asie minor estoient ruinez par l'enuie de regner de plusieurs, pour y auoir les insensez introduit vne beste à trois testes. Car Maurozomes Manuel se confiant au secours du Sultan Caichosrois, auquel peu de iours auparauant il auoit promis sa fille, faisoit tous ses efforts pour estre coronné Empereur, & couroit auec force de Turcs tout le quartier Meandrique. Theodore Lascaris qui estoit homme descendu de tref-noble lignee, & allié auec l'Empereur, l'ayant chassé, & chaussé le soulier & brodequin rouge & escarlatin se faisoit proclamer Empereur par toutes les villes Orientales de la Natolie. De l'autre costé Dauid Comnenus, ayant leué gens en Paphlagonie, & en Heraclee

Pontique, & ayant dreſſé vne legion des Iberes, qui tiennent la Phaſide,
reduiſoit villes & villages ſoubz ſon obeiſſance : & pour donner credit &
faire redouter Alexius ſon frere, ſe diſoit eſtre ſon precurſeur & auant-
meſſager. Il temporiſoit toutefois, & ſe tenoit fort à l'entour de Trape-
zunde : repreſentant la perſonne de ceſt Hylas, duquel il y a vn prouerbe
commun, d'autant qu'on l'appelloit ſouuent, & ne ſe preſentoit point.
Comme donc Dauid eut enuoyé pour capitaine vn ieune ſeigneur, nom-
mé Synodemus vers Nicomedie, Laſcaris s'en alla pour le rencontrer, &
feignant de prendre le plus court chemin, & le plus battu, pour tromper
Synodemus, print vn autre chemin faſcheux & montagneux, ſi bien que
l'ayant aſſailly à l'impourueu, il le print priſonnier, mit ſes gens en route,
& fut cauſe que Dauid ne paſſa outre l'Heraclee Pontique. Et peu de iours
apres, rompit Maurozomes & ſes Turcs, deſquels il en tua les vns, les au-
tres il print priſonniers, & meſmes ceux qui eſtoyent à la pointe, comme
eſtans tous de noble maiſon. Cependant que les affaires de l'Aſie minor
ſe traictoyent de ceſte façon, le Roy Ioanniza Blachien print la ville de
Philopopolis, la ſaccagea & ruina, & maſſacra partie des habitans: laquel-
le ville deſia auparauant il auoit eſſayé de prendre par embuſches, eſtant
fort indigné contre les habitans d'icelle, pour ce qu'ils n'auoyent voulu ſe
rendre à luy, ny le receuoir pour Roy, ains l'auroyent refuſé comme vn
homme ſanguinaire: & meſmes de ce qu'ils auoyent receu pour chef Ale-
xius Aſpietes, & que bien ſouuent y venant auec ſon armee, ils l'auoyent
dechaſſé. Et veritablement la ville de Philipopolis n'euſt eu aucun mal, ſi
les habitans d'icelle ſe fuſſent gouuernez d'eux meſmes: car ils receuoyent
humainement les Latins, & ſi n'eſtoyent pas trop contraires au Roy Ioan-
niza Blachien. Mais la fille ſuiuant les veſtiges de ſa mere, tout ainſi que la
Royne & Princeſſe des villes a eſté facile à prendre : auſſi ceſte-cy a endu-
ré plus de miſeres & calamitez, ayant eſté opprimee par pilleries & maſſa-
crés, & finalement du tout ruinee. Et pour les marques de ceſte deſolation
ils ont vn plaiſant ſpectacle, c'eſt à ſçauoir le corps d'Aſpietes, pendu en
l'air à vne corde par les talons. Les partiſans d'Aſpietes ſe ſentans deſcou-
uerts, & craignans d'eſtre chaſtiez & punis par le Roy Ioanniza de leur
inconſtance, tout ouuertement ſe departirent de ſon obeiſſance, & s'en
allerent les vns ietter dans les trouppes de Theodore Laſcaris, les autres
dans Oreſtiade : vne autre partie eſtant entree dans Didymotichum, fit
paix auec les Latins, & demanda pour chef Theodore Branas. Peu de téps
apres le Roy Ioanniza eſtant entré dans la Blachie, & ayát aſſeuré les vil-
les, puny les rebelles & deſobeiſſans de griefs ſupplices de mort, & non
encor ouys, & ayant le courage enuenimé & encor enſanglanté, ſe reſo-
lut de dreſſer la guerre aux Grecs, diſant ne pouuoir plus endurer leur dol,
fraude, perfidie, & grande legereté. Eſtant donc grandement courroucé,
il mit en campagne grand nombre des Commains, deſquels les vns il ẽ-
uoya aſſieger Adrianopolis, les autres à Ruſium : où eſtás arriuez, & l'ayát,

aſſiegee

affiegee demanderent au combat la garnifon des Latins qui y eftoit, lef-
quels eftoient tous gens de grande ftature, & fort aguerris, & conduits
par vn braue capitaine, nommé Therry. Ayans donc prins leurs armes, ils
fortirent, & s'auancerent iufques où ils auoient fçeu qu'eftoit le camp des
Commains. Les Commains aduertis de cefte fortie, tout bellement, & à
couuert les deuancerent, & les attendoient en vn lieu qui eftoit pres du
Rufium: tellement que quand les Latins voulurent tourner vifage, & s'en
retourner, ils furent fort efbranlez de les voir: & fi ne prindrent bonne
opinion de ce qu'il leur aduiendroit auec vne fi grande multitude. La *Defaite des*
meflee donc ayant efté d'vne part & d'autre, finalement les Latins apres *Latins à*
auoir tué grande quantité des Commains, y demeureré quafi tous. Apres *Rufium.*
que les Commains eurent emporté cefte victoire, dix mil foldats d'eflite
de leur armee, s'en allerent vers Apron, où ils ne furent pluftoft arriuez, *Prife d'A-*
qu'il fut pris, fans perte de beaucoup d'hommes, & ruiné: ils maffacrerent *pron, & le*
vne partie des habitans, l'autre ils emmenerent prifonniers pour en auoir *fac d'icelle.*
rançon: autres auffi ils bruflerent tous vifs, fçachans veritablement bien
vaincre, mais non vfer de la victoire. Eftans encor tous efchauffez de ce-
fte deffaite, & ayans pris leur chemin vers Rhedeftum, ils mirent en rou-
te Theodore Branas auec fon armee, que les Latins, qui s'eftoient retirez
à Oreftiade auoient prins pour leur Capitaine auparauant qu'ils y fuffent *Prife de*
arriuez: & ayans prins la ville d'affaut, & faits efclaues tous les habitans *Rhedeftum,*
d'icelle, ils la ruinerent & demolirent: eftans apris par les Blaches de nous *& le fac*
porter vne inimitié immortelle, & de la perpetuer à la pofterité. Et de *d'icelle.*
mefme allegreffe paffent à Perinthe, de là à Daonium, fans trouuer per-
fonne qui ofaft leur faire tefte: & ayans prins tous les habitans, tant petits
que grands demantelerent lefdites villes. Et ne fut la cofte maritime feule
affligee de ce mal des Commains & Blaches, mais auffi les villes mediter-
ranees en fentirent leur part, fans qu'il fe prefentaft perfonne pour les fe-
courir. Car toutes perfonnes qui forties de feruitude, inopinément & par
fortune ont acquis la liberté, penfans toufiours à quelque chofe plus grád
ne font leur conte de iamais tomber en defortune: & fi le plus fouuent
abufent des victoires & heureux fuccez que Dieu leur donne, oublians le
paffé, & ne fe reprefentans deuant les yeux que ce qu'ils voyent, & s'en
gaudiffent & tiennent fiers. Arcadiopolis donc, Meffene & Tzurule, auec *Prife d'Ar-*
leur campagne & villages, enfemble tout ce qui autrefois leur auoit pre- *cadiopolis,*
fté obeiffance, furent reduits à grandes pauuretez & miferes, & tout ce qui *Meffene,&*
appartenoit à la Princeffe ville de Conftátinople fut rauagé par les Com- *Tzurule.*
mains: & en outre la ville d'Athyra fut faccagee & entierement ruinee, car
ayans les Commains au commencement compofé auec les habitans à ar-
gent, & à ceft effet pour le receuoir, delaiffé gens expres, aduint que quel-
ques vns de la trouppe des Latins, qui auoient efté à Rhedeftum foubz la
conduite de Branas voulans entrer dans la ville d'Athyra, furent bien &
volontiers receuz par les habitans, eftimans qu'ils demeurcroient là pour

leur garde, & les defendroient des Commains. Mais en eftans fortis fur la premiere veille de la nuiɛt, pour cuider euiter les Commains, ils fe trouuerent trompez : car eftans tombez dans leurs trouppes aupres de Rhegium, ils furent tous tuez, qui fut caufe de la ruine des Athyrains. Car les demandeurs d'argent qui eftoient demeurez dans la ville, ayans efté aduertis de la departie des Latins, enuoyerent gens pour le fignifier à leurs compatriotes : fi bien que les ayans attirez par les murailles auec des cordes, & s'eftans rendus maiftres des portes de la ville, ils y entrerent de furie auec vn cry efpouuentable, & l'efpee au poing, trouuans la plus part des habitans encor endormis, pource qu'aifément ils n'euffent fçeu fuyr, Cefte nuiɛt donc fut remplie d'vne mifere & calamité fi grande, qu'elle meriteroit vn grand fleuue de larmes. Car non feulement ils tuerent les hómes & femmes, & les emmenerent captifs, mais auffi fe defpouillans de toute mifericorde maffacrerent les petits enfans : ne cognoiffans ces malheureux barbares, que celuy qui parmi fes victoires ne tiét fon courroux, fait iniure à la nature, & viole le droit d'humanité. Et qui pis eft & plus lamentable, ces gens immifericordieux, s'eftans faifis des riuages de la mer, lors que quelques pauures gens s'y fauuoient, ou ils les tranfperçoient de leurs glaiues, ou ils les faifoient efclaues, ou bien ils les iettoient en la mer. Quelques vns ayans recouuert des batteaux fe fauuerent : les autres pour n'auoir peu atteindre l'efchelle tomberent en la mer. Si pitoyable fut cefte calamité, & la deftruɛtion fi grande. De là en apres les Commains fe iettans à la campagne auec toutes leurs forces, ainfi qu'vn gros & impetueux tourbillon, rauagerent tous les lieux par où ils pafferentiou comme vn feu qui prend en vn bois, confumerent tout ce qu'ils trouuerent. Il n'y auoit rien qu'ils ne reuifitaffent, & qui fuft exempt de leurs rapines. D'entre toutes les villes il n'y en eut que deux qui fuffent exemptes de ces ruines & miferes, c'eft à fçauoir Bizye & Selymbrie, tant à caufe de la forterceffe de leurs murailles, que pour l'affiette du lieu : autrement ils n'euffent peu efchapper vne ruine totale, ou ne fuffent mefmes demeurees, fans eftre vifitees par les Latins. Ayans donc les Latins efté rompus par ces calamitez & aduerfitez, s'amafferent à Conftantinople, comme dans vn parc, & s'eftans pourueuz de toutes chofes neceffaires à fouftenir vn fiege, & entre eux diuifé la garde des murailles de la ville, donnerent liberté aux Grecs de fe retirer où bon leur fembleroit. L'ennemy fe tenoit vn peu loin de la ville, & toutefois fouuent venoit attaquer l'efcarmouche pres les murailles d'icelle : quelquesfois pour monftrer leur magnanimité, & gayeté de cœur, fe confians au bon-heur de leur fortune, en petit nombre entroient par la porte de fainɛt Romain : mais apres auoir rompu la garde, & tué ceux qui y eftoient, s'en retournoient tous en leurs païs, emmenans grand nombre de captifs auec eux, & à troupes. Depuis le Roy Ioanniza fortit encor auec grandes & belliqueufes forces, eftimát, pour paruenir au bout de fes deffeins, qu'il eftoit befoin de prendre Adrianopolis & Didymorichum,

Rhegiũ ville de Propontide.

Bizie & Selymbrie exẽptes des courfes des Commains & Blaches.

Porte de Cõftantinople nommee de fainɛt Romain, du cofté de terre.

tichum, tant pour ce que ces deux villes deuoient eſtre le pris & guerdon de toute ceſte guerre, qu'auſſi par ce moyen il pouuoit dechaſſer les Grecs plus aiſément il expoſeroit la Thrace à la voracité des beſtes ſauuages. Ayant donc mis le ſiege deuant Didymotichum, & voyant que la ville à cauſe de ſon aſſiette ne ſeroit aiſee à prendre, il ſe delibera de diuertir le cours du fleuue Hebrus, qui paſſoit à l'entour de la ville, & par certains conduits ſubterranees à peu de gens cognus leur donnoit d'eau : & ayant fait les approches de ſes machines de guerre, fit ſa batterie à l'endroit où il trouua eſtre le plus foible. Les aſſiegez taſchás d'amadouër le Roy Ioanniza luy propoſoient de belles excuſes, & belles parolles, & luy faiſoient de douces prieres : & ſe tenans ſur la muraille l'appelloient leur Roy, & offroient volontairement de payer tribut : & endurer tout autre commá-dement, pourueu qu'ils ne fuſſent contraints de le receuoir dans la ville. Luy indigné de ces parolles, ne vouloit accepter ces offres : diſant qu'il ne pouuoit faire paix auec eux, qu'en rendant preallablement la place. Ce pendant il n'intermettoit aucune choſe pour le fait du ſiege : il faiſoit lan-cer de grandes, & groſſes pierres contre les bouleuars, enſemble contre les coins des tours, & leurs defenſes, pour les abbatre & rompre. Les aſſaillis de l'autre coſté ayans dreſſé quelques clayes & ſoliers, & mis deſſus de la laine, les mettoient au deuant des murailles, pour faire que les pierres que l'on ietteroit s'eſcoulaſſent. Lors que le Roy Ioanniza ceſſoit l'eſcarmou-che, ils feignoient par douces paroles ſe vouloir rendre & preſter obeiſ-ſance : mais quand ils furent aduertis du commandement qu'il auoit fait aux plus braues de ſa cauallerie, de mettre pied à terre, & qu'ils les virent aupres de la breche, enſemble l'appreſt qu'il faiſoit d'eſchelles, & comme il tenoit toute ſon armee en bataille, laiſſans la mine de ſupplians, ſe mi-rent à guerre ouuerte, ainſi que l'affaire le requeroit, à ſe defendre, n'igno-rans que le vray moyen de leur vie, eſtoit en leurs murailles : & n'eſtimans rien plus neceſſitant que la neceſſité meſme : ſi bien que prenans pour leur chef, le courroux, & le deſeſpoir, & combattans vaillamment, ne firent moins de mal qu'ils en receurent. Le Barbare donc voyant qu'il perdoit ſon temps, que l'ardeur de ſes ſoldats eſtoit refroidie, apres auoir demeu-ré vn long temps en ce ſiege, le leua, & s'en retourna en Blachie : meſmes ayant eſté aduerty qu'il venoit vn braue ſecours de Latins. En ce temps mourut Iean Camatere Patriarche, qui s'eſtoit retiré depuis ſon exil à Di-dymotichum. Les Latins ne furent marris de ce que les Didymotichiens & les Adrianopolitains les auoyent appellez, eſtimans que par là leurs af-faires ſe porteroient mieux : d'autant que leur rebellion premiere auoit rompu toute leur eſperance & deſſein, qui fut cauſe qu'ils partirent de Conſtantinople, & campans premierement vers Athyra, s'en vindrent à Selybrie. Et s'y eſtans arreſtez quelques iours, & pris des viures ce qu'il eſtoit beſoin, s'emparerent d'Adrianopolis. Ce que les Commains & Bla-ches firent pendant leurs incurſions, eſtoit tel, qu'il n'en fut onc veu ny

ouy de semblable,& n'entra onc en esprit d'homme de songer choses tel-
les. Les villes auparauant grandes, & celebres, les citez bien basties,
les beaux champs & prez recreatifs,les iardins & vergers plaisans, arrou-
sez de belles fontaines, les hauts edifices, les belles maisons bien & som-
ptueusement basties,& ornees de plusieurs & diuerses peintures: les plai-
santes estuues,les vignes chargees de raisins, les champs de bleds, & vne
infinité d'autres choses que nous apporte le temps, lesquelles ornent no-
stre vie, rendent la terre plaisante, & aggreable: toutes ces choses estans
desnuees d'hommes,ne seruoient que de retraicte aux bestes & herissons.
Qui eust veu toutes ces miseres, ie m'asseure qu'auec pleurs & gemisse-
mens,& la teste couuerte de cendre,il eust iugé que c'eust esté vne destru-
ction vniuerselle,ou pensé que le monde fust retourné à sa premiere ori-
gine,lors que Dieu commanda que la terre produist herbes,& toute autre
semence,au temps qu'il n'y auoit aucun homme qui en vsast. Comment
est-ce que ma langue à peu suffire à conter & reciter tant de mal-heurs &
miseres? comment mon estomach & reins à les annoncer à ceux qui sont
de loin? O moy miserable escriuain qui suis demeuré pour les escrire!
combien de maux & miseres ay-ie recité de mes côpatriotes. Qui seroit
celuy qui pourroit aduiser de ses yeux tels trophees que les ennemis ont
esleuez? Car anciennement ceux qui demeuroyent victorieux, sçachans
bien qu'elle estoit la côdition de l'homme, & qu'il n'estoit besoin de ren-
dre les haines immortelles,auoyent coustume d'esleuer auec menus bois
& petites pierres des trophees, à fin qu'ils ne demeurassent long temps,
d'autant que ce n'estoyent memoires d'amitié,ains allumettes & tisons de
tueries & inimitiez. Mais maintenant les ruines des villes,& la desolation
de toutes choses,sont les marques de la victoire que les Barbares,entre les
mains duquel Dieu nostre Seigneur nous a abandonnez,ont obtenue sur
nous: lesquels ne voulans permettre que la cruauté qu'ils auoyent com-
mise demeurast sans coronnement, adioustans enormité sur enormité,
pour tout couronnement d'œuure,ont voulu que quelques Constantino-
politains,lesquels on n'auoit peu conseruer ny racheter, fussent enterrez
vifs auec ceux de leur nation qui estoyent decçdez de mort naturelle, ou
auoyent esté tuez,enseuelis,sans auec eux leurs cheuaux,leurs arcs de cor-
ne,& leurs glaiues. Ainsi les Barbares n'ont eu aucune honte ny vergon-
gne de commettre les choses qui sont contre nature. Au temps que ces
miseres & calamitez se perpetroyent,estoyent les iours de Pasques,qui fut
en l'indiction neufiesme,de l'an six mil sept cens quatorze: tellement que
tous les endroits par où passoyent les Commains estoyent remplis & de
pleurs & de gemissemens. Les lamentations & douleurs surpassoyent la
melodie des Cantiques: lors que les hommes saincts chantoyent la vui-
dange du sepulchre,la destructiô de l'enfer,la resurrection des morts, lors
se renuersoyent à trouppes les villes dans les recoins de la terre,& dans les
gouffres obscurs & horribles de l'enfer. Et qui pourroit estre tât abondât

en larmes, & dueil, qui peuſt aſſez deplorer & gemir les rapines, rauage-
mens, & iettemens de petits enfans que l'on faiſoit aux chemins, & les diſ-
ſeĉtions de corps de gens vieux? Vn peu auparauant ces courſes des Com- *Augure des*
mains, il eſt oit aduenu, que par la volonté diuine, & non fortuitement, en *corbeaux*
la campagne de Thrace, grande quantité de corneilles & corbeaux s'e- *& corneil-*
ſtoyent aſſemblez, les vnes eſtans venues des parties Septentrionales, les *les.*
autres du midy, & y donnerent bataille, où les corbeaux eurent du meil-
leur, comme ſurpaſſans en groſſeur de corps les autres. Et ne fut le païs de
Thrace ſeul affligé de ces miſeres & calamitez, & n'endura ſeul tant de
maux : car les Occidentaux en eurent bonne part, d'autant qu'vne petite
trouppe de gens ſortis de Champagne & des Latins ſe partagerent, có- *La Grece*
me ſi c'euſt eſté leur patrimoine, les villes d'Athenes, de Thebes, Eubœe, *diuiſee en*
Methone, & Patras. Ceux qui auoyent le gouuernement és lieux ſuſmen- *tyrannies.*
tionnez, aymerent mieux auec moquerie & ignominie leur quitter la pla-
ce, que de la garder opiniaſtrement pour eux, & les leurs : ſans que puis
apres ils reprinſſent courage, ſongeaſſent à ſe mettre en liberté, ou retour-
naſſent à leur bon ſens. Il ſe trouuoit auſſi des perſonnes, leſquels bruſlans
d'ambition contre leur patrie, ayans l'eſprit ſerf, le corps abádonné à tou-
te luxure, ſe ſaiſirent des bonnes villes, & places fortes, & y exercerent de
mal-heureuſes tyrannies : & ſans aduiſer que le principal point de leur
bien eſtoit de chercher l'inimitié des Latins, ſe bandans les vns contre les
autres, faiſoyent auec eux nouuelles alliances. Car Leon Sgurus gouuer-
noit, ainſi que i'ay remonſtré cy deſſus, la ville de Corinthe, & Nauplium : *Nauplium*
Leon Camarethus, qui tenoit Lacedæmone, commandoit aux Spartes : *Napoli de*
Michel, baſtard de Iean Sebaſtocrator, auoit vſurpé l'Ætolie, & ce qui eſt *Romanie.*
à l'entour de Nicopolis & Epidamnos. Le Marquis Boniface de Montfer-
rat, qui faiſoit ſa reſidence à Theſſalonice occupoit toute la baſſe campa-
gne d'Halmyrum & de Lariſſæe, & leuoit tribut ſur la Grece & la Pelo-
ponneſe. Outre ceux cy, vn autre Baron tenoit la haute Theſſalie, mainte-
nant appellee le grand Blachie. Eſtant donc l'Occident diuiſé en tant de
ſeigneuries & principautez, quel bien ne leur manquoit il, mais quel mal
ne les affligeoit-il? on rançonnoit les habitans des villes, on les confinoit,
les maſſacroit, exiloit, & commettoit-on ſur eux vne infinité de meſchan-
ſetez, & principalement les Tyrans Grecs, & entre autres Leon Sgurus, le-
quel meſmes n'eſpargna le lieu de ſa natiuité. Il s'eſtoit reconcilié auec
Nicolas, Archeueſque de Corinthe, & le tenoit à ſa table : mais bien qu'il
luy fuſt cóioint de corps, ſi eſt-ce que touſiours il luy demeuroit de mau- *La mort de*
uaiſe affeĉtion, & telle comme auparauant : tellement que continuant ſon *Nicolas Ar*
pernicieux vouloir, il luy creua les yeux, & puis ſe precipita d'vn rocher en *cheueſque*
bas. Quant aux affaires d'Orient, les Pruſſiens, ceux de Nicee, les Lydiens, *de Corinthe*
les Philomolpes, Smyrneens, Epheſiens, & autres villes voiſines, eſtoyent
ſoubs la ſubieĉtion de Theodore Laſcaris, lequel auſſi ayant dreſſé vne
armee de mer, print pluſieurs Iſles, & ayant fait paix auec Caichoſrois,

Sultan

Sultan d'Iconie, quitta vne partie de l'Empire à Manuel Maurozomes son
beaupere : c'est à sçauoir Chones, qui est mon païs, & Laodicee de Phry-
gie, & autres lieux que le fleuue Meandre circuit & enuironne, auant que
se ietter en mer. Les freres Dauid & Alexius, qui estoyent enfans de Ma-
nuel, fils d'Andronicus tyran des Constantinopolitains, tenoyent l'vn
l'Heraclee du Pont, & la Paphlagoine, l'autre les villes d'Oeneum, & Sy-
nope, & Trapezunde. Vn autre seigneur nommé Aldobrandinus, Italien
de nation, (duquel descendit la tres noble maison des Aldobrandins à
Florence, dont issut le Pape Clement huictiesme de ce nom, enuiron
l'an 1592.) bien nourry & entretenu aux mœurs Grecs, tenoit l'Attalie.
L'isle de Rhodes estoit regie par vn autre Seigneur. Et au lieu qu'ils de-
uoyent tous d'vn bon accord & consentement traicter les affaires com-
muns de leur patrie, mettre ordre à la cóseruation & maintenue des lieux
non encor affligez, & à la restauration des villes ruinees & saccagees : sti-
mulez d'ambition, & aueuglez d'vne enuie de dominer, ils s'armoyent les
vns contre les autres. Par le moyen desquelles querelles ils donnoyent vne
grande occasion de surprendre les Grecs. Tellement qu'vn chacun des
Latins, desquels il y en auoit de plusieurs sortes, & grande multitude qui
s'esleuoyent contre les Grecs, pouuoit dire ces mots de la saincte Escritu-
re : Ayant poursuiuy ie prendray, ie partageray les despouïlles, rempliray
mon desir, ie tueray de mon glaiue, & ma main sera dominatrice. Si bien
que plusieurs auec bien peu de forces d'infanterie & cauallerie se iettoyét
dans les Isles des Grecs, comme desnuees de toute ayde & secours. Aussi
aduint-il, que des escumeurs de mer Geneuois, gens de vile condition &
abiecte, non recommendables en vne chose, & en l'autre moindres & in-
ferieurs, mais du tout en tout miserables & malheureux, ayans armé cinq
grands vaisseaux, & vingt-quatre triremes, venans descendre en Candie,
soubs ombre de trafiq, & courans sus aux habitans, se saisirent aisément
de toute l'Isle. Au mesme temps Caichosroes Sultan d'Iconie mena vn
camp en Attalie, soubs vn petit espoir de se saisir de la ville, comme si elle
n'eust peu se defendre. Aldobrandinus, qui estoit seigneur de la ville, &
ses partisans, estans aduertis de ceste entreprise, enuoyerent Ambassades
vers les Cypriens leur demander secours de deux cens soldats. Comme
l'on fut venu aux mains, & eurent les Perses enuironné la ville, soudain les
Latins se presenterent, & s'estans mis en bataille, secoururent les Attaliés.
Les Barbares s'estans effrayez perdirent beaucoup de leurs gens, qui fut
cause que Caichosroes ayant demeuré seize iours entiers deuant la ville,
finalement leua le siege, & s'en alla. Theodore Lascaris aussi fit leuee de
gens pour aller contre Dauid Pontique : en laquelle expedition il mit sous
son obeissance la Plusiade, lieu abondant en gens belliqueux, & braues sa-
gittaires. Il eust aussi pris Heraclee, & eust chassé Dauid, si les Latins ne
l'eussent mis en doute : car ils auoyent iuré vne confederation auec Da-
uid, & estoit leur camp desia deuant Nicomedie, estans là venus expres

pour

pour ſecourir Dauid : qui fut cauſe que maintenant d'allegreſſe & audace il ſe deliberoit de les aller trouuer, ores le retenoit ce qu'il auoit commen-cé, eſtimant eſtre deſia dans Heraclee, & de la prendre : maintenant il ba-lançoit l'vne & l'autre deliberation. Or comme Laſcaris ſe fut reſolu qu'il eſtoit plus vtile qu'audacieux d'attaquer le ſecours de Dauid, laiſſant ſon chemin encommencé, s'en vint à eux. Ce qu'ayans entendu les Latins, ne trouuerent bon d'haſarder le rencontre, mais plians bagage de nuict, s'en retournerent à Conſtantinople. Dauid, conſiderant le danger qu'inopi-nément il auoit euité, lequel toutesfois ne s'eſtoit encores gueres eſloi-gné, & non plus quaſi que la iambe du genouil, ſe delibera derechef ſe te-nir auec ſeure garde à Heraclee : & voulant recognoiſtre le plaiſir que luy auoyent fait les Latins, en luy donnant ſecours, enuoya par mer les naui-res de bleds, & de chairs ſalees à ceux qui eſtoyent à Conſtantinople : & derechef les pria de luy enuoyer ſecours, & de le comprédre comme leur ſuiet en la paix de Laſcaris, & de mettre au nombre des prouinces Latines ce qu'il tenoit. Ce que luy ayans accordé, & eſté aduerty que Laſcaris eſtoit party de Nicee pour s'en aller à Pruſe, il ſortit auſſi d'Heraclee, & eſtant eſleué du ſecours, qu'on luy auoit enuoyé de Conſtantinople, & voulant ſe mettre & eux à l'hazard, paſſa le fleuue Sangarius, & ràgea tou-tes les villes de l'obeiſſance de Laſcaris : & peu de iours apres partit de là, ayàt pris des oſtages de Pluſiade, & mis quelques vns de la ville en priſon, qui auoyent eſté cauſe de la rebellion. Trois cens, ou enuiron Italiens, ſe delibererent de paſſer outre : & de fait prindrent les chemins de la monta-gne : leſquels toutefois, ſans auoir beaucoup auancé chemin, ayans rencó-tré aupres des Trachies de Nicomedie Andronic Guido apres auoir lon-guement combattu, furent mis en route, & pluſieurs d'entre eux pris pri-ſonniers par les embuſches dreſſees en la montagne : ſi bien, qu'il ne reſta perſonne de ceſte trouppe pour aller aduertir Dauid de ceſte deffaite. Pierre Plancius, duquel nous auons fait mention cy deſſus, demádoit d'e-ſtre receu en la ville de Peges, comme à luy appartenant, d'autát que lors que les Latins eſtoyent venus pour faire la guerre aux Grecs orientaux, il eſtoit premierement abbordé là : & s'eſtant eſſayé d'y entrer par force fut repouſſé par les partiſans de Laſcaris : ſi bien qu'il ſembloit auoir chágé de deliberation. Mais cognoiſſant qu'il n'auoit rien auácé à la guerre ouuer-te, s'aduiſa d'y aller par fineſſe. Ayant donc ſurpris quelques vns des habi-tans de la ville, & les ayant corrompus, il fit entrer auec eux quelques vns des ſiens à la file dans la ville de Peges, ayant intelligence auec vn habitát d'icelle, nommé Stlabus Varenus, & autres qui luy preſtoyent ayde & fa-ueur : & par apres ayant rencontré occaſion propice, y entra de nuict luy meſme, & ayant aiſément repouſſé ſes ennemis, ſe fit maiſtre de toute la ville. Sur ces entrefaites les Latins qui auoyent pris Adrianopolis, tindrét premierement leur camp à l'entour d'icelle, ou vindrent ceux de la ville pour tenir leur aſſemblee : & depuis s'eſtans liguez auec les Grecs, viſiterét

Dauid Cō-
nenus fit foy
& hōmage
aux Latins,
& eſtoit
leur vaſſal
& ſuiect.

Defaite de
trois cĕs Ita-
liens par
Guy An-
dronic.
Ce ſont
lieux aſpres
& faſcheux

Latins li-
guez auec
les Grecs
contre les
Commains.

I

quelques villes que les Commains auoyent ruinees : lefquelles comme ils
eurent ordonnees, ainfi que le temps pouuoit porter, entrerent dans les
limites de la montagne de Rhodope. Où ne trouuans aucun ennemy, qui
leur fit tefte, entrerent dans Stenimachum, & prenans leurs compatriotes
qui y eftoient, les reftes de la garnifon de Philopopolis, s'en retournerent
à Oreftiade, où ils laifferent Theodore Branas auec quelques troupes : &
de là à Côftantinople, où ils creerent Empereur Héry, frere de ce Balduin,
qui auoit le premier des Latins efté fait Empereur. Pendant le temps d'vn
an & quatre mois qu'ils gouuernerent leur Republique fans Empereur,
oncques ils ne voulurent dóner leur voix à perfonne qu'ils neuffent nou-
uelles affeûrees de la mort de Balduin. Que les Grecs preftent l'oreille à
cecy, qui en vn mefme temps couronnent vn Empereur, & ruminent en
leur efprit qui fera celuy qui le tuera. Auffi ont les foldats de noftre temps
mauuais bruit enuers toutes les nations du monde, & font eftimez com-
me viperes, patricides, nation fans confeil, & enfans grandement repre-
henfibles & iniques. Quant à Balduin, l'on rapporte fa mort eftre adue-
nue de cefte façon. Ayant efté pris en guerre par les Commains, & emme-
né lié & garrotté, ainfi qu'auons remonftré cy deffus, il fut detenu long
temps à Ternobe. Or le Roy Ioanniza ayant grandement efté irrité de ce
qu'Afpietes s'eftoit tourné du cofté des Latins, mefmes quafi deuenu en-
ragé pour la douleur qu'il en auoit conceu tous les iours, fit tirer Balduin
de la prifon, & luy ayant fait coupper les pieds & les mains, le precipita
dans vne vallee : où ayant demeuré trois iours expofé pour viande aux
oifeaux, il mourut. Et n'exerça feulement cefte barbare cruauté fur Bal-
duin, mais auffi fur tous les autres Grecs qu'il tenoit captifs, fans vouloir
ouyr aucune priere ny fupplication : & entre autres, fur vn Logothete de
Drome, nommé Conftantin Tornix, lequel apres que Conftantinople fut
prife, auoit par contrainte fuiuy Balduin, & ayant euité le danger de la
guerre des Commains, en laquelle fut pris Balduin, depuis l'eftoit allé
trouuer, eftimát que le Roy Ioanniza luy porteroit quelque refpect, pour
ce que bien fouuent il eftoit allé de Conftantinople vers luy en ambaffa-
de pour les Grecs. Mais le bon recueil qu'il eut de luy, fut qu'ayant efté
poinçonné en plufieurs endroits du corps, finalement apres l'auoir tué, il
fit ietter fon corps, fans permettre qu'il fuft enfeuely. Au refte, les Latins
fe delibererent de ruiner les defenfes de Conftantinople anciennement
tant celebrees, & appellees, fuiuant l'ordre auquel elles eftoyent collo-
quees, Stœchiodes, lefquelles feruoyent de muraille & tranchee (s'il eft
vray, ou non, ie ne le puis affeurer) contre l'ennemy, foit qu'il vint à guerre
ouuerte, foit à cachette, & par embufches : & mefmes celles qui pouuoient
nuire à leur nation, n'oublians mefmes (apres s'eftre addreffé à quelques
ftatues d'ærain, lefquelles ils arracherent de leurs bafes, & ietterent au feu)
de rechercher la corne du premier pied du cofté gauche du cheual d'æ-
rain, lequel eftoit debout au Taure fur vne pierre de marbre blanc, fait en

qua

quadrangle, sur lequel se tenoit vn homme de force heroïque, & ayant vn
beau visage: lequel cheual estoit digne d'admiration, pour estre bien &
artificiellement proportionné en ses membres, couuert de capparassons,
hennissant, & comme si l'on eust sonné de la trompette, dressant les oreil-
les. Les vns tiennent que c'estoit le cheual Pegasus, & celuy qui estoit des-
sus Bellerophon: les autres, Iesus fils de Naue, qui estoit dessus ce cheual,
quel qu'il soit. Ce qui se verifioit assez par la disposition de la statue, d'au-
tant que sa dextre s'estendát vers le chariot du soleil & de la lune, empes-
choit leurs cours, & le creux de la main gauche tenoit vn globe d'ærain:
ioint que quand on deferroit le cheual, il se trouuoit soubz le pied vne fi-
gure humaine, laquelle pour la plus part estoit semblable à vn Bulgare,
troüee de clous, & bordee de plób: & ne ressembloit à vn Latin, ainsi que
plusieurs ont de long temps esté d'auis. Ceste statue fut donnee à faire par
les Latins à vn ouurier en argent, non par quelque crainte, ainsi que pour-
roit estimer quelqu'vn, mais pource que tous leurs desseins tendoient à ce
qu'ils ne perdissent Constantinople qu'ils auoyent prise, ils estimoyent
qu'il ne falloit mespriser mesmes ces rumeurs: lesquels ne se semoyét sans
cause, ains auoient quelque verisimilitude, tant ils estoient en toutes cho-
ses diligens. Et qui est celuy qui ne sçait que depuis qu'ils s'estoient empa-
volontairement, à fin de ne rien emporter, secoüent la poudre de leurs
pieds, non pas d'enuie qu'ils ayent d'ensuiure les Apostres, mais coüards
& inutiles soldats, & qui au cóbat sont plus craintifs que femmes: ausquels
quand ils voyent l'ennemy aduient ce que Homere au 13. de l'Iliade;

> *La face du coüard en cent façons se tourne,*
> *Et son ame en l'esprit constante ne seiourne,*
> *Mais s'appuyant sur l'vn & sur l'autre des pieds,*
> *Il semble tout boiteux, & marche tout de biez:*
> *Le cœur bien fort luy bat, tremblant en sa poitrine,*
> *Comme il pense à la mort, qui par les champs chemine,*
> *En ses tremblantes dents vn craquetis se fait.*

Ce sera grand merueille, si bien lon considere le naturel de ces gens Con-

trouuer telles menteries.Il est besoin aussi de deplorer la resuerie & infor-
tune de ceste gent stupide,lesquels non seulemét detestent la restauration
de leur patrie,mais mesme accusent Dieu de tardiueté,de ce qu'il ne nous
a,& la ville il y a long temps piremét traictez,ains par sa bonté & clemen-
ce a remis ce mal iusqu'à auiourd'huy.Et au lieu qu'ils deuroient gemir &
sedouloir de nostre fortune,qui n'auons maintenát ny ville ny habitatió,
ny viure,au lieu qu'anciennement on nous voyoit abondans en toutes
choses,& illustres de la splendeur de nos dignitez,ils nous iettent des bro-
cards,& nous battent d'opprobres,autrement que n'auiós esperé:car nous
ne fussions venus en Orient,mesme pour fuir les traces de ces hommes,&
eussiós mieux aimé aller chercher quelques lieux deserts,comme ancien-
nement Bellerophon,ou l'extremité de Hieremie. Nous n'auons esté fas-
cheux à personne,ayans remis toute nostre confiance en Dieu, qui est li-
beral,& collateur de tout bien,lequel anciennemét repeut cent hommes
de quelques cabats de figues,& pains d'orge:& depuis,auec moins de viá-

Ioan. 6.

des quelques milliers de personnes crians à la faim, & fit que les seruans
enleuerent plus de viande qu'ils n'en auoyent dressé, comblát vn miracle
par vn autre plus grand miracle. Tellement que ne leur estans conioints
que par la frequentation du lieu, & tandis que comme captifs nous auiós

Bithynie,
Natolie au
iourd'huy.
Lac Asca-
nien appellé
lac d'Isnich

nostre habitation aupres du lac Ascanien & à Nicee, ville capitale de Bi-
thynie, vsans de mesme temple, ils estimoyent que nous leur estions du
tout estrágers.Mais pourquoy laisseray-ie le fil de mon histoire pour m'a-
muser à tels petits discours? C'est pour monstrer que tout l'Empire Con-
stantinopolitain demande de boire le breuuage de vin pur, & le calice
plein de lie.Ie retourneray donc d'où ie suis sorty. Henry ayant esté cou-

Henry,fre-
re de l'Em-
pereur Bal-
duin couró-
né Empe-
reur.

ronné,& aduerty par ses concitoyens qu'il auoit laissez à Orestiade, que
les Commins & Blaches armoyent,& s'estoyent mis derechef en campa-
gne,& qu'ayans pris Didymotichum ils taschoyent de prendre par com-
position ou surprise Adrianopolis, sans s'estonner aucunement de leur
multitude,ou s'effrayer des pertes precedétes,se resolut de sortir, tát pour
conseruer ses concitoyens qui auoyent suiuy Branas, que pour secourir le

L'empereur
Henry met
en route les
Commains
& les Bla-
ches.

reste des Grecs qui s'estoyent sauuez és villages. S'estant donc acheminé
vers Adrianopolis,& voyant que les Blaches s'estoyent estonnez & esbrá-
lez de voir les Latins,non pource qu'ils fussent de plus grande stature que
eux,ou eussent plus grand courage qu'auparauát, ains de ce qu'apres tant
de pertes,ils retenoyent tousiours vne mesme audace & contenance d'art
militaire,les poursuiuit iusques à Crenum & Boreas. De là,ayant passé par

Anchialú
ville.

Agathopolis,il passa outre iusques à Anchialum: où ayant campé, & fait
plusieurs faits de guerre,d'où il amassa argent,hommes, & plusieurs trou-
peaux de petites & grosses bestes, sans auoir eu aucune aduersité, il s'en
retourna sain & sauf à Constantinople.

FIN, ET GLOIRE A DIEV.

TABLE
ALPHABETIQVE DES
NOMS PROPRES CONTENVS EN
L'HISTOIRE DE NICETAS CONIATES
HISTORIEN GREC.

* *

TABLE DES CHOSES

ET MATIERES CONTENVES EN LA

PRESENTE HISTOIRE DE NICETAS

CONIATES CHANCELIER DES
Empereurs de Constantinople.

***

I   4   fiege

sur